dtv

W0388533

MORITZ MATTHIES

DER WALD RUFT

ROMAN

dtv

Ausführliche Informationen über unsere Autorinnen und Autoren und ihre Bücher finden Sie unter www.dtv.de

MIX
Papier aus verantwortungsvollen Quellen
FSC® C019821

Originalausgabe 2021
© 2021 dtv Verlagsgesellschaft mbH & Co. KG, München
Umschlaggestaltung: www.buerosued.de
Karte: Katharina Netolitzky
Satz: C.H.Beck.Media.Solutions, Nördlingen
Gesetzt aus der Stempel Garamond LT Pro 10/14˙
Druck und Bindung: Druckerei C.H.Beck, Nördlingen
Printed in Germany · ISBN 978-3-423-21957-0

Für Bilal und Amr

Für Ruba, Al Mouayad, Sizo und Kinan

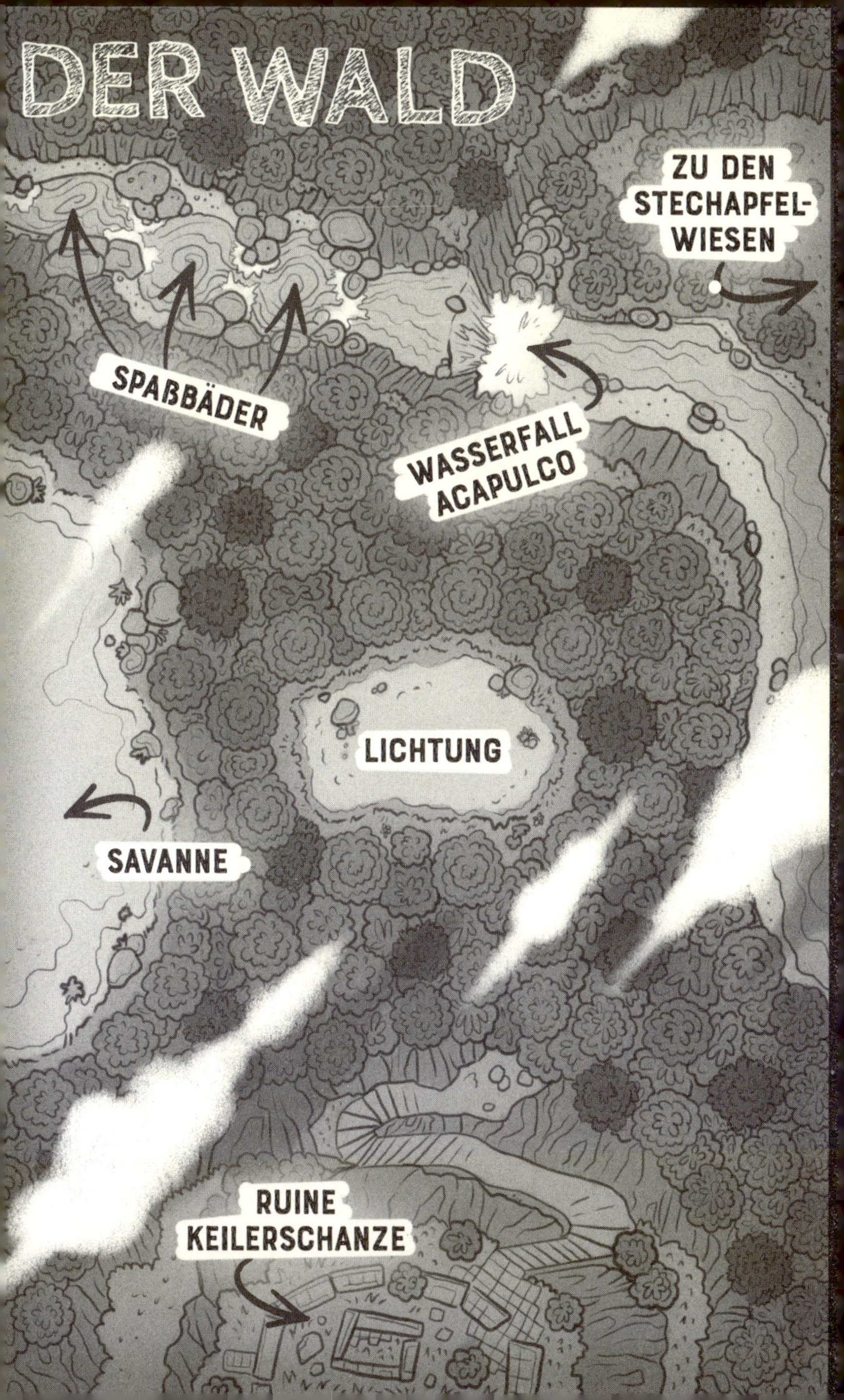
DER WALD
ZU DEN STECHAPFEL-WIESEN
SPAßBÄDER
WASSERFALL ACAPULCO
LICHTUNG
SAVANNE
RUINE KEILERSCHANZE

1

Neuerdings bin ich immer als Erster im Bau wach. Weiß gar nicht, was das soll. Als würde mir was fehlen oder so. Dabei habe ich eigentlich alles: eine gemütliche Kammer, ein – ich sag jetzt mal – »funktionierendes« Familienleben als Teil eines dreißigköpfigen Erdmännchenclans, dessen Mitglieder zwar voll abnerven, aber dann auch wieder ganz okay sind. Familie eben. Festgelegte Fütterungszeiten, ausgewogenes Essen, medizinische Versorgung. Sogar einen Pool haben sie uns ins Gehege gebaut. Wie ein All-inclusive-Urlaub auf Lebenszeit. Was will man mehr?

Im Frühjahr, als wir aus dem Steinhaus wieder ins Freigehege gezogen sind, da waren ein paar von uns irgendwie abgespannt und nicht so gut drauf, also eigentlich alle. Ist auch den Zoobesuchern aufgefallen, die von unserer Quirligkeitsperformance eher enttäuscht waren. Doktor Jennings, der oberste Tierquäler dieser Einrichtung, warf einen Blick ins Gehege, sagte »B12 und Eisen« und trollte sich wieder. Wir dachten schon, als Nächstes fliegt uns das Gehege um die Ohren – B12 und Eisen, klang irgendwie gefährlich –, aber alles, was passierte, war, dass Zoodirektor Windhoeck eine Ernährungsberaterin kommen ließ, die etwas von ausgewogener Diät faselte und sich ebenfalls trollte.

Seitdem mischt Pfleger Silvio uns zerstückelte Trockenfrüchte ins Fleisch und glaubt, wir würden es nicht merken. An unserer Abgespanntheit haben die übrigens nichts geändert. Rufus vermutet ja eine psychische Ursache und dass die uns lieber dieses Zeug ins Essen mischen sollten, Fluo-irgendwas, aber das passiert sowieso nicht, denn wenn der Arzt Fluodingsbums verschreibt, bröselt Silvio nur irgendwelche Vitamine ins Futter und vertickt die Psychotabletten unter der Hand, so wie bei Heiner und seiner Familie.

Dass unser Clan aus »dreißig« Erdmännchen besteht, ist übrigens eine unbewiesene Behauptung meines kleinen Bruders. Rufus ist nämlich im Hauptberuf Genie. Ich finde, dreißig klingt nach ganz schön viel. Was stimmt. Wir sind echt viele. Aber Rufus könnte auch Millionen sagen oder so. Klingt geil, Millionen. Als wäre man reich. Überprüfen kann ich's nicht. Mein Chipsatz gibt's nicht her. Was Mathe angeht, hab ich nur drauf, was so ziemlich jedes Erdmännchen draufhat, sogar die Peilos aus dem vierten Wurf. Bis sechs oder acht kann ich Sachen ganz gut auseinanderhalten, also Mandarinen oder so, wenn die nebeneinanderliegen. Aber alles, was drüber ist, ist entweder viele oder sehr viele. »Sehr viele« ist, wenn's verschwimmt und man die einzelnen Sachen nicht mehr auseinanderhalten kann. Millionen vermutlich. Millionen klingt nach sehr viele.

Dabei fällt mir ein: Gestern hab ich bei meiner morgendlichen Runde durch den Zoo am Ablaufrohr hinter dem Versorgungsschuppen eine Feuerkäferpopulation entdeckt. Alter, das waren garantiert eine Million oder so. Ich hab gefressen und gefressen, und die wurden einfach nicht weniger. Das ist eine gute Definition, finde ich: Wenn du viele frisst und danach immer noch so viele übrig sind wie vorher, dann sind es »sehr viele«. Kein schlechter Gedanke für vor dem Frühstück.

Ich schlage den Deckel zurück, krieche aus meiner Laptoptasche, trete in den Gang und lausche. Alle noch am Pennen, der gesamte Clan. Wie üblich röchelt Pa im Schlaf, Altersasthma. Das Echo hallt durch die Gänge. Klingt definitiv nach etwas, das zu Ende geht. Sein Geist hat sich schon vor geraumer Zeit verabschiedet und kommt nur noch auf Stippvisite vorbei. Dann klopft Pa Rocky – seinem Erstgeborenen und außerdem unser Clanchef – aufmunternd auf die Schulter, schenkt Roxane, dem einzigen Weibchen aus dem ersten Wurf, ein Lächeln und nickt Rufus respektvoll zu. An mir trottet er vorbei. Der Blick, den er mir dabei zuwirft, lässt sich folgendermaßen übersetzen: *Ich glaub, ich hab dich schon mal gesehen. Oder auch nicht.*

Früher hat mir das jedes Mal einen ziemlichen Stich versetzt, so richtig, körperlich, aber, interessant: Auch damit kann man seinen Frieden machen. Ui, das war schon der zweite krasse Gedanke. Und das, bevor irgendeins meiner Geschwister auch nur die Augen aufgeschlagen hat.

Ich schleiche durch unseren Geheimgang hinüber ins Flamingogehege, schiebe die Platte, die den Gang verschließt, zur Seite, halte mein empfindliches Näschen in die Berliner Morgenluft, höre, wie der erste ICE durch den Bahnhof rauscht, sehe die erleuchteten Fenster der Schlaflosen im *Waldorf Astoria* und weiß: Das wird ein guter Tag. Ein Tag wie jeder andere.

Von den Großsäugern ist noch keiner im Freien. Im Vorbeigehen werfe ich einen Blick in das Haus von Ursula und Justus, über dessen Ausgang immer ein Licht brennt. Als hätten sie Schiss im Dunkeln. Die Breitmaulnashörner schlafen einträchtig, Hintern an Hintern. Aus meiner Perspektive sehen ihre Ärsche aus wie zwei Asteroiden kurz vor dem Einschlag. Beeindruckend.

Bei Nicole und Heiner, dem Elefantenpaar, ist ebenfalls

noch nichts los. Ihr Sohn Benjamin ist übrigens ganz cool. Wenn er in Stimmung ist, lässt er mich manchmal auf seinem Rüssel rutschen oder setzt mich auf seinen Kopf. Er mag es, wenn ich ihn an der Stelle hinter den Ohren kratze, wo sich immer diese Kruste bildet, die der Pfleger gern übersieht. War eine üble Sache, damals, als sie seinen Vater Heiner betäubt und bei Nacht und Nebel die Stoßzähne abgesägt haben. Aber ein Gutes hat es auch gehabt: Seither sind Heiner, Nicole und Benjamin die liebevollste Familie, die man sich denken kann.

Auf halbem Weg zu den Antilopen sehe ich, dass sich bei den Wassertieren bereits etwas tut. Der südafrikanische Seebär und der Kurzkrallenotter befinden sich logisch noch im Tiefschlaf. Die könntest du nachts in einen anderen Zoo verlegen, und sie würden es nicht merken. Aber zwei von den Pinguinen sind bereits wach, und auch wenn ich kaum ihre Umrisse erkennen kann, weiß ich natürlich, um wen es sich handelt: Skipper und Ping.

Ja, ist mir schon klar, was ich damit jetzt für eine Reaktion auslöse: »Skipper und Ping! Oh, die sind ja soooo süß!« Die Ärmsten, haben wochenlang versucht, ein adoptiertes Ei auszubrüten, und dann ist es zerbrochen, und es war gar nichts drin, weil es nicht befruchtet war, und dann waren die beiden sooo traurig. Seitdem kommen von überall her Schulklassen angefahren und heulen den Weg voll, und alles nur, weil zwei schwule Königspinguine versucht haben, ein unbefruchtetes Ei auszubrüten.

Inzwischen – so blöd können auch nur Pinguine sein – haben sie ein neues Ei adoptiert und bebrüten es eifrig. Wenn Rufus recht hat, was leider viel zu oft der Fall ist, nämlich praktisch immer, dann ist es wieder ein unbefruchtetes, weil er nämlich sonst längst hätte schlüpfen müssen, der Nachwuchs. Mit anderen Worten: Unserem schwulen Pinguinpärchen wird erneut das Herz gebrochen werden, und ganz Berlin, das mit den beiden gehofft und gebangt hat, wird in Tränen zerfließen und Liebesschlösser mit den eingravierten Namen *Skipper* & *Ping* am Zaun anbringen und Regenbogenfahnen ans Gehege knoten als Zeichen des Mitgefühls und der ewigen Liebe zwischen Skipper und Ping. Als müsste sich einer der beiden Sorgen machen, dass der andere fremdgehen oder sich einen neuen Partner suchen könnte. Wir sind hier zwar in Berlin, aber die Auswahl an schwulen Pinguinen in der Stadt ist ausgesprochen überschaubar. Es sind genau zwei.

»Hast du's?«, höre ich Skipper flüstern, »hast du's?«

»Natürlich hab ich's«, flüstert Ping zurück, »was denkst du denn?«

»'tschuldigung«, sagt Skipper, »ich wollte nicht …«

»Ja, ja, weiß ich doch. Schon gut.«

»Wirklich? Du bist mir nicht böse?«

»Sei nicht albern.«

Ich höre, wie sie erst ihre Schnäbel und anschließend ihre Gefieder aneinander reiben. Schließlich verschmelzen ihre Umrisse zu einem, und sie kauern sich über ihr Ei, vereint in dem seligen Wunsch, eines Tages Nachwuchs zu bekommen.

Ich gebe zu: Vielleicht bin ich ein klitzekleines bisschen eifersüchtig. Einerseits nerven Skipper und Ping wie Hölle, andererseits geht einem das schon zu Herzen, wenn man sieht, was für einen Tanz die wegen eines unbefruchteten Eis aufführen.

Es ist nur so, dass, solange ich zurückdenken kann, *wir* die beliebteste Attraktion im Zoo sind, also waren, number one, unangefochten. Bis Skipper und Ping ihr dämliches Ei adoptiert haben. Seitdem sind schätzungsweise eine Millionen Kinder an unserem Gehege vorbeigetrottet, haben Mandarinenschalen reingeworfen und gerufen: »Wo sind denn jetzt die Pinguine? Du, Frau Müller, wir wollen die schwulen Pinguine!«

Mir kommt ein krasser Gedanke, das ist dann schon der dritte heute. Noch ein paar davon, und ich bin bei »viele« angelangt. Hier der Gedanke: Im Grunde sollte ich mich für Skipper und Ping freuen. Eifersucht ist sowieso doof. Wir waren so lange die Nummer eins, da ist es doch schön, wenn jetzt mal andere dran sind. Nummer zwei ist auch cool. Wobei mir einfällt: Seit die Eisbären Nachwuchs bekommen haben, sind wir auch nicht mehr die Nummer zwei. Aber auch als Nummer drei lässt es sich leben. Das war dann wohl der vierte krasse Gedanke heute Morgen.

2

Na, kleiner Mann.«

Aus dem Nichts springt mich eine Unterweltstimme an. Vor Schreck mache ich einen Satz, als sei ich auf ein unisoliertes Stromkabel getreten. Falls sich jemand fragt: Ja, ich weiß, wie sich das anfühlt.

»So früh am Morgen schon unterwegs?«

Zurück zu der Stimme: Die kommt logisch *nicht* aus dem Nichts. Nichts kommt wirklich aus dem Nichts. Sagt man nur so. Es ist Kong, der mich, kurz bevor ich wieder an unserem Gehege angelangt bin, von der Seite anquatscht. Hab ihn nur nicht bemerkt, weil sein schwarzes Fell und die ihn umgebende Dunkelheit praktisch eins sind.

»Alter!«, sage ich, »willst du, dass mir das Herz stehen bleibt?«

Kong – um das kurz zu erwähnen – ist der Pate des Zoos. Hier verdealt kein Fennek auch nur ein Schokoherz, ohne dass Kong es mitschneidet. Berggorilla. Rufus will herausgefunden haben, dass er weltweit der Einzige seiner Art ist, der in einem Zoo lebt. Es heißt, er sei mal angeschossen worden, kam in Pflege und ließ sich danach nicht wieder auswildern. Kong selbst hält sich da bedeckt. Jedenfalls ist er sehr groß und sehr mächtig, besonders, wenn er sich aufrichtet und du bei dieser Gelegenheit zufällig unter ihm stehst. Oder er dich mit seinem Zeigefinger anstupst und du volle Möhre gegen die Fliesen klatschst, mit denen sein Haus gekachelt ist. Ja, ich weiß *auch*, wie sich *das* anfühlt.

Kong und ich haben eine lange, wechselvolle, aber letztlich nie geklärte Geschichte hinter uns. In schwachen Momenten denke ich, dass wir Freunde sind und mehr voneinander wissen als irgendwer sonst. Wenn die schwachen Momente dann vorbei sind, frage ich mich, ob Kong das überhaupt kann – befreundet sein. Ein Freund sein. Einen haben.

Das ist in letzter Zeit nicht besser geworden. Kong ist ein Berggorilla, was bedeutet: Seine Art ist vom Aussterben bedroht. Meint jedenfalls mein Schlaumeierbruder. Und ich werde das Gefühl nicht los, dass dieses Bewusstsein – vom Aussterben bedroht zu sein – irgendwie in ihn einsickert.

Er umfasst die Streben, ich sehe seine Fingernägel aufblitzen. Da will einer reden, denke ich, trete an die Streben und frage: »Was machst'n du schon so früh hier draußen?«

»Dasselbe könnte ich dich fragen«, rasselt er.

»Komisch«, sage ich, »vorhin hab ich mich das selbst gefragt – wieso ich so früh schon wach bin.«

»Und? Hast du dir auch eine Antwort geben können?«

»Gibt keinen speziellen Grund. Ich schätze, ich bin einfach nur früher aufgewacht als sonst.«

Kong schiebt seinen Kopf an die Streben heran, wodurch das ganze biblische Ausmaß seines schwarzen Fellgebirges erahnbar wird. Seine Nüstern sind wie die Mündungen einer doppelläufigen Schrotflinte. Lange Geschichte.

»Interessant«, raunt er. »Und wie war das gestern? Und vorgestern? Und die Tage davor? Bist du da auch einfach nur früher aufgewacht als sonst?«

Kongs Frage sagt mir vor allem eins, nämlich, genau: Offenbar sitzt der Pate des Zoos schon seit Tagen mitten in der Nacht in seinem Gehege herum, sieht mich vorbeilaufen und sagt nichts. Sollte ich mir Sorgen um meinen gebirgigen Kumpel machen?

An dieser Stelle eine Info aus meinem letzten Leben als Privatschnüffler: Rufus und ich mussten mal vorübergehend Lea, ein kleines Mädchen, bei Kong verstecken. Hinter der waren ein paar üble Typen her. Ich habe Kong weder davor noch danach jemals wieder so fröhlich und ausgelassen erlebt. Den beiden dabei zuzusehen, wie sie Verstecken spielten und Kong so tat, als könne er Lea nicht finden, und »Mäuschen piep einmal« rief … Heartbreaking.

Nachdem Lea wieder aus seinem Leben verschwunden war, hat Kong eine Weile alle möglichen Drogen durchprobiert, aber eine, die das Mädchen hätte ersetzen können, war nicht dabei. Inzwischen geben sie ihm so Psychotabletten, aber auch die bringen es nicht richtig. Ich schätze mal, es gibt kein Medikament, das fehlende Liebe ersetzen kann. Rufus sagt, die Menschen würden daran arbeiten und dass alles nur eine Frage der richtigen Chemie sei. Wenn mich einer fragt: Ich glaub nicht dran.

Kann ich Kong natürlich so nicht sagen, also erwidere ich: »Ich hab nur meine Runden gedreht, wie immer.«

»Während alle anderen schlafen? Bist du der neue Nachtwächter, oder was?«

Ich trete noch näher an ihn heran, lege selbst eine Klaue an die Strebe: »Beschäftigt dich was, Großer?«

Kong stößt seinen Atem aus. Kurz bläst es mir die Ohren nach hinten. Dann sagt er etwas, womit ich echt nicht rechne, nämlich: »Oslo ist weit.«

What?

»Es ist weit«, knarzt er, »aber es ist nicht aus der Welt. Im Grunde sind wir alle nur Touristenattraktionen mit eingebautem Ablaufdatum, ein bourgeoiser Zeitvertreib, nichts weiter.«

Ich habe nicht den Hauch einer Ahnung, was er da faselt. Möglich, dass Kong auf das Fiasko mit Adelia anspielt. Adelia, um das kurz zu erwähnen, ist eine Erdfrau von geradezu überirdischer Schönheit. War, um genauer zu sein. Inzwischen nennt sie sich Adele, lebt im Parc Zoologique in Paris und, sofern ihr Charakter sich nicht geändert hat, geht dort ihrem Lieblingshobby nach: Erdmännchenherzen schreddern. Denn leider ist ihre Schönheit ebenso bemerkenswert wie ihre Niedertracht. Eine Zeit lang waren wir das glücklichste Erdmännchen-Paar der Welt. Dachte ich. Bis ich erfuhr, dass Adelia während unserer ganzen Beziehung zwischen zwei Erdmännchen stand und unsere Kinder nicht unsere Kinder waren, sondern die von ihr und einem anderen. Benoit. Arschloch.

Ich würde ohne zu zögern sagen, dass sie mir das Herz gebrochen hat, doch das wäre weit untertrieben. Sie hat es in winzige schmerzende Splitter zerrieben. Es war das zweite Mal, dass mir das Herz herausgerissen wurde. Und das letzte Mal! Habe ich mir geschworen. Ein Erdmännchenleben ist zu kurz, um sich dreimal sinnlos zu verlieben.

Allerdings weiß ich sicher, dass Adelia nach Paris und nicht nach Oslo umgesiedelt wurde. Kong scheint da etwas durcheinanderzubringen. Vermutlich haben die Psychodinger inzwischen sein Gehirn aufgeweicht.

Er blickt auf mich herab, von sehr weit oben. »Kann ich mir vorstellen«, sagt er, als ich weiter schweige, »dass dir das zu denken gibt.«

Ich frage mich, weshalb mich Kong Nacht für Nacht an seinem Gehege vorbeilaufen lässt, ohne etwas zu sagen, und dann, ausgerechnet heute, kommt er mir mit Oslo?

»Ich hab was für dich, das dir vielleicht helfen kann«, sagt er nun.

Wenn hier einer Hilfe braucht, dann du, denke ich. Aber auch das behalte ich lieber für mich.

Sein Oberkörper wendet sich ab, er greift hinter sich, und als er sich wieder mir zuwendet, hält Kong seinen Alukoffer zwischen den Pranken, den er sonst hinter der Palette in seinem Haus versteckt hält. Um diesen Koffer ranken sich Legenden. Keiner, nicht einmal die beiden Flachlandgorillas, die mit ihm das Gehege teilen, haben je einen Blick hineingeworfen. Einmal hat Kong mir aus diesem Koffer eine Schützerkarte geschenkt. Eigentlich war es nur eine alberne Quartettkarte mit einem Berggorilla drauf, aber Kong meinte, sie sei von irgendeinem buddhistischen Lama gesegnet und ich solle sie bei mir tragen, und dann hat sie mir später tatsächlich das Leben gerettet. Wenn ich so drüber nachdenke: Wir haben echt schon krasses Zeug zusammen erlebt.

Er lässt die Scharniere aufschnappen, klappt den Deckel hoch und knipst einen Schalter an, worauf der Koffer von innen zu leuchten beginnt und Kong so mächtig erscheinen lässt wie die Eiger-Nordwand bei Nacht. Wie die aussieht, weiß ich, weil Rufus sie eine Zeit lang als Bildschirmschoner auf seinem iPhone hatte.

»Na bitte«, sagt die Eiger-Nordwand, »da isser ja.«

Als Kong den Deckel zuschlägt und es wieder dunkel wird, sehe ich erst einmal nichts, und dann, ein paar Sekunden später, erkenne ich, dass Kong eine kleine, bunte Kugel in einer seiner Pranken hält.

»Ist ein Bleistiftanspitzer.« Er schnipst mit dem Fingernagel dagegen. »Aus Blech. Die beiden Hälften kann man auseinanderdrehen. So …« Kong fummelt an der Kugel herum, die bemitleidenswerte Geräusche von sich gibt, anschließend hält er in jeder Pranke eine Hälfte. »Zum Ausleeren. Ist aber nicht wichtig. Das Besondere ist: Es ist außerdem ein Globus.«

Er versucht, die Teile wieder zusammenzufügen, was nicht wirklich erfolgversprechend aussieht. Als würde man einen Elefanten bitten, eine Briefmarke anzulecken. Als Kong einsehen muss, dass seine Finger zu grob sind, rammt er die beiden Teile einfach ineinander, was noch mehr unwirsche Geräusche zur Folge hat. Danach sieht der Globus-Anspitzer aus, als wäre ein Auto drübergefahren.

»Vergiss das mit dem Spitzer.« Er besieht sich das, was von der Kugel übrig ist, und legt einen ausgestreckten Finger drauf. »Entscheidend ist das mit dem Globus. Also hier, das hier ist Afrika.«

Sicher.

»Hier, hier drüben, da leben die Letzten meiner Art.«

Klar doch.

Kong blickt in die Schluchten seiner Hand und korrigiert sich. »Na ja, genau genommen ist es ein Stückchen höher, hier so, an den Hängen der Virunga-Vulkane.«

Ich sehe nur schwarzes Fell.

»Interessant.«

»Und hier«, er lässt den Blechklumpen rotieren, »hier sind wir, Berlin. Also hier so.«

Ich versuch's, echt, aber ich verstehe nur Bahnhof und erkenne nur bunte Flecken. Außerdem: Wenn Kong so weitermacht, ist von seinem Globus am Ende nur noch eine Scheibe übrig. Haben die Menschen früher geglaubt – dass die Erde eine Scheibe sei.

»Und da oben, da, das ist Oslo.« Wieder stößt er seinen

Atem aus. »Schon seltsam. Alles Orte, die sehr weit entfernt voneinander sind. Und passen doch mühelos in meine Hand.«

Langsam dämmert mir, dass es scheißegal ist, ob ich irgendetwas verstehe, weil Kong eigentlich nur mit sich selbst spricht. Hier geht es nicht um mich.

Als hätte er meinen Gedanken gehört, richtet Kong plötzlich seinen Blick auf mich. Die fernen Lichter des Busbahnhofs spiegeln sich in seinen Augen.

»Nur wer die Vergangenheit loslässt, Ray, hat die Hände frei, um die Zukunft zu ergreifen. Wo immer du auch bist – Oslo, Berlin, Bwindi-Nationalpark, ganz egal: Heimat ist da, wo du den anderen nicht gleichgültig bist. In jedem noch so tragischen Ereignis steckt ein Keim der Hoffnung. Auf Leben. Auf die Schönheit des Augenblicks. Außerdem ...« Kongs Blick verlässt mich wieder und verliert sich zwischen den Sternen. Jetzt kommt's dicke. »Außerdem habt ihr einander. Ihr habt nicht *euch*, ihr habt *einander*. Das ist ein Unterschied.«

Die sollten dringend die Medikamente absetzen, denke ich. Ohne kann es ihm unmöglich schlechter gehen.

»Sollten sie irgendwann *mich* loswerden wollen, Ray, dann hab ich nur mich. Für einen wie mich gibt's kein ›einander‹.«

Mit diesen Worten ergreift er mein Vorderbein und dreht es nach oben. Meine Schulter kracht zwar, bleibt aber am Stück. Bedeutsam legt er den verbeulten Globus in meine Klaue. Dann schließt er meine Krallen so fest um die Kugel, dass ich Zweifel habe, ob ich sie je wieder davon lösen kann. Mit der anderen Pranke staucht er mir in gewohnter Manier das Rückgrat, indem er mir den Kopf tätschelt.

»Gib gut auf dich acht, kleiner Mann.«

3

Zurück im Bau kommt es mir noch ruhiger vor als vorher – um nicht zu sagen: gespenstisch –, und ich brauche einen Moment, bevor mir klar wird, weshalb. Pa. Er schnarcht nicht mehr. Jedes Mal, wenn Pa im Schlaf mit dem Schnarchen aussetzt, denke ich, jetzt hat er aufgehört zu atmen. Ist natürlich Quatsch, aber gegen seine Gedanken ist man ja einigermaßen machtlos, die hat man, oder man hat sie nicht. Ich denke jedenfalls nie: Pa schnarcht nicht. Ich denke immer: Pa schnarcht nicht *mehr*. Leise krieche ich zu seiner Kammer und horche hinein. Er atmet, logisch.

Noch.

Wie sich herausstellt, ist immerhin schon eins von meinen Geschwistern wach, Natalie nämlich. Meine kleine, sehr scharfe Schwester aus dem vierten Wurf. Als ich an ihrer Kammer vorbeigehe, der immer ein verwegener Duft entströmt, höre ich erst ein laszives Rascheln und dann ihre verschlafene Stimme:

»Ray?«

Klingt wie eine Frage, ist aber keine. Sie weiß, dass ich es bin, erkennt mich am Geruch. Eigentlich bin ich schon an ihrer Kammer vorbei, doch ihr Duft kriecht mir in die Nüstern und zieht mich zurück.

Ich bleibe vor ihrer Kammer stehen. Bin ich erst einmal drinnen, braucht es einen sehr starken Willen, um dort wieder herauszukommen. Einen stärkeren als meinen auf jeden Fall.

»Hey, Natalie. Schon wach?«

»Dasselbe könnte ich dich fragen.«

»Hab nur meine Runde gedreht, wie jeden Morgen.«

»Ach ja? Und seit wann machst du das mitten in der Nacht?«

Kommt mir das nur so vor, oder habe ich diese Unterhaltung vor fünf Minuten erst geführt?

»Schätze, ich bin heute einfach früher aufgewacht als sonst«, sage ich.

»Verstehe. Und was war mit gestern und vorgestern und den Tagen davor? Bist du da auch einfach früher aufgewacht als sonst?«

Nein, keine Täuschung. Ich habe diese Unterhaltung bereits geführt, gerade eben, mit Kong. Was wiederum bedeutet, dass auch Natalie seit Tagen mitbekommen haben muss, wie ich nächtens an ihrer Kammer vorbeikrieche, und genau wie Kong hat sie die ganze Zeit nichts gesagt, nur ausgerechnet heute quatscht sie mich an.

Zeit für einen Test.

»Schon mal in Oslo gewesen, Nat?«

Wieder dieses laszive Rascheln. Irgendwie ist alles, was Natalie macht, lasziv. »Wie du weißt, Ray, bin ich noch nie irgendwo gewesen, wo du nicht auch warst.«

Beruhigend. Ich dachte schon, ich wäre in irgendeinem Paralleldings hängen geblieben.

»Genau wie du bin ich in diesem Gehege geboren«, fährt Natalie fort, »und genau wie du werde ich hier irgendwann sterben.«

Das wiederum klingt weniger beruhigend. Da weiß ich gar nicht, was ich antworten soll. Und weil ich nichts sage, sagt Natalie:

»Hier neben mir in der Tasche ist noch ein Platz frei, Ray. Schon vorgewärmt.«

Das meinte ich mit: Wenn ich erst mal in ihrer Kammer bin, braucht es einen Willen, der sehr viel größer ist als meiner, um da wieder rauszukommen.

»Danke, Nat. Ich fühle mich sehr geschmeichelt. Aber heute ...«

»Ja-a?«

»Ist irgendwie nicht der richtige Tag, heute.«

»Nanu, so kenne ich dich ja gar nicht. Wirst mir doch nicht alt werden, Ray?«

Ich lehne mich in den Durchgang, ein Vorderbein an der Wand abgestützt, und stelle mir vor, dass ich so ganz schön cool aussehe. Einen Schritt weiter, und ich bin mit einem Bein in ihrer Kammer, und dann ...

»Vielleicht bin ich's ja schon«, überlege ich. »Alt. Doppelt so alt wie du immerhin.«

Sie räkelt sich in ihrer samtgefütterten Handtasche. Ist ziemlich eng da drin, wie ich weiß. Und heiß.

»Wenn ich nicht irre«, säuselt sie, »bedeutet das, dass ich halb so alt bin wie du.«

»Hm, so wie du das sagst, klingt es natürlich gleich viel ...«

»... reizvoller?«

Ich muss zweimal trocken schlucken, sehr trocken. Dann reiße ich mich zusammen: »Wie auch immer, ich ... Ich glaube, ich sollte jetzt besser in meine Kammer gehen und noch ein bisschen ...«

Wieder raschelt es, Natalie entsteigt ihrer Tasche, und dann werde ich angeföhnt von diesem unwiderstehlichen Geruch aus getrocknetem Urin und dem Parfum, das sie in der Tasche gefunden hat und ihren Dings, wie heißen die noch, Rufus hat es mir gesagt, Harmonien, nein, quatsch, Hormonen, das war's! Hormonen, Sexualhormonen, von denen hat sie ganz viele, also mehr als die anderen Weibchen, viel mehr, ist einfach so, meint Rufus, manche Weibchen produzieren da mehr von als andere, in diesen Düsen, nein, Drüsen, die haben da so Drüsen für, wir auch, wir Männchen, sind nur andere Hormonien, quatsch, Hormone, endo-irgendwas, endo-, endo-, endokrin. Genau, das war's, endokrine Drüsen, und da produziert Natalie diese Wahnsinnsmengen von diesen Genen, Östrogenen, den weiblichen Sexualhormonen, genau, und die machen, dass, wenn man erst mal in ihrer Kammer drin ist, geschweige denn in ihrer Tasche, dann gibt's da einfach kein Rauskommen mehr, jedenfalls nicht so bald, und deshalb …

Plötzlich ist ihre Stimme ganz nah an meinem Ohr, also eigentlich schon eher drin, in meinem Ohr, und sie sagt:

»Ich weiß nicht, was für Gedanken dich plagen, Ray, aber ich könnte dich auf andere bringen.«

Als ob ich das nicht wüsste.

»Außerdem, Ray: Man ist immer nur so alt, wie man sich fühlt.«

»Hab ich auch schon von gehört«, hauche ich.

Meine Stimme ist so widerstandsfähig wie ein Schmetterlingsflügel in einem Orkan.

Ihre elektrisierten Barthaare berühren mein Ohr und setzen es unter Strom, Starkstrom: »Wie alt fühlst du dich gerade, Ray? Wie alt?«

»Jung«, der Schmetterlingsflügel zerbröselt, weht davon in alle Himmelsrichtungen, »sehr jung.«

Bis ich auf wackligen Knien den Weg aus Natalies Kammer wieder herausgefunden habe, sind sämtliche Clanmitglieder auf den Beinen, durch die Eingänge unseres Baus strömt Sonnenlicht herein, die Chaoten aus dem fünften Wurf orgeln an mir vorbei, und Cindy und Chantal quieken: »Ray und Nat haben Sex gemacht, Ray und Nat haben Sex gemacht ...«

Ich bin so in Gedanken, dass ich erst bemerke, dass ich gar nicht auf dem Weg in meine Kammer bin, als ich in Rufus' und meinem Konferenzraum – früher, als wir noch zusammen Fälle gelöst haben, nannten wir ihn »Headquarter« – auf der Minus-2-Ebene stehe, Rufus von seinem Smartphone aufblickt, schnell das Bild von einem sich im Sand räkelnden Erdfräulein wegklickt, kurz in meine Richtung schnüffelt und sagt: »Glückwunsch.«

Ich bin noch dabei, mich zu sammeln, deshalb fügt Rufus irgendwann in seinem Nein-ich-bin-nicht-beleidigt-wieso-sollte-ich-beleidigt-sein-Ton hinzu: »Kommt da noch was, Ray, oder wolltest du mir einfach nur unter die Nase reiben, dass du Sex mit Natalie hattest? *In* die Nase, besser gesagt. Ich an deiner Stelle würde jedenfalls erst mal eine Runde im Pool drehen.«

Ich versuche, mich nicht ablenken zu lassen, und überlege, was mich zu Rufus geführt haben könnte.

»Oslo ...«, murmele ich schließlich.

Und da ist er: der typische Rufus-Blick, der mir sagen soll, wie schön das Leben meines Bruders sein könnte, wäre er nicht mit dieser Wahnsinnsintelligenz gestraft, die ihn zu einem Leben in der Einsamkeit seines Elfenbeinturms zwingt.

»Schön«, erwidert er. »Oslo. Hauptstadt Norwegens. Hauptstädtchen, besser gesagt. Zwei Skisprungschanzen, aber nicht einen Zoo. Was ist damit?«

»Ich weiß nicht. Kong hat was von Oslo gefaselt, vorhin. Hast du da sonst noch irgendeinen Eintrag dazu?«

»Diverse. Aber keinen, der mir naheliegend erscheint. Warum?«

»Ich weiß nicht. Nur so ein Gefühl.«

»Ein Gefühl also. Na, davon scheinst du ja jede Menge zu haben, deinem Geruch nach zu urteilen. Und was machen wir jetzt mit deinem Gefühl, lieber Bruder? Möchtest du, dass ich eine kleine Online-Recherche zu Oslo vornehme? Du selbst wärst dazu ja wohl kaum in der Lage.«

Ich sehe ihn an. Kein leichtes Leben. »Nicht nötig, Rufus. Ich leg mich wieder hin.«

4

Ich werde wach, weil Nino, Nick und Nemo an meiner Kammer vorbeitrotten. Das sind die Peilos aus dem vierten Wurf, den man getrost als »Problemwurf« bezeichnen kann. Zuckerjunkies, Koffeinjunkies, Alles-Junkies. Ziehen sich jeden Mist rein, zumindest die Männchen. Gibt auch zwei Weibchen im Wurf, Nadja und Natalie, die haben deutlich mehr Glück gehabt. Die sind zwar auch süchtig, aber eher so nach Anerkennung und Aufmerksamkeit.

»Habt ihr gesehen«, raunt Nemo, »schmeißt die 'ne Großpackung Hanuta ins Gehege, Alter. 'ne GROSSpackung!«

»Mir hat so'n Homie immer Mamba zugeworfen, sobald ich ihm meine Dancemoves gezeigt hab«, meint Nino. »Und wenn ich's gefangen habe, gleich noch eins.«

Jetzt ist Nick dran: »Mamba zieht voll rein.«

Nino: »Schon, aber verklebt einem auch übelst die Schnauze.«

»Weißt du noch: letztes Mal oder wann, als du ohnmächtig geworden bist? Da hast du fünf oder wie viele auf einmal eingeworfen, und dann hat's dir komplett die Fresse verklebt. Und die Nase.«

»Wärst beinahe erstickt.«

»Stimmt. War krass.«

»Ohne Scheiß?«, fragt Nick verunsichert. »Ich erinner mich da gar nicht mehr dran.«

»Warst ja auch ohnmächtig, Alter.«

»Egal, lass mal noch was abziehen. Die Kids sind echt spendabel heute.«

Ich spitze die Ohren. Freudige Kinderstimmen dringen in den Bau, da draußen ist richtig was los. So viel Begeisterung war lange nicht. Der Temperatur nach zu urteilen, muss es so gegen Mittag sein. Schulklassen. Ich mache ein paar Kniebeugen, streiche mir das Fell um die Augen glatt – man will bei seinen Fans ja keinen verwahrlosten Eindruck machen –, wähle den Südausgang, kneife die Augen zusammen, weil mir die Sonne volle Kanne ins Gesicht brezelt, und dann stehe ich da wie der König der Savanne, auf unserem Hügel, die Vorderbeine in die Hüfte gestemmt.

Da tummeln sich wirklich eine Menge Kinder vor unserem Gehege, werfen uns Süßigkeiten zu, obwohl ein Schild extra darauf hinweist, dass man genau das nicht tun soll, knoten bunte Gasluftballons an den Zaun und machen Selfies von sich, mit uns im Hintergrund, während Marcia und Mads am Pool um die Wette posen, weil sie auch nach Jahren die Hoffnung noch nicht aufgegeben haben, irgendwann von einer Tieragentur gecastet zu werden.

Ein Mädchen mit Blumenkleid quietscht: »Hier, das da! Das war immer mein Lieblingserdmännchen!« Dabei macht sie Fotos von Colin, ausgerechnet, dem Sohn von Rocky und Roxane, der nun wirklich nichts als Ödnis zwischen den Ohren hat.

Ihre Freundin trägt einen rosa Hut mit Schaumstoffeinhorn und kettet ein ebenfalls rosa Liebesschloss mit eingraviertem Herz an den Zaun: »Hab euch sooo lieb«, ruft sie, »alle!«

Die Lehrerin geht dazwischen: »So, meine Lieben! Hör-en! Ihr nehmt jetzt bitte Aufstellung, und zwar so, wie wir es geprobt haben!«

Während die Kinder sich, die Lehrerin in der Mitte, in einem Halbkreis aufstellen, wird die Stimmung mit einem Mal ganz andächtig. Auch meine Geschwister merken, dass hier gerade etwas Komisches passiert. Sämtliche Clanmitglieder halten inne, selbst Minka und Mitzi, die sich eben noch gegenseitig untergetaucht haben. Und dann fangen die Kinder an zu singen, ein Lied, selbst geschrieben vermutlich, was Kinder eben so machen, und allen wird ganz schwer ums Herz, mir auch, wie ich feststelle, das schnürt einem echt die Kehle zu.

Na bitte, denke ich und wiege mich im Rhythmus der Musik, wir sind eben doch die Nummer eins, jedenfalls kann ich mich nicht erinnern, dass Skipper und Ping schon mal ein Ständchen dargebracht worden wäre. Und während ich noch sanft meine Hüfte kreisen lasse, setzt der Refrain ein, schwermütig, wahrscheinlich Moll oder so, dreistimmig, und der Schulchor singt aus voller Kehle:

»Ihr müsst jetzt geeehn
Wir vemissen euch sooo
Auf Wieder-seeehn
in Os-looo.«

5

Ich finde Rufus in unserem Konferenzraum auf der Minus-2-Ebene, wo auch sonst? Ein bisschen Tageslicht ab und zu könnte ihm auch nicht schaden. Jedenfalls sitzt er an unserem Konferenztisch über sein Smartphone gebeugt, und statt zu mir aufzusehen, als ich hereinrausche, streckt er mir nur eine Klaue entgegen.

»Ich bin dran, Ray.« Betonung auf »dran«. Mit der freien Klaue wischt er auf dem Display herum. »Ich bin dran, okay?«

Keine Ahnung, was er meint, ist mir aber eh schnurz, wo er gerade dran ist. Es gibt Wichtigeres.

»Oslo«, rufe ich. »Irgendwas ist damit!«

Rufus wischt nur weiter auf dem Display herum. »Mein lieber Bruder«, erwidert er, »was an dem Satz ›ich bin dran‹ hast du nicht verstanden?«

»Du bist dran an Oslo?«, frage ich.

Er ignoriert mich. So gut er kann. Scrollt und scrollt, und dann sagt er: »A-ha.«

Das macht er immer. Sagt etwas, ohne es zu sagen. Damit man nachfragen und er es einem erklären muss. Um einem aufs Neue einzumassieren, wie ungebildet man ist.

»Aha was?«

Er ignoriert mich weiter, starrt auf seinen Bildschirm, sagt erst »interessant« und dann: »Na ja, wie hat der alte Bismarck so gerne gesagt: ›So schnell schießen die Preußen nicht.‹«

Ich fuchtele mit meiner Klaue vor seinem Gesicht herum: »Who the fuck is Bismarck?«

Er sieht mich an, endlich: »Korrekterweise müsste es lauten: Who the fuck *was* Bismarck. Der Mann ist seit mehr als einhundertzwanzig Jahren tot.«

»Und?«

»Hm?«

»Bismarck? Oslo?«

Rufus lehnt sich zurück und legt die Spitzen seiner Krallen aneinander. Mit dieser Geste, und das weiß er sehr genau, stellt er meine Geduld zuverlässig auf eine harte Probe.

»Al-so: Dass die Preußen so schnell nicht schießen, ist eine Redewendung, die Bismarck zugeschrieben wird. Sie geht darauf zurück, dass Bismarck, der damals preußischer Ministerpräsident war, häufig betont hat, dass Preußen zwar eine durchaus ernst zu nehmende Militärmacht darstelle, der Preuße allerdings besonnen ... Au!«

Ich hab's getan. Über den Tisch gegriffen und ihm mit meiner Zeigekralle ein Ohrloch gestochen.

Das ist irgendwie nicht fair, denn so oft, wie Rufus von Rocky eins übergebraten bekommt, muss ich ihm nicht auch noch Schmerzen zufügen, andererseits, finde ich, sollte auch ich das Recht haben, ihm meine Grenzen aufzuzeigen.

Ungläubig greift sich mein Bruder ans Ohr: »Es wird mir immer ein Rätsel bleiben, Ray, dass ein Erdmännchen wie du, das durchaus das Potenzial *hätte*, komplexe Zusammenhänge zu erfassen, sich so vehement einer Erweiterung seines Horizonts verweigert.«

Ich fahre erneut meine Kralle aus.

Rufus' Schultern sinken tiefer, als das physikalisch möglich ist. Schaut her, soll das heißen, die Last, die ich zu tragen habe, ringt mich nieder.

»Also bitte«, sagt er, »Oslo. Damit hat es offenbar Folgendes auf sich: Im Netz kursiert eine Pressemitteilung von Direktor Windhoeck, wonach wir nach Norwegen verkauft werden sollen. Die ›BZ‹ hat darüber berichtet, der ›Tagesspiegel‹ ebenfalls. Die Chancen stehen also gut, dass es sich um mehr als ein bloßes Gerücht handelt.«

Ich denke an letzte Nacht, an Kong und wie er gesagt hat, wir seien alle nur Spielzeuge mit eingebautem Ablaufdatum. Nicht zu fassen. Ich lasse mich in einen der Schwimmflügel fallen, die uns als Konferenzsessel dienen, nur dass ich in meinem versinke, bis praktisch nur noch meine Klauen rausgucken. Da muss dringend mal neue Luft rein.

»Windhoeck will uns an einen anderen Zoo verhökern?«, frage ich, während ich versuche, mich aus dem Plastikteil zu befreien, ohne ein Loch hineinzustechen.

»Nicht direkt. In Oslo gibt es keinen Zoo, jedenfalls keinen im klassischen Sinn. Wenn ich das richtig verstehe, sollen wir im Foyer eines Baumarkts ausgestellt werden, als Kundenattraktion.«

Bis ich mich endlich aus dem Schwimmflügel geschält habe, ist Rufus' Information in ihrer gesamten historischen Tragweite bei mir angekommen.

Erschütternd.

»Und was bekommt Windhoeck dafür?«

»Im ›Tagesspiegel‹ ist von neuntausend Euro die Rede, in der ›BZ‹ von dreiundzwanzigtausend. Plus einem schottischen Auerhahn.«

»Windhoeck verkauft uns für einen schottischen Auerhahn?«

»Plus neuntausend Euro. Oder dreiundzwanzig. Je nachdem, welcher Zeitung man Glauben schenken möchte.«

Ich bin ehrlich entsetzt. Auerhähne sind das Letzte, ohne Witz. Bilden sich wer weiß was darauf ein, die größten Hühnervögel zu sein, rülpsen die ganze Zeit vor sich hin und sehen einfach nur panne aus. Und gegen so einen soll unser gesamter Clan nach Oslo verkauft werden?

»Undankbarer Drecksack«, sage ich, und weil Rufus das unkommentiert lässt, schiebe ich eine Frage hinterher: »Und was machen wir jetzt?«

»Das kann ich euch sagen«, kommt es von hinter mir. »Nix.«

Rocky steht in der Kammer, unser großer Bruder, der Erstgeborene und somit Clanchef, verheiratet mit Roxane, der Zweitgeborenen, vier gemeinsame Kinder, Celina, Cindy, Chantal und Colin, ein nicht gemeinsames Kind, Archimedes, dessen leiblicher Vater Rufus ist, was alle im Clan wissen außer Rocky, der tatsächlich glaubt, es sei seins. Rocky hat eine beeindruckende Fellzeichnung, ein Kreuz wie ein Zehnkämpfer und einen Gang wie ein Boxer. Es ist, als hätte jemand sehr viel Mühe darauf verwendet, unseren Bruder mit dem Körper eines griechischen Athleten auszustatten, und danach keine Lust mehr gehabt, sich um das zu kümmern, was in den Kopf reinmuss. Fünfhundert Volt in den Beinen, wie Rufus gerne sagt, aber kein Trafo.

»Oh, der Herr Clanchef«, sagt mein kleiner Bruder.

Ich lasse es etwas vorsichtiger angehen: »Hi, Rocky.«

Rocky sagt: »Hm.«

»Ich weiß nicht, wie viel von unserem Gespräch du mitgehört hast …«, beginnt Rufus, wird aber sofort von Rocky ausgehebelt.

»Genug. Irgendwas mit Oslo und dass wir in einen Baumarkt umziehen sollen.«

»Gut, dann ...«

»Läuft nicht. Ohne mich, ich meine: ohne uns. Das hier ist unser Zoo und unser Gehege. Wir bleiben. Sag denen das.«

»Kann ich gerne machen Rocky, Windhoeck eine Mail schreiben oder, besser noch, auf Insta eine Initiative starten, Haschtag *wirsindderclan,* aber ...«

»Alles klar.« Rocky wendet sich zum Gehen. »Diskussion beendet.«

»Aaaber«, Rufus verschärft seinen Ton, derweil ich mich dranmache, den Schwimmflügel aufzublasen, »das wird uns wenig helfen, Rocky. Konflikte lassen sich nicht lösen, indem man sie ignoriert. Du bist unser Clanchef, und somit trägst du die Verantwortung für das Wohl dieses Clans. Wir müssen uns an den Gedanken gewöhnen, dass uns eine Zwangsumsiedlung droht, damit wir im Falle ...«

»Hab ich nicht gerade gesagt, dass wir bleiben?«

»Und hab ich dir nicht gerade erklärt, dass wir ...«

»HAB ICH?«

Ich blicke von meinem Schwimmflügel auf und frage mich, wie hoch die Chance für Rufus ist, aus dieser Diskussion rauszukommen, ohne eine Schelle kassiert zu haben. Nicht sehr hoch. Jetzt hab ich wegen des Ohrlochs doch ein schlechtes Gewissen.

»Hast du«, lenkt Rufus ein.

»Und bin ich der Clanchef?«

»Bist du.«

»Na also, dann bleiben wir.«

»Versteh mich nicht falsch, Rocky. Ich will ja auch gar nicht die Pferde scheu machen. Vermutlich bleibt uns noch reichlich Zeit, uns auf die veränderte Situation gedanklich einzustellen, aber …«

»Gibt keine veränderte Situation«, wiegelt Rocky ab. »Hier wird sich nicht eingestellt. Und gedanklich schon gar nicht.«

»Was ich sagen will, Rocky, um damit auf die bismarcksche Redewendung zurückzukommen: Die Berliner haben fünfzehn Jahre gebraucht, um einen Flughafen zu bauen, und alles, was in dieser Zeit auf dem Gelände geflogen ist, waren Singdrosseln. So schnell schießen die Preußen also nicht. Aber: Früher oder später werden wir uns der Tatsache stellen müssen, dass eine Umsiedlung unseres Clans droht, nach Oslo. Insofern hat sich unsere Situation sehr wohl verändert, allerdings nicht unmittelbar.«

Rocky stützt sich auf der Weinkiste ab, die uns als Konferenztisch dient. »Dieses Oslo-Gelaber zieht bei mir nicht.« Er lehnt sich weit zu Rufus vor, das Holz biegt sich bedrohlich. »Wir gehen nirgendwohin. Und: Kein. Wort. Zu. Irgendwem. Wenn Roxane oder die Kinder davon erfahren, jammern die mir so lange die Ohren voll, bis ich freiwillig nach Oslo gehe. Allein.«

Rufus sieht ihn an. Wenn es nicht ganz und gar unmöglich wäre, würde ich sagen, seine Schultern sinken noch ein Stück tiefer nach unten.

»Du bist der Boss«, sagt er schließlich.

Rocky dreht sich zu mir um. Inzwischen habe ich den Schwimmflügel aufgepustet und sitze wieder in meinem gut gefederten Konferenzsessel.

»Hat er es doch noch kapiert«, sagt Rocky, lächelt und deutet mit seiner bemerkenswert groben Klaue über die Schulter. Im Hinausgehen sagt er noch: »Oslo … Nicht mit mir, Freunde. Nicht mit Rocky.«

6

Rockys Sorge, dass sich die Nachricht einer möglichen Zwangsumsiedelung herumsprechen könnte, erweist sich als unbegründet. Denn sie hat sich bereits herumgesprochen. Kaum hat der Clanchef stampfend den Konferenzraum verlassen, wird er von Celina und Chantal abgefangen. Rufus und ich sitzen gebannt in unseren Chefsesseln, werfen einander Blicke zu und hören jedes Wort.

»Papa! Wann geht's lo-os?«, will Celina wissen.

Chantal schmatzt angewidert: »Stimmt das – wir müssen nach Oslo?«

Statt ihre Frage zu beantworten, entgegnet Rocky: »Was hast'n du da im Maul?«

»Lolli«, gibt Chantal kleinlaut zu.

»Her damit. Ihr wisst genau, dass eure Mutter euch das verboten hat. Kein Essen im Bau, das einen spitzen Stiel hat. Zu gefährlich.«

Mit einem schmatzenden Sauggeräusch zieht Chantal sich den Lolli aus dem Maul und überreicht ihn ihrem Vater.

»Was issn jetzt mit Oslo? Stimmt das? Kirk sagt, Oslo ist total uncool. Die hören da nur so Umta-umta-Musik und tragen das ganze Jahr über Fellstiefel.«

»Ist doch egal«, mischt Celina sich ein, »Archimedes meint, die tun uns in eine Einkaufspassage.«

»Und?«

»Na, da gibt's hundertpro megageile Glitzerarmbänder.«

»Ohrringe auch?«, quietscht Chantal.

»Mann, Schanti. Wo's Armbänder gibt, gibt's auch Ohrringe.«

»Ich glaub, am liebsten hätte ich ein Fußkettchen.«

»Fußkettchen weiß ich jetzt nicht, können wir aber Archi fragen.«

»Und Eis?«

»Logo.«

»Burger mit Pommes?«

»Garantiert tausend Sorten oder so. Und alles aus Rind. In Oslo essen sie kein Schwein, glaube ich, wegen der Religion.«

»Und ist das auch bio?«

»Auf jeden. Die sind da total streng, was so was angeht.«

Rocky reicht's: »Wir gehen nirgendwohin!«

In diesem Moment kommt Roxane hinzu.

»Hier steckst du also! Ich such dich schon überall. Der ganze Clan ist ... Was hast'n du da? Ist das'n Lolli?«

»Ich ...«, setzt Rocky an.

»Na, du bist deinen Kindern ja ein schönes Vorbild. Ich sag denen hundert Mal am Tag, dass sie keine spitzen Gegenstände in den Bau bringen dürfen, und du stellst dich hier hin und lutschst ihnen was vor, echt mal.«

»Ich ...«

»Egal jetze. Da draußen ist die Hölle los, sag ich dir. Alle wollen wissen, was Sache ist und ob wir wirklich nach Sibirien müssen, wo doch jeder weiß, dass die da zum Frühstück gegrillte Erdmännchen auf Toast essen. Ich will's auch wissen, Rocky. Ich hab nämlich keine Lust, zwischen zwei Brotscheiben zu enden. Du musst was unternehmen!«

»Wir gehen nirgendwohin.«

»Gut zu wissen«, erwidert Roxane. »Das kannst du ja dann bitte auch dem Clan erklären. Die Jungs aus dem vierten Wurf drehen bereits durch, werfen sich gegen den Zaun und lassen sich kopfüber in den Steinbruch fallen. Du musst sofort eine Versammlung …«

»Garantiert. Nicht.«

Rocky hasst es, Versammlungen einzuberufen, denn dann muss er sich vor den Clan stellen und das machen, was er nun wirklich gar nicht beherrscht: reden.

»Garantiert, aber hallo!«, erwidert Roxi. »Wenn *du* es nicht machst, mach *ich* es.«

»Das geht nicht, Roxi«, fällt Rocky ein. »Ich bin der Clanchef. Wenn hier einer eine Versammlung, äh, versammelt, dann ich. Nicht du.«

»Also?«

Rocky zögert die Antwort ein paar Sekunden hinaus, aber er weiß, er kommt nicht drum herum. »Also mach ich's.«

»Jetzt«, befiehlt Roxane.

»Jetzt.«

»Na bitte, geht doch. Chantal, Celina, ihr kommt mit mir.«

Kaum sind Roxane und die Kinder abgestiefelt, streckt Rocky seinen Kopf in den Konferenzraum. Aus seinem Maul ragt der Lolli-Stiel. Kirscharoma, wenn ich mich nicht irre, eins von diesen Dingern, die kleine, nervige Kinder in der Apotheke als Trostpflaster bekommen.

»Ihr habt's gehört«, raunt unser Clanchef, »Versammlung, jetzt. Und du, Rufus, erklärst dem Clan, dass wir nirgendwohin gehen. Weil wir nämlich hierbleiben. Bismarck, der ganze Scheiß.«

Rufus schüttelt zwar den Kopf, sagt aber: »Du bist der Boss.«

»Ganz recht, ich bin der Boss.«

Als Rocky im Gang verschwindet, rufe ich ihm nach: »Pass auf mit dem Lolli!«

Ich habe den Satz noch nicht ausgesprochen, da höre ich, wie Rocky irgendwo hängen bleibt, der Länge nach hinschlägt, würgt, röchelt, noch mehr würgt, sich mit einem stattlichen »Plopp« den Lolli aus dem Hals zieht und schimpft: »Dreckskackteil.«

»Alles okay?«, rufe ich in den Gang.

Als Antwort erhalte ich: »Versammlung. Jetzt.«

Die Hütte ist voll bis auf den letzten Platz. Ist natürlich nicht wörtlich gemeint, Hütte. Korrekt müsste es heißen: unser unterirdischer Versammlungsraum. Wie auch immer, sogar die Hirnis aus dem vierten Wurf haben den Schuss gehört und sind anwesend, körperlich zumindest. Der Geräuschpegel ist beträchtlich, einige scheinen kurz vor einer Panikattacke zu stehen, andere stieren in die Gegend und stützen ihre traurigen Köpfe mit den Vorderbeinen. Ein einzelner LED-Spot beleuchtet die beiden Pizzakartons, die uns als Bühne dienen. Wir, also Rocky, Roxane, ich und Rufus, stehen seitlich daneben. Und Ma. Pa sitzt irgendwo und jagt im Geiste Puffottern.

Ma blickt ihren Erstgeborenen an. Ich mag mich täuschen, denke aber wieder mal: Wäre es damals nach ihr gegangen, hätten wir heute einen anderen Clanchef.

»Worauf wartest du?«, raunt sie Rocky zu.

Der strafft sich, steigt auf die Pizzakartons und tritt in den Lichtkegel.

»Ruhe!« Augenblicklich ist es still. Natürliche Autorität nennen es die einen, die Macht des Stärkeren die anderen. »Ich bin's, Rocky, euer Chef. Wisst ihr ja. So.«

Weil ihm weiter erst einmal nichts einfällt, sieht er zu uns rüber, und dann fällt ihm doch noch etwas ein, und er winkt Rufus zu sich auf die Bühne. Mein kleiner Bruder erklimmt also pflichtschuldigst die Pizzakartons und tritt an Rockys Seite, neben dem er noch hängeschultriger und blutleerer aussieht als sowieso schon.

Nach einem Blick in die erwartungsvollen Gesichter von Ma und Roxane scheint sich Rocky seiner Position als Clanchef zu besinnen. Er bläht die Brust und sagt: »Wie ihr alle mitbekommen habt, gibt es ... also, da sind Gerüchte, die hier unterwegs sind. Von wegen Oslo und so. Und, äh ... Rufus hier hat euch dazu was zu sagen.«

»Ja, hallo«, beginnt Rufus und hebt bescheiden eine Klaue, worauf Nick sofort »yo, brother« gröhlt, und Nino ruft: »Ja, Mann, high four!«

High four sagt man bei uns, weil wir vier Zehen an jeder Klaue haben und nicht fünf, wie die Menschen.

»Ruhe, hab ich gesagt!«, geht Rocky dazwischen, und sofort wird es wieder ruhig.

Rufus nimmt den Faden auf: »Zu den Gerüchten kann ich zumindest so viel sagen, dass es vermutlich keine Gerüchte sind. Es deutet einiges darauf hin, dass Herr Windhoeck uns, und damit meine ich den gesamten Clan, an ein Gartencenter in Oslo zu verkaufen gedenkt. Oder es bereits getan hat.«

Kaum hat Rufus den letzten Satz ausgesprochen, kochen die Emotionen hoch.

»Wir sind verkauft?«

»Du lügst doch!«

»Schwachsinn!«

Es dauert eine Weile, bis wieder Ruhe einkehrt und Rufus fortfahren kann.

»Nach meiner Einschätzung droht uns keine unmittelbare Abschiebung, allerdings sollten wir unsere Optionen abwägen und uns auf den Tag X vorbereiten, denn wenn er kommt, und er wird kommen, dann sollten wir gerüstet sein, für was auch immer wir uns entschieden haben zu tun. Ich für meinen Teil plädiere für einen Alternativplan, denn ein Leben ohne das Miteinander mit anderen Tieren – und seien es nur Flamingos – würde zu einer Situation sozialer Isolation führen, die sich nachteilig auf den familiären Zusammenhalt innerhalb des Clans ...«

»Soziale Isolation?!«, ruft Konrad, der es gerne theatralisch mag. »Sterben werden wir! Jämmerlich zu Grunde gehen – umgeben von Bohrmaschinen und Rasenmähern!«

Der hochkochende Unmut richtet sich in erster Linie gegen den Überbringer der schlechten Nachrichten.

»Du bist'n Schwätzer, Rufus!«

»Lügenpresse!«

Ist schon interessant: Alle wissen, dass Rufus mit Abstand der Schlaueste in unserem Clan ist, aber keiner will hören, was er zu sagen hat. Manchmal glaube ich, wir wählen uns nicht diejenigen zu Anführern, die die besseren Argumente haben, sondern die, die den Leuten zurufen, was die am liebsten hören wollen. Und deshalb ist die Freude groß, als Rocky jetzt ruft:

»Wir bleiben, so! Ist entschieden. Soll Windhoeck ruhig kommen, dann wird er schon sehen, was er davon hat. Uns bringt hier keiner weg! Das ist *unser* Bau. *Wir* sind der Clan!«

Rocky reißt die Klauen in die Luft, Jubel brandet auf, und unser Clanchef ist sichtlich hochzufrieden mit sich und seiner Performance. Rufus trottet derweil von der Bühne und an mir vorbei aus dem Raum. Ich gehe ihm nach.

»Ey, Rufus!«

»Hm?«

»Was willst'n jetzt machen?«

»Was würdest du denn an meiner Stelle tun?«

Knifflige Frage. Ich würde ... »Vorkehrungen treffen?«, überlege ich. »Schwimmreifen flicken, den Fluchtweg in die Kanalisation freiräumen, so Zeug?«

»Ich sag es ja«, mein Gott, klingt der müde, »Potenzial ist bei dir eindeutig vorhanden. Aber wenn du dir die Antwort selber geben kannst, Ray – warum fragst du dann noch?«

Mit diesen Worten wendet Rufus sich ab und verschwindet in der Minus-2-Ebene.

7

Mit Schlafen versuche ich es in dieser Nacht erst gar nicht. Aussichtslos. Auch im Bau kehrt keine Ruhe ein. Diejenigen, die irgendwann in den Schlaf finden, werfen sich hin und her oder brabbeln unverständliches Zeug, aus den anderen Kammern ist besorgtes Geflüster zu hören.

Das mit Oslo hat alle ganz schön gerockt. Am schlimmsten war, als Rufus später noch mit der News kam, dass das Gartencenter in Oslo nur die Hälfte von uns behalten und die andere an eine Filiale in Harstad weitergeben will. Der Ort liegt praktisch am Nordpol. Die reißen unsere Familie auseinander, und keinen interessiert es. So etwas erschüttert das Selbstwertgefühl.

Jahrelang waren wir das Aushängeschild des Zoos, die Fans strömten uns zu, wir brachten die Kassen zum Klingeln, wurden mit Bewunderung, Neid (die andere Form der Bewunderung) und Liebe übergossen. Und sollen jetzt, nach Ablauf unseres Haltbarkeitsdatums, gegen ein paar Euro und einen fucking Auerhahn verscherbelt werden. Gestern noch die glänzende Luxuslimousine im Schaufenster, heute schon ausgeweidet auf dem Schrottplatz. Was für ein Abstieg.

»Für die Psyche ist das natürlich Gift«, seufzt Rufus, der neben mir auf dem Feldherrenhügel sitzt, wie ich den Mond betrachtet und offenbar meine Gedanken gelesen hat.

Ein lauer Berliner Sommernachtwind streicht uns um die

Barthaare, dazu das leise Brummen der Stadt. Ein Gefühl, wie auf einem riesigen Kreuzfahrtschiff für immer durch die Galaxie zu segeln. Was ja auch irgendwie zutrifft, nur dass es mir vorher noch nie so aufgefallen ist.

Ich blicke hinüber zu Elsas ehemaligem Gehege. Sie war diejenige, die mein Herz zum ersten Mal gebrochen hat. Lange Geschichte und ewig her. Die Zeit heilt alle Wunden, heißt es. Nun, die größten Wunden, die meinem Herzen zugefügt wurden, heißen Elsa und Adelia, und wenn dieser doofe Spruch stimmt, dann, fürchte ich, wird mein Erdmännchenleben zu kurz sein, um die Heilung noch zu erleben. Im Kupferdach von Elsas ehemaligem Gehege jedenfalls spiegeln sich die Lichter des Bahnhofs und verströmen einen sehnsüchtigen Glanz.

»Tag für Tag sieht man dieselben Sachen«, überlege ich, »redet den gleichen, überflüssigen Quatsch mit denselben Tieren. Und dann, wenn man merkt, wie endlich das alles ist, dann sieht auf einmal alles ganz anders aus, und jeder Scheiß, den man sagt, bekommt eine Bedeutung.«

»Klassische Stressreaktion«, sagt Rufus nur. »Eine Nachricht wie die, dass wir nach Oslo verkauft und dann getrennt werden sollen, überflutet schnell die normale Stressverarbeitung, wodurch wiederum die Großhirnfunktion eingeschränkt wird. Die Folge ist eine veränderte Umweltwahrnehmung.«

Sicher doch.

»Weißt du was, Rufus?«

»Ich höre.«

»Vielleicht bist auch du nicht so schlau, wie du denkst.«

Rufus stützt sich herausfordernd lässig auf einem Vorderbein ab. »Da bin ich aber mal gespannt.«

»Wenn ich dich was frage, auf das ich mir die Antwort

auch selbst geben kann, sagst du: ›Weshalb fragst du mich dann?‹ Aber wenn du mir was erzählen willst, von dem du ganz genau weißt, dass ich es null verstehe, Zero, Potenzial hin oder her, dann erzählst du es trotzdem. Ist doch genauso bescheuert.«

»Ich habe eben die Hoffnung noch nicht aufgegeben, dass du eines Tages ...«

»Vergiss es, Rufus. Hier geht's nicht um mich, und das weißt du ganz genau. Hier geht's nur um dich und dass du immer allen unter die Nase reiben musst, wie viel schlauer du bist als sie. Eitelkeit, nichts weiter.«

Mit diesen Worten erhebe ich mich und schlendere den Hügel hinab Richtung Geheimgang, denn ich habe den dringenden Wunsch, allein mit mir zu sein. Weiß auch nicht, weshalb mein kleiner Bruder mir heute Nacht noch mehr auf die Ketten geht als sonst. Aber natürlich: Rufus wäre nicht Rufus, wenn er nicht auch dafür eine Erklärung parat hätte.

»Mach dir wegen deiner spontanen Feindseligkeit keine Sorgen, Ray«, ruft er mir hinterher, »das ist ebenfalls der Stressreaktion zuzuschreiben. Sobald der Hormonspiegel sich normalisiert und deine Großhirnfunktionen wieder aktiviert werden, normalisiert sich das.«

Alter! Hab ich eigentlich gesagt, ich hätte ein schlechtes Gewissen wegen des Ohrlochs, das ich ihm vorhin gestochen habe? Von wegen.

8

Ziellos schlendere ich durch den schlafenden Zoo und denke darüber nach, was wohl aus uns werden wird, falls wir wirklich nach Oslo und Harstad verkauft werden. Vorhin, als Rufus und ich die Fahrtüchtigkeit unseres Speedboots in der Kanalisation getestet und überlegt haben, wie man die aufgeblasenen Schwimmflügel zu einem Floß zusammenbinden könnte, haben wir außerdem ein paar Überlegungen zu der Frage angestellt, wie eine Alternative zur Flucht aussehen könnte. Weil uns nichts eingefallen ist, blieb es dabei: Rein in die Kanalisation, alles zusammenbinden, das schwimmt, ans Boot geknotet und ab dafür.

Aber wohin? Außer mir hat keiner aus meinem Clan wirklich eine Ahnung davon, wie die Welt da draußen aussieht. Ich schätze mal, schon bei dem Versuch, von einer Seite des Busbahnhofs vor dem Zoo zur anderen zu gelangen, würde die Hälfte meiner Geschwister als Asphalt-Tattoos enden. Ein Leben in Freiheit ist verlockend, aber gefährlich.

Ich rieche sie, bevor ich sie sehe: Wildschweine. Freilaufende Wildschweine. Offenbar hat mich meine ziellose Wanderschaft an den nördlichen Zaun des Zoos geführt. Der grenzt an den Tiergarten, und der gehört nachts, wie jeder weiß, den Wildschweinen.

Jetzt höre ich sie auch näher kommen, und schließlich

sehe ich sie, wie sie gemütlich am Zaun vorbeitraben, eine ganze Rotte, Frischlinge inklusive. Alter, was die für eine Wolke an Hormonen hinter sich herziehen! Dunkel und wild und irgendwie ursprünglich. Rufus hat mir mal erklärt, dass Tiere, die in Freiheit leben und aufgewachsen sind, andere Hormone freisetzen als die in Gefangenschaft und andere Mengen. Dagegen sind wir Zootiere totale Flachpfeifen. Was mich zu der Frage bringt, wie lange wir das überhaupt durchhalten würden, ein Leben in Freiheit. Rocky, gut, dem würde ich zwei Wochen oder so geben, mir auch, weil ich ja weiß, wie es da draußen zugeht. Vielleicht sogar Rufus, wenn ihm genug Zeit bleibt, sich einen Elektroanzug oder so zu basteln. Aber der Rest?

»Ey, Keiler!«, rufe ich.

Nichts. Die traben einfach weiter. Ich erinnere mich an Rockys Worte von vorhin und versuche es noch einmal, lauter:

»Ey, du fettes Dreckskackteil!«

Ist einfach, eine große Klappe zu riskieren, wenn einen vor der Freiheit massive Stahlstreben schützen.

Die Rotte bleibt stehen.

»Ihr wartet hier«, höre ich den Keiler knurren, und dann kommt er angetrottet, aus der Dunkelheit ins Licht, groß, noch größer, uiuiui, sehr groß, und stinkt aus dem Maul, dass einem schwindelig wird.

»Wie hast du mich gerade genannt?«

»Dreckskackteil.«

»Würdest du das wiederholen?«

»Gerne: Dreckskackteil.«

Baaam!

Wow, das ging so schnell, dass ich gar nicht reagieren konnte. Die sind auf Zack, diese Wildtiere, auch wenn man es einem Keiler so erst einmal nicht ansieht. Begleitet von einem beeindruckenden *Gong!* hat er seine Schnauze zwischen die Streben gerammt, und der einzige Grund, weshalb er mich jetzt nicht zwischen den Zähnen hält, ist, dass seine Hauer zu groß sind, um zwischen den Streben durchzupassen. Andererseits sind sie gerade klein genug, um sich darin zu verhaken. Und genau das ist ihm gerade passiert.

»Na, na, na«, sage ich, »warum denn gleich so stürmisch?«

Der Keiler merkt, dass sich sein linker Hauer praktisch um die Strebe gewickelt hat und er weder vor noch zurück kann. Schlagartig sondert er einen Geruch ab, der mein Gehirn zum Glühen bringt, ehrlich, das brennt richtig. Das Ding bei Wildschweinen ist: Die haben keine natürlichen Feinde, und deshalb kennen sie auch eigentlich keine Angst. Kommt bei denen einfach nicht vor. Geraten sie dann doch mal in eine Situation, in der sie wehrlos oder unterlegen sind, dann geht denen echt der Puls.

Er schnauft mich an, mit allem, was er hat. In erster Linie ist das: Maulgeruch.

»Alter«, sage ich, »wir müssen reden.«

Er rammt seine Hufe in den Boden und stemmt sich mit aller Macht gegen die Strebe. Entweder reißt er sich gleich den Hauer aus oder die Strebe. Aus seinem schiefen Maul, von ganz tief unten, höre ich die Worte: »MACH. DAS. WEG.«

Von hinten kommen die anderen angetrabt, scharen sich besorgt um ihr Familienoberhaupt. Das sind bestimmt … also viele. Familienzusammenhalt. Romantisch.

Ich besehe mir seinen Hauer aus der Nähe und muss sagen: sehr beeindruckend. Zugleich aber auch sehr dreckig. »Wenn du mich fragst«, sage ich, »wäre hier etwas mehr Zahnpflege angebracht.«

»Dich fragt keiner«, knurrt er.

»Also schön sieht das nicht aus, so braun verfärbt. Was sagt denn deine Frau dazu?«

»Mach. Das. Weg.«

Ich gebe zu, es beginnt, mir Spaß zu machen. In aller Seelenruhe angle ich mir das halb aufgegessene Stück Pizza aus dem Mülleimer am Zaun. Das hat mich eben schon angelacht. Dann stütze ich mich mit einem Vorderbein an der Strebe ab, mit dem anderen halte ich die Mafiatorte. Ich weiß: Lässigkeit ist praktisch mein zweiter Vorname. Ich beiße ab, mmh, Salamipizza aus dem Kiosk beim Aquarium!

»Zweite Sache«, sage ich, »du stinkst aus dem Maul, und zwar mega. Voll der Mundgulli. Unter uns: Für deine Umwelt ist das eine ziemliche Zumutung. Kannst du nicht ab und zu mal ein bisschen Minze fressen, statt immer nur die Erde aufzuwühlen?«

»Wegmachen!«

Ich kaue noch ein bisschen auf der Pizza, als müsste ich überlegen, ist wirklich lecker, ich mag es salzig. Ist nicht gut für uns, Salz, aber geil, leider. Außerdem sind noch ungefähr tausend andere Sachen drin, die nicht gut für uns sind. Sagt Rufus. Aber was soll's, die Menschen fressen diesen Kram jeden Tag.

»Also schön«, sage ich, »ich mach's weg, okay? In diesem Zustand kann man ja keine normale Unterhaltung führen. Aber danach darf ich dir noch eine Frage stellen, ja?«

»MACH!«

Jetzt wird es auch für mich spannend, denn wirklich angefasst habe ich so einen fetten Zahn noch nie. Da könntest du locker drei von uns draufspießen. Ich schiebe mir das letzte Stück Pizza rein, kaue auf dem pappigen Teigrand und sage:

»Okay, schieb deinen beeindruckenden Kopf mal an der Stange zu mir runter, ja, so, noch ein Stück. Stopp. Ich fass jetzt deinen Zahn an, auch wenn der echt nicht schön aussieht. Hab ihn. Du folgst jetzt meiner Bewegung, klar?«

»Hm.«

»Schön. Und versuch nach Möglichkeit, mich dabei nicht zu zerquetschen. Also, erst ein Stück zu mir, dann so, nach hinten, und dann in einem Bogen außen um die ... Na also!«

Da steht er, befreit. Erleichterung mischt sich mit Scham, und er weiß nicht, soll er dieses kleine arrogante Arschloch von einem Erdmännchen verachten, oder muss er ihm am Ende sogar noch dankbar sein? Die Welt ist komplex.

»Jetzt meine Frage«, sage ich.

Er schwimmt noch voll auf der Hormonwelle, aber immerhin rammt er seine Schnauze nicht gleich ein zweites Mal zwischen die Streben. Gibt Tiere, die würden das machen.

Stattdessen sagt er: »Eine.« Und zu den anderen Wildschweinen: »Hab ich euch nicht gesagt, ihr sollt auf dem Weg warten? Ist alles unter Kontrolle hier.«

Der Rest seiner Familie zieht sich ins Dunkel der Bäume zurück, während wir zurückbleiben, er in Freiheit, ich in Gefangenschaft, dazwischen ein Stahlzaun, zwei Männer, Auge in Auge.

»Jetzt mal ehrlich«, sage ich, »und keine Ausreden, okay? Wie ist das so, mit seiner ganzen Familie in Freiheit zu leben, im Wald, ohne Pool, ohne Fütterungszeiten, ohne ... Zahnpflege?«

Seine schwarzen Augen blitzen mich an. Er senkt den Kopf, als wolle er mich auf die Hörner nehmen. Der wird doch nicht ..., denke ich.

Aber dann sagt er: »Komm raus, und ich zeig's dir. Aber weiter als bis zum Frühstück wirst du kaum kommen. Bis zu MEINEM Frühstück.«

»Die Antwort war zwar keine Überraschung«, entgegne ich, »dafür aber nützlich. Vielen Dank. Und denk dran, Großer: Ab und zu ein bisschen Minze, dann lässt auch deine Frau wieder mit sich reden.«

Ich sehe ihm nach, wie auch er im Dunkel des Tiergartens verschwindet. Wir haben immer davon geträumt: die Savanne, ein Leben in Freiheit, ohne Zäune, wild und gefährlich. Jetzt, da es so aussieht, als könnte sich dieser Wunsch erfüllen, stellt sich die Frage: Wollen wir das wirklich?

9

Offenbar muss ich nach der ganzen Aufregung des gestrigen Tages und der nächtlichen Begegnung mit den Wildschweinen doch noch irgendwie in den Bau zurückgefunden haben und dort eingeschlafen sein. Sonst könnte ich erstens nicht geweckt werden und zweitens nicht in meiner Laptoptasche liegen und mein geliebtes Reggae-Halstuch umklammern.

»Ray? Kannst du jetzt bitte mal aufwachen?«

Könnte ich. Will ich aber nicht.

»Komm schon, Ray, ich weiß, dass du mich hörst!«

Na und?

Sehr entfernt nehme ich wahr, wie der Deckel meiner Tasche zurückgeschlagen wird, dann drückt mir eine zarte Klaue liebevoll die Nüstern zu, bis ich keine Luft mehr bekomme. Ich schiebe mir die Klaue von der Nase und wende mich ab, aber, natürlich, schon ist sie wieder da, tastet über meinen Kopf und, zack, hält mir die Nase zu. Logisch hab ich längst mitgeschnitten, wer in meiner Kammer ist, so viele Optionen gibt's da auch nicht.

Ich trete ihre Klaue weg und schimpfe: »Natalie! Echt jetzt?«

»Tut mir leid, Ray, aber ich fürchte, ich muss dir was zeigen.«

»Hör zu, Natalie: Ich fühle mich wirklich sehr geschmeichelt, und ich würde ja auch gerne, aber es ist mitten in der Nacht, und ich bin so was von erledigt, und …«

»Ray?«

»… na ja, vielleicht hast du recht, und ich werde wirklich langsam alt, aber im Moment will ich einfach nur schlafen, okay? Können wir das nicht auf morgen früh …«

»Ray!«

»Was?«

»Da draußen ist wer.«

»Wo draußen?«

»Am Gehege.«

»Und wer?«

»Weiß nicht. Aber irgendwas stimmt da nicht. Die haben was vor.«

Ich stütze mich auf die Vorderbeine: »Die?«

Vier. Da stehen vier Männer vor unserem Gehege. Mitten in der Nacht. Die Luft ist verändert, elektrisiert. Kein Stern zu sehen. Seit Tagen wird ein Gewitter angekündigt. Sieht so aus, als käme es jetzt. Die Männer tragen dunkle Overalls, einer außerdem eine Messenger Bag. Das kann alles Mögliche bedeuten: Wege ausbessern, Rohrbruch reparieren, verrostete Zäune streichen … All die Sachen, von denen Windhoeck möchte, dass sie außerhalb der Öffnungszeiten erledigt werden. Allerdings benötigt man für keine dieser Sachen übereinandergestapelte Drahtkäfige.

Bis vor einer Minute dachte ich, dass ich Streichhölzer bräuchte, um meine Augen offen zu halten, jetzt allerdings spüre ich ein saftiges Adrenalinkribbeln in den Beinen und wie sich meine Nackenhaare aufrichten. Müdigkeit? Ich doch nicht. Mag sein, dass ich nur ein abgehalftertes Zootier bin, aber meine Instinkte funktionieren noch.

Einer der Männer reicht eine Schachtel Zigaretten herum, jeder nimmt sich eine. Dann stehen sie da, rauchen und blicken zu uns ins Gehege. Aus der Ferne walzt Donnergrollen heran.

»Du gehst rein und weckst Rufus«, flüstere ich Natalie zu. »Sag ihm, wir haben einen Notfall.«

»Und wenn er mich nach der Klassifizierungsnummer fragt?«

»Dann sagst du ihm, es ist die Sorte von Notfall, der seine Klassifizierungsnummern komplett am Arsch vorbeigehen.«

»Und du?«

Sie ist besorgt um mich. Süß.

»Ich schleich mich an den Zaun und versuche rauszukriegen, was die vorhaben.«

Bevor sich unsere Wege trennen, legt mir Natalie eine Klaue an die Wange: »Sei vorsichtig.«

Manchmal rührt sie mich echt zu Tränen. Ich sage das, wovon ich hoffe, dass es sie am ehesten beruhigt: »Keine Sorge.«

Ich lasse mich den Westhang hinunterrutschen und schiebe mich am Zaun entlang bis hinter den Mülleimer, der vorne am Gehege hängt. Von hier aus könnte ich den Typen auf die Schuhe pinkeln.

»I fand die eigendlich äwwl ganz niedlich«, sagt der, der mir am nächsten steht.

»Diese verlauschde Kaggbradza?«, antwortet der Typ mit der Umhängetasche.

Ich geb dir gleich »verlauschde Kaggbradza«, denke ich.

»Scho irgendwie«, erwidert der erste. »Machmol, wenn du dir einen rausgepickt ond oi Weile beobachded haschd, noh kamm dir des vor, als würd der di verschdeha.«

Dich versteht koi Sau!, würde ich gerne rufen, aber das

wäre echt nicht klug, und außerdem regnet es in diesem Moment Funken neben mir ins Gras, weil die vier Männer alle gleichzeitig ihre Zigaretten auf dem Geländer ausdrücken.

»Also los«, sagt der mit der Tasche, »bringa wir's hindr uns, bvor des Gewiddr uns an Schdrich durch de Rechnung machd.«

»Sag mol, wie willsch de noh älle aus ihrem Bau kriega?«

»Ganz oifach.« Der Mann mit der Messenger Bag schiebt sich die Tasche vor den Bauch, klappt den Deckel zurück und zieht eine Dose heraus, die nach Familiendeo aussieht. »Ausräuchern.«

Dem Typ ganz außen fällt was ein: »Sag mol, isch des ned verboda?«

»Haschd den Windhoeck do gehörd: ›Wie, isch mir egal.‹«

»Na noh.«

»Also: I hon vir verschiedene Farba. Wer will blau?«

»Alarm!«, schreie ich, als ich in den Bau renne. »ALARM!!«

Sofort ist der gesamte Clan auf den Beinen, sogar die Hänger aus dem vierten Wurf trotten aus ihren Kammern. Leider fangen auch sofort alle an, wild durcheinanderzuquatschen.

»Ruhe!«

Rocky. Steht neben mir, ruft »Ruhe«, und dann ist Ruhe. Vielleicht ist er in einer Situation wie dieser doch gar nicht so falsch als Clanchef.

Er sieht mich an: »Erklärung.«

»Die wollen uns ausräuchern«, sage ich. »Es ist so weit. Da draußen sind vier Männer und ein Haufen Käfige, und jeden Moment ...«

»*ffffppppFFFFF!*«, dringt ein unheilvolles Geräusch vom

Nordausgang herüber, alle erstarren, warten, ohne zu wissen, worauf.

Dann sagt Nino: »Krass, Mann, der ist voll lila, der Nebel.«

Rocky sieht mich an. Sagen muss er nichts. Das Gehirn so leer wie eine Thunfischdose, nachdem Colin sie in den Klauen hatte.

»*fffffppppFFFFF!*« Das kam aus südlicher Richtung.

»Hier der ist gelb!«, ruft Mitzi.

Ich spüre, wie sich vier Krallen in meine schieben. Natalie. »Wo ist Rufus?«, frage ich.

»Er hat gesagt, er wartet in der Kanalisation. Meinte was von Schwimminsel aufblasen.«

»Hör zu«, wende ich mich an Rocky. »Rufus und ich haben das Boot klar gemacht. Das ist unsere einzige Chance. Wir müssen sofort ...«

»*fffffppppFFFFF!*«

»Blau!«, ruft Kirk.

»Wir müssen sofort was?«, will Rocky wissen.

»Die Minus-1-Ebene evakuieren, den Durchgang verschließen und runter in die Kanalisation.«

»Alle herhören!«, ruft Rocky. »Wir eva..., eva... Wir vakuumieren jetzt den Bau. Alle runter in die Kanalisation!«

Sofort rennen alle wild durcheinander.

»Natalie.« Ich sehe sie eindringlich an. Mann, ist die besorgt. Am liebsten würde sie mit mir verschmelzen. Geht aber jetzt nicht, also sage ich: »Du sorgst dafür, dass Ma heil auf die Minus-3-Ebene kommt, ich kümmere mich um Pa.«

Widerstrebend löst sie sich von mir. »Ist gut, Ray.«

Als Nächstes wende ich mich unserem geliebten Clanchef zu: »Rocky, sag Roxane, sie soll die Kleinen nehmen. Und dann, wenn du sicher bist, dass alle die Minus-1-Ebene verlassen haben, verstopfst du den Durchgang mit dem Topfdeckel und kommst runter.«

»Ray?«

Komm schon, Rocky, denke ich. So schwer ist das nicht. Warten, bis alle unten sind, dann den Durchgang verschließen. Das sind zwar zwei Informationen auf einmal, wie ich zugeben muss, aber in einer Situation wie dieser …

»*fffffppppFFFFF!*«

Roter Nebel macht sich breit. Das Zeug brennt im Rachen wie Chili. Meine Augen fangen an zu tränen.

»Ich hätte echt nicht gedacht«, sagt Rocky, »dass uns so was mal passieren könnte.«

Konjunktiv. Nicht schlecht, Rocky.

»Ja«, sage ich. Und damit er sich nicht wie ein Versager fühlt: »Niemand, der in so eine Situation gerät, stellt sich vorher vor, dass ihm das passiert.«

10

Der Lichtfleck des Suchscheinwerfers wandert über die Steine des gemauerten Kanalbogens. Von unten betrachtet sieht es aus, als regne es Erdmännchen. Hat was Biblisches, wie meine Geschwister eins nach dem anderen schreiend durch den Lichtkegel stürzen und kurz darauf ins Abwasser klatschen. Eigentlich hängt von dem Loch, das aus unserem Bau in die Kanalisation führt, eine Strickleiter herab, aber Rufus' Anweisung – »einer nach dem anderen!« – interessiert wie immer niemanden, alle drängen zugleich durch das Loch und denken erst an die Strickleiter, als sie sich im freien Fall befinden.

»Wer nicht hören will, muss fühlen«, knurrt Rufus befriedigt.

Archimedes mischt sich ein, Rufus' ebenso genialer und ebenso nerviger Sohn: »Freude am Strafen hat nur der Teufel.«

Kurz ist Rufus sprachlos. Vom eigenen Sohn die Schwächen aufgezeigt zu bekommen, ist vermutlich für jeden Vater eine Ohrfeige, für Rufus allerdings ist es ein Keulenschlag. Bevor ihm einfällt, wie er sich zu dieser Kritik verhalten oder auch nicht verhalten soll, taucht Marcia direkt neben dem Boot kreischend ins Wasser, kommt nach einigen sehr langen Sekunden an die Oberfläche und schlägt auf die braune Brühe ein.

»Ich kann nicht schwimmen!«

Rufus lehnt sich über die Reling. »Wieso bist du dann noch nicht untergegangen?«, fragt er. Immer wieder recht zu haben, ist die Säule seines Lebens. »Ihr seid Säuger, also könnt ihr alle schwimmen. Manche von euch wissen es offenbar noch nicht, aber ihr könnt es. Sogar du, Marcia!«

Marcia hält kurz inne, stellt fest, dass sie nicht untergeht, raunt Rufus ein »Blödmann« zu und schwimmt beleidigt zum Heck.

In Anbetracht der Kürze der Vorbereitungszeit hat mein kleiner Bruder Erstaunliches geleistet. Das Boot, das nach meinem Ausflug ins Reich der Marzahn-Ratten streng genommen nicht mehr fahrtüchtig war, hat er schon vor längerer Zeit wieder auf Vordermann gebracht. Ich musste mir damals einige Vorträge über die Vorzüge von 2-Komponenten-Polyurethan-Gießharz anhören, habe es aber demütig über mich ergehen lassen, schließlich hatte ich unser geheiligtes Speedboot ja zu Schrott gefahren. Jetzt schwimmt und fährt es nicht nur wieder, sondern Rufus hat zudem die Akku-Kapazität verdoppelt. Dadurch liegt es allerdings ganz schön tief im Wasser, Oberkante Unterlippe, wie der Berliner sagt, und mit mir, Rufus, Rocky, Roxane, den Gören sowie Pa und Ma an Bord sinken wir so tief ein, dass am Heck das Wasser reinschwappt. Zu allem Überfluss hat Pa auch noch ausgerechnet jetzt seine mehr oder weniger wachen fünf Minuten, springt alle paar Sekunden auf, ruft »so nicht, meine Herrschaften!«, will blindlings ins Wasser latschen und ist nur deshalb nicht schon dreimal abgesoffen, weil Ma ihn immer in letzter Sekunde zurückpfeift. Immerhin sind wir vollzählig, soweit ich das sehen kann, während irgendwo über uns das Gewitter losbricht und vier Männer vor unserem Bau herumstehen und sich fragen, warum keine Erdmännchen rauskommen.

Rufus hat die vier Schwimmflügel, die uns als Sessel dienten, zu einer Rosette vertäut und mit einem Seil an die neu verschraubte Heckreling geknotet, außerdem hat er es fertiggebracht, der aufblasbaren Insel Leben einzuhauchen, die Windhoeck einmal als Werbegeschenk bekommen und sofort weggeworfen hat, wenn auch nur so viel, dass die idiotische pinkfarbene Palme mächtig Schlagseite hat.

Als die Letzten meiner Sippe sich keuchend entweder auf die Schwimmflügel oder die Insel gerettet haben und keiner mehr im Wasser zappelt, zeigt sich Rufus' Konstruktion in all ihrer Instabilität: Das Boot schaukelt mit dem Heck im Wasser, die Schwimmflügelrosette zappelt hin und her, und die Insel wird umkippen, sobald einer das Gewicht verlagert.

Durch die Öffnung in der Decke dringt bunter Rauch in die Kanalisation und kommt bedrohlich näher. Rufus klemmt die Ladekabel der Batterie ab und startet den Motor, das Boot beginnt zu vibrieren. Ich nehme meine Position hinter dem Lenkrad ein, den Anspitzer-Globus, den Kong mir gegeben hat, neben mir auf der Konsole. Keine Ahnung, warum ich ausgerechnet den gerettet habe. Abgesehen von dem Reggae-Schnuffeltuch um meinen Hals ist es das Einzige, das ich aus meinem Zooleben mitnehme. Die meisten haben nichts als ihr Fell.

Rufus richtet den Scheinwerfer in die aufgerissenen Augen unserer Geschwister und rückt seinen Klettgurt zurecht. Ah, noch gar nicht erwähnt: Rufus hat einen rosa Klettgurt, den er um den Bauch trägt und der unfassbar bescheuert aussieht. Für ihn ist er aber wichtig. Lebenswichtig. Wie ein Profihandwerker hat er alle möglichen Sachen daran befestigt: eine LED-Leuchte, Zahnseide, ein Maßband, einen Laserpointer, einen Kompass sowie ein Schweizer Taschenmesser. Daneben gibt es Dinge, deren Funktion ich noch nicht ergründet habe. Ich frage aber nicht nach, denn meine Vermutung ist, dass Rufus sich die anderen Sachen nur deshalb an den Gurt klemmt, damit zum Beispiel ich ihn frage, wofür die gut sind. Die Hälfte seines Selbstwertgefühls hängt an diesem Gürtel.

»Ihr da hinten!«, ruft er, »wehe, eine oder einer von euch kommt auf die Idee, seine Krallen in die Insel zu bohren oder mit dem Ventil herumzualbern. Sonst werdet ihr nicht nur sehr schnell feststellen, *dass* ihr schwimmen könnt, sondern auch, wie lange.«

Für meinen kleinen Bruder ganz schön markige Worte. Archimedes' Bemerkung muss ihn tief getroffen haben. Er dreht sich nach vorne, die Leuchte dreht sich mit. Wir befinden uns in einer langen, schmalen Röhre mit trübem Wasser, über uns Donnergrollen und bunter Nebel.

»Mach bloß langsam«, flüstert Rufus, »sonst ist unsere Insel untergegangen, bevor wir den ersten Abzweig erreicht haben.«

Sehr behutsam bewege ich den Gashebel nach vorne, einen Moment später ist Spannung auf dem Seil, noch einen Moment später spannt sich auch das Seil zwischen Rosette und Insel. Sehr langsam setzen wir uns in Bewegung.

»Wohin?«, flüstere ich.

»Am Abzweig links«, sagt Rufus, »und dann in den Sammelkanal. Die Insel hat eins zwanzig Durchmesser, in den kleinen Kanälen bleiben wir unter Garantie stecken. Wir brauchen was Großes. Andererseits …«

»Andererseits was, Rufus?«

Es donnert, mehrfach. Vielleicht liegt es auch nur am Hall, der nacheinander aus den verschiedenen Röhren dringt. Nein, liegt es nicht. Es donnert nämlich schon wieder, und zwar derart, dass es sogar Rockys und Roxanes Sprösslingen zur Abwechslung mal die Sprache verschlägt und sie sich um einen Platz zwischen Roxanes schützenden Vorderbeinen rangeln.

Mein Bruder zupft derweil an seinem Klettband und lässt den Scheinwerfer an der Decke entlangwandern. Aus den Löchern, die oben mit einem Kanaldeckel verschlossen sind, plätschert fröhlich Wasser in den Kanal.

»Da kommt ganz schön was runter«, meint er.

11

Ich muss mal!«, ruft Konrad von der Insel herüber. Nemo kann sich wie immer einen Kommentar nicht verkneifen: »Läuft bei dir.«

»Dann mach«, ruft Rocky, der sich auf dem Bug unseres Bootes aufgebaut hat und das Gleichgewicht zu halten versucht.

»Und ihr glotzt mir alle auf den Pimmel, oder was. Kommt nicht in Frage.«

Unser Clanchef: »Dann lass es.«

»Und wenn ich aber muss?«

»Mach. Oder lass«, sagt Rocky, und sein Tonfall signalisiert, dass, wenn Konrad ihm noch mal damit kommt, er als Nächstes eine gewischt kriegt.

Immerhin: Wir haben mit unserem Gespann ohne größere Zwischenfälle die Tunnelkreuzung unter dem Großen Stern erreicht und an einem der Bordsteine angelegt. In sämtliche Himmelsrichtungen gehen hier Rohre und Kanäle ab, große, kleine, ein riesiges Durcheinander. Die Frage ist: Wohin soll die Reise gehen?

Meine Geschwister beschäftigen jedoch zunächst andere Dinge.

»Mir ist voll kalt«, mault Kirk.

»Dir ist immer voll kalt«, gibt Rocky zurück, womit er ausnahmsweise recht hat.

»Mir auch«, sagt Nemo.

Zustimmendes Gemurmel.

Rocky wirft Rufus einen hilfesuchenden Blick zu. Der flüstert: »Wärmt euch gegenseitig.«

»Wärmt euch gegenseitig!«, ruft Rocky. Und dann: »Noch wer irgendwelche Beschwerden?«

»Ich bin mü…«

»Klappe!«

»Hunger«, maunzt Celina, und weil Celina Rockys und Roxanes Tochter ist und außerdem auf Mamas Schoß sitzt, kann er ihr schlecht sagen, dass sie die Klappe halten soll.

Der Blick, den Rocky Rufus diesmal zuwirft … Also, ich würde ihn nicht verzweifelt nennen, aber es geht langsam in die Richtung. Leider fällt Rufus zum Thema Hunger auch nichts ein. Mir aber. Ich bedeute Rocky, dass er sich kurz zu mir herunterbeugen soll, und flüstere ihm etwas ins Ohr. Anschließend greift sich Rocky den Strahler und funzelt damit in die Gesichter des vierten Wurfs, die sich auf der Insel zusammenkauern.

»Nick! Nemo! Zeigt eure Bauchtaschen vor!«

Nick und Nemo sind die größten Zuckerjunkies im gesamten Clan. Und woran denkt ein Süchtiger, wenn er fliehen muss, auch wenn er sonst an gar nichts denkt? Richtig. An seinen Stoff.

Nick und Nemo halten ihre Taschen hinter den Rücken verborgen, blicken Rocky mit großen Augen an und sagen nichts.

»Die Dinger heißen Hip-Packs«, raune ich.

»Blödsinn«, raunt Rocky zurück. Und zu Nick und Nemo: »Eure BAUCHDINGER!«

Widerwillig werden zwei Hip-Packs nach vorne geschoben.

»AUFMACHEN!«

Wenn ein Süchtiger seinen Stoff teilen muss, tut das weh. Als Nemo und Nick die Reißverschlüsse aufziehen, sehen sie aus wie zum Tode Verurteilte. Aus den Beuteln quillen Mambas, Hanutas, Schokolinsen, angelutschte Tropifrutti und jede Menge rosa und weiße Gummimäuse mit abgebissenen Köpfen.

Roxane wirft ihrem Mann einen Blick zu, als habe er eine Goldader entdeckt.

»Sag Natalie, sie soll's verteilen«, rät sie.

»Natalie!«, ruft Rocky, »du verteilst die Sachen. Jeder kriegt gleich viel, und ich ...«

»Du auch!«, zischt Roxane.

Ungläubig blickt Rocky seine Frau an, schluckt trocken und sagt: »... ich auch.«

Rufus beugt sich zu seinem Sohn hinunter. Ich höre, wie er sagt: »Archimedes, ist dir klar, was hier gerade passiert?«

Archimedes sieht zu ihm auf: »Wir erleben eine Verschmelzung von Königreich und Sozialismus?«

Rufus könnte nicht stolzer auf seinen Sohn sein. »Sehr gut, Archimedes. Ein Herrscher qua Geburt bestimmt die gerechte Verteilung der Güter an alle Mitglieder der Gemeinschaft einschließlich seiner selbst. Ein Sozialismus mit royalem Antlitz.«

Wie vorauszusehen war, währt Rockys sozialistische Schwäche genau so lange, wie die Clanmitglieder brauchen, um die Süßigkeiten zu verputzen. Immerhin sind jetzt alle voll konzentriert, was gut ist, denn es gibt eine wichtige Entscheidung zu treffen.

Oslo, das hat Rufus der kauenden Mannschaft erklärt, hätte den sicheren Tod bedeutet. Neunundfünfzigster Breitengrad. Der ist so weit im Norden, da ist ein Überleben für

Erdmännchen praktisch ausgeschlossen. Von Harstad ganz zu schweigen, das liegt auf dem achtundsechzigsten Breitengrad, was bedeutet: ankommen, aussteigen, tot umfallen. Der Norden ist also raus. Bleiben der Süden, der Westen oder der Osten, wie Rufus darlegt.

Hinter vorgehaltener Klaue frage ich: »In welche Richtung liegt die Savanne?«

»Süden«, flüstert Rufus, »ist aber in Afrika, also auf einem anderen Kontinent. Auf dem Landweg kommen wir da nie hin. Und wäre auch so viel zu weit.«

Dummerweise weiß ich nur, was *in*kontinent bedeutet, weil Pa das hat. Was ein Kontinent sein soll ...

»Aber wir sind doch gar nicht auf dem Landweg«, wende ich ein, »wir schwimmen doch.«

»Auf einer Badeinsel übers Mittelmeer«, Rufus schüttelt den Kopf, »auf so eine Idee kannst auch nur du kommen.«

Im selben Moment erhalte ich ausgerechnet von besagter Badeinsel Unterstützung: »Süden! Also wir wollen nach Süden!«

»Genau«, pflichtet Kato bei, »nach Polen.«

»Jo, Mann, Polen ist geil!«

Rufus greift sich an die Stirn: »Mal ganz abgesehen davon, dass Polen von uns aus gesehen im Osten liegt: Weshalb wollt ihr denn ausgerechnet nach Polen?«

»Polen ist episch, Alter!«

»Ja, da gibt's ...«

Weiter kommt Nick nicht. Und ich weiß auch, warum.

»... jede Menge Nahrung!«, lügt Nadja.

Nemo setzt noch einen drauf: »Erdmännchen sind die beliebtesten Tiere in Polen!«

Die Wahrheit ist: Der vierte Wurf hat neulich bei einem

seiner nächtlichen Partystreifzüge eine Gruppe polnischer Ratten im Zoo getroffen, die allesamt komplett hacke waren und ihnen zwei Dosen Mixery Iced Energy geschenkt haben, woraufhin Nick, Nemo & Co. das gesamte Wochenende durchgetanzt haben, um anschließend bestens gelaunt zusammenzubrechen. Seitdem sind sie überzeugt davon, dass selbst Ratten in Polen die totalen Partyanimals sind und man außerdem an jeder Bushaltestelle unbegrenzt Drogen bekommt.

»Ich will lieber nach Westen, glaube ich«, sagt Kim schüchtern, die von sich selbst als Oligarchenbraut träumt, behangen mit Gold und Diamanten.

So geht das eine Weile hin und her, während ich besorgt registriere, wie der Wasserpegel steigt und die Bordsteine überflutet werden. Die Strömung zerrt am Bug, Rocky wird schon ganz schlecht von dem Geschaukel. Am Boot treibt ein Lippenstift vorbei, mit ganz schön Tempo. Sollte Rocky ins Wasser plumpsen, ist er schneller in einer der Röhren verschwunden, als wir ihm folgen können.

Schließlich hat unser Clanchef einen Geistesblitz: »Wir stimmen ab!«

»Jetzt auch noch Demokratie?«, fragt Archimedes.

»Man soll den Tag nicht vor dem Abend loben«, erwidert Rufus.

Die Abstimmung muss dreimal wiederholt werden, aber dann will Rufus ein, wie er sagt, repräsentatives Stimmungsbild eingefangen haben: Vierzehn Stimmen für »Süden«, also Polen, drei für »Westen«, also Russland, und eine für »Osten«, ohne Ortsangabe. Der Rest enthält sich.

»Bedeutet?«, fragt Rocky.

»Süden«, sagt Rufus.

Wenn Rocky noch länger auf dem Bug herumtanzt, muss

er sich jeden Moment übergeben. »Welche Richtung ist ›Süden‹?«

Mit sehr hängenden Schultern klappt Rufus den Deckel seines Kompasses auf, schnipst zweimal mit einer Kralle dagegen, wartet, bis sich die Nadel ausgerichtet hat, und zeigt mit der Klaue in eine riesige Röhre, die aussieht wie der Schlund in die Unterwelt: »Die da«, sagt er, »allerdings ist Polen …«

»Klappe«, entscheidet Rocky und wird von einem göttlichen Donner unterstützt. »Ihr habt's gehört: Da lang! Auf nach Polen!«

Während Rocky zu uns ins Heck klettert, Rufus die Leine löst und ich das Boot in den Kanal steuere, klatschen die Clanmitglieder Beifall, und Roxane ist frisch in ihren Mann verliebt.

Frustriert beugt sich Rufus zu seinem Sohn hinab: »Was lernen wir daraus, Archimedes?«

»Demokratie ohne Bildung ist wertlos?«

Statt zu antworten, tätschelt Rufus seinem Sohn nur liebevoll die Schulter.

»Rufus?«, sage ich. Aus irgendeinem Grund habe ich das Bedürfnis, ihn aufzumuntern.

»Ray?«

»Ich glaube, das Wichtigste im Moment ist, ihnen Hoffnung zu geben.«

»Die stirbt bekanntlich zuletzt«, erwidert Rufus matt.

Plötzlich nimmt das Boot ganz schön an Fahrt auf, dabei habe ich den Hebel noch gar nicht gedrückt. Wir werden in die riesige Röhre gesaugt und sausen mit Mördertempo Richtung Süden. Ich versuche, unser Gespann auf Kurs zu halten, aber statt am Steuer könnte ich ebenso gut an meinen Ohren drehen.

Ich spüre, wie Rufus' Blick sich mir seitlich in den Hals bohrt. »Keine Kontrolle mehr«, sage ich.

»Vor Gericht und auf hoher See bist du in Gottes Hand«, erwidert er.

Der vierte und fünfte Wurf finden's mega, johlen und quietschen auf ihren hin und her ruckelnden Notbehelfen. Offenbar glauben sie, Flucht sei eine Art Funpark. Als ein Donner uns fast die Trommelfelle zerreißt, können sie ihr Glück kaum fassen, so viel Spaß hatten die in ihrem ganzen Leben noch nicht, und auf Zucker sind sie außerdem.

Rufus richtet sich auf, krallt sich an der Windschutzscheibe fest und will ein paar sehr ernste Worte an den Clan richten. Ich stoße ihm in die Seite:

»Die Realität holt sie noch früh genug ein, meinst du nicht?«

12

Dass Flucht nicht *nur* eine große Gaudi ist, wird meinen Geschwistern klar, als wir durch eine Röhre gepresst werden, in der das Wasser so hoch steht, dass wir die Decke praktisch mit den Klauen berühren können. Das größere Problem allerdings kommt erst auf uns zu, und zwar in erheblichem Tempo.

Außer mir hat es noch keiner bemerkt, aber weiter vorne ist die obere Hälfte der Röhre vergittert. Wir würden möglicherweise unter dem Gitter durchpassen – wenn das Wasser nicht so hoch stünde oder wir schwimmen würden, aber in unserem Boot … Ich versuche, die Höhe abzuschätzen. Das wird nichts, auf keinen. Entweder wir springen alle über Bord und ertrinken in der Strömung, oder wir finden unseren sofortigen Tod, indem wir gegen ein Kanalisationsgitter geschleudert werden. So oder so kein besonders würdiges Ende.

»Rufus!«

Mein Bruder sitzt neben mir auf dem Boden, Rücken in Fahrtrichtung, und starrt ins … Nichts. Starre.

Suboptimaler Zeitpunkt, wie er selbst sagen würde.

Das Ding ist, auf extreme Gefahrensituationen reagieren Kleinsäuger wie wir auf drei verschiedene Arten: Kampf, Flucht oder Starre. Und was macht Rufus? Starre, ausgerechnet. Wer sich diesen Scheiß mal ausgedacht hat, dem sollte man zur Strafe ein verlängertes Wochenende bei den

Pinguinen aufbrummen. Die Ironie dabei: Der Grund für das Erstarren ist die Hoffnung, von der Gefahr übersehen zu werden, weil die natürlich auf Bewegung achtet. Wie zum Beispiel ein Savannenadler. Wie Rufus allerdings darauf kommt, dass ein Gitter ihn übersehen könnte, wenn er sich nicht bewegt, wird wohl immer sein Geheimnis bleiben, denn so, wie es aussieht, rauschen wir alle gleich volle Möhre ins Jenseits.

»RUFUS!!«

Aussichtslos.

Das bedeutet, und ich sage das nur ungern, die letzte Hoffnung auf ein Überleben unseres Clans heißt:

»Archimedes!«

»Ich bin nicht taub, Ray.«

»Kannst du Rufus irgendwie zum Leben erwecken?«

Archimedes zieht die LED-Leuchte seines Vaters von dessen Klettgurt und funzelt Rufus damit in die Augen. Es ist, als würde er einer Statue in die Augen leuchten.

»Der ist jetzt aber nicht tot, oder?«, rufe ich und bin kurz davor, mir auf die Hinterbeine zu pinkeln.

Ich drehe wie wild am Steuer, einfach nur, um mir das Gefühl zu geben, ich hätte irgendetwas unter Kontrolle. Das ändert natürlich nichts daran, dass das Gitter am Ende des Tunnels größer und größer wird.

»Stupor«, sagt Archimedes.

Kenne ich nur aus *Harry Potter*.

Archimedes merkt, dass ich keinen Eintrag dazu habe, also erklärt er: »Eine katatonische Starre in Folge einer extremen Stressreaktion.«

Inzwischen kann ich die einzelnen Gitterstreben erkennen, massiv, Eisen oder so, in jedem Falle tödlich. Kleiner Trost: Es wird ein schneller Tod sein.

»Das dauert zu lange, Archimedes!«

»Also schön, es bedeutet: Rufus ist raus.«

Ich packe meinen Neffen am Ohr, ziehe ihn hoch und drehe seinen Kopf nach vorne.

Ich zeige auf den Spalt zwischen Wasser und Gitter, der, während das Gitter immer größer und massiver wird, komischerweise immer kleiner erscheint.

»Wie kommen wir da durch?«

»Gar nicht«, sagt Archi.

»Dann müssen wir springen.«

»Und werden ertrinken.«

»Archi, die Zeit wird echt knapp!«

Ich kann durch sein Fell und den Schädelknochen hindurch sehen, wie Archis Gehirnwindungen glühen. Unvorstellbar, wie viele Prozesse da gerade gleichzeitig ablaufen.

»Archi!«

»Gewicht verlagern«, sagt er. »Wir müssen den Bug tiefer ins Wasser drücken. Wenn Rocky und du euch vorne auf die Haube ...«

Das Boot tanzt durch die Röhre wie ein Rodeo-Stier. »Auf keinen Fall!«, rufe ich.

Er sieht mich an und kreuzt beleidigt seine Vorderbeine vor der Brust. Wie der Vater, so der Sohn. »Gut, dann sterben wir eben.«

Ein letzter Blick nach vorne. In drei Sekunden zerfetzt es uns und unser Boot in tausend Teile.

Fuck.

»Rocky!«

Während der Clan kollektiv die Luft anhält und die Köpfe einzieht, reiße ich Rocky mit und hechte auf den Bug. Gemeinsam schlittern wir übers Vordeck und krallen uns an der Reling fest. Der Bug taucht ins Wasser ein, ich weiß nicht, wie, aber ich werde für eine sehr lange Sekunde dünn wie eine Briefmarke, die Querstrebe knickt mir das Ohr ab und rasiert mir den Schwanz, ich höre die Windschutzscheibe bersten, sehe Chromteile fliegen, im selben Moment werden der Palme die Wedel abgehackt. Ich hebe meinen Kopf und habe gerade genug Zeit, um den Eindruck zu gewinnen, dass wir noch vollzählig sind, als unser Gespann von einer mächtigen Strömung erfasst und mit großem Geschrei in einen riesigen Kanal gespült wird.

13

Ist es Mittag? Oder Abend? Es ist so düster, dass außer Mitternacht praktisch alles drin ist. Keiner weiß, wie viel Zeit seit unserer Flucht aus dem Zoo vergangen ist, nicht einmal Archimedes. Und Rufus … Für den hat die Zeit aufgehört zu existieren, seit er in dieser Starre gefangen ist.

Der Regen lässt langsam nach, plitscht nur noch zärtlich auf den Eisbecher, den ich mir aus dem Kanal geangelt und zu einer Kapitänsmütze geformt habe. Das Gewitter ist weitergezogen, nach Polen vermutlich, Richtung Osten, dahin also, wo Polen wirklich liegt. Wir dagegen sind in südlicher Richtung unterwegs, meint Archi. Kleinkram, der niemanden mehr interessiert. Wir sind am Leben und scheinen niemanden verloren zu haben, alles andere sind Luxusprobleme.

Ich versuche das, was von unserem Gespann übrig ist, auf Kurs zu halten und nicht im Stehen einzuschlafen. Das Wasser geht mir bis zu den Knien, und das hat, wie ich befürchte, nichts mit dem Regen von oben zu tun, sondern mit dem Wasser von unten. Wir sinken. Vielleicht, überlege ich, war das mit der Starre doch ganz gut für Rufus. Sonst wäre er bei dem, was alles hinter uns liegt, zwischendrin garantiert an einem Herzinfarkt gestorben.

Nachdem es uns die Windschutzscheibe zerschmettert hatte und wir in den unterirdischen Riesenkanal gespült wurden, sind wir in eine Pumpanlage gesaugt worden – Gegensteuern unmöglich –, riesige Schaufeln haben nach uns gegriffen, uns auf wundersame Weise nicht getötet, dafür aber unsere Schnüre gekappt. Dann, bei Hagel und krachendem Gewitter, trieben wir plötzlich in einem riesigen, stinkenden Becken, wurden in eine Überlaufrinne gespült, bevor wir uns wieder miteinander verknoten konnten, und holperten die Stromschnellen einer Betonröhre hinab. Dabei hat natürlich einer aus dem vierten Wurf in seiner Panik die Krallen in die Insel gebohrt und, *pfffffff*, leise, aber unausweichlich ist die Luft entwichen. Archi meinte, sie sollten sich alle in die Mitte setzen, die Insel bestehe aus zwei Luftkammern, und eine Weile hat das auch ganz gut funktioniert, ein Haufen Erdmännchen übereinander wie in einer Badewanne, patschnass alle, aber dann trieben wir auf drei große Röhren zu, eine dunkler und unheilvoller als die andere.

Rocky hatte gerade noch Gelegenheit, uns ein »ich hab alles im Griff, Leute!« zuzurufen, als wir mit ohrenbetäubendem Dröhnen aufwärts gepresst und erneut in ein Betonbecken gespuckt wurden, um dann über dessen Außenbegrenzung getrieben zu werden und in einen Fluss zu stürzen. Unglaublich, aber wahr: Danach waren immer noch alle am Leben.

Dies sei übrigens streng genommen kein Fluss, wie Archi meinte, sondern der Teltowkanal, was alle außer ihn, wie man sich vorstellen kann, mächtig interessiert hat. Außerdem, meinte er, dürfe so etwas eigentlich nicht passieren, dass sich das Abwasser mit dem Flusswasser vermische. Ohne Scheiß: Wie kann man in so einer Situation an so etwas denken?

Wichtiger erschien uns zu diesem Zeitpunkt, dass nach

unserem Sturz natürlich auch Luftkammer Nummer zwei unserer ohnehin gerodeten Palmeninsel zerstört war, sowie zwei der vier Schwimmflügel. Außerdem ist beim Sturz über die Betonmauer der Außenborder abgerissen, der jetzt irgendwo in einem Überlaufbecken liegt. Immerhin haben wir das Ruder behalten, und ich kann steuern, vielleicht bilde ich es mir aber auch nur ein.

Nach dem Verlust der Insel mussten sämtliche Clanmitglieder auf das Boot und die verbliebenen Schwimmflügel verteilt werden, was dem Spruch »Oberkante Unterlippe« noch einmal eine ganz neue Dramatik verlieh. Immerhin erreichten wir durch geschicktes Verteilen der einzelnen Mitglieder eine Art stabile Instabilität. Das hätte eine ganze Weile gut gehen können, Gewitter hin oder her, wären wir nicht irgendwann in einem betonummauerten Becken gelandet und hätten sich nicht hinter uns zwei Tore geschlossen.

»Ah, eine Schleuse«, meinte Archi, als wäre es das Normalste der Welt, dass dreißig Erdmännchen auf einem lädierten Boot und zwei zusammengebundenen Schwimmflügeln in eine Schleuse geraten. Leider war noch wer mit uns in der Schleuse, ein Mann mit einem richtigen Boot, mit Segel und allem, und der quetschte sich an die Außenwand, während das Wasser in die Schleuse strömte, schade nur, dass er uns dabei übersah.

Er hatte eine kleine Tochter dabei, die ihm half, gelber Regenmantel, gelber Hut, eine lebende Boje, und die sah auch, wie unser Boot zwischen ihr Boot und die Mauer gepresst wurde, aber sie legte nur den Finger auf die Lippen, wie um zu sagen: »Seid froh, wenn mein Vater euch nicht sieht.«

Seither treiben wir auf einem Fluss, von dem auch Archi nicht weiß, wie er heißt, unbemerkt von Mensch und Tier, weil bei dem Wetter natürlich keiner unterwegs ist, und sinken stündlich eine Krallenbreite tiefer ins Wasser. Inzwischen geht es mir übrigens bis zur Hüfte. Ich bin sicher, Rufus hat bei seiner Reparatur genug 2-Komponenten-Polyurethan-Gießharz auf dem Rumpf verschmiert, dass wir damit mühelos bis nach Afrika hätten fahren können, aber dem Gewicht eines ausgewachsenen Segelbootes war das Zeug offenbar nicht gewachsen, jedenfalls läuft uns sehr langsam, aber sehr sicher der Rumpf voll.

Unsere Fahrt endet, als Nemo etwas aus dem Wasser fischt und sagt: »Das ist aber ein komischer Turnschuh, der hat so Dinger unten dran.«

Bitte lass es Stollen sein, denke ich, aber da höre ich bereits, wie die Luft aus den letzten Schwimmflügeln entweicht.

»Oh«, sagt Nemo.

Archimedes sieht mich an: »Spikes.«

»Ich weiß«, sage ich und steuere uns in ein Gewirr überhängender Äste, wo wir, misstrauisch von ein paar Schildkröten beäugt, stecken bleiben.

Ende Gelände.

Hätte mich mal einer gefragt, welchen Satz ich in meinem Leben garantiert niemals sagen würde, dann hätte der hier gute Chancen gehabt:

»Alle Mann von Bord!«

»Und was ist mit den Weibchen?«, fragt Roxane, die neuerdings so ein Genderding am Laufen hat.

»Die bleiben hier und gehen unter«, sage ich.

»Wie bitte! Wir sollen ...«

»Scherz, Roxi. Ihr geht natürlich mit von Bord.«

Ausgelaugt sitzen wir am Fuß einer Böschung und lecken unsere Wunden, die seelischen vor allem. Ich blicke hinab auf die Reste unseres Bootes, das gerade absäuft, und drehe Kongs zerbeulten Miniglobus zwischen den Zehen. Keiner hat eine Idee, wo wir sind, und wenn, würde es keinen Unterschied machen. Wir sind vollzählig und am Leben. Rocky ging heldenhaft als Letzter von Bord, ist durch das sumpfige Ufer gewatet, Rufus auf der Schulter, Pa an der Klaue.

Der Regen hört plötzlich auf, von einem Moment auf den anderen. Als hätte er sein Ziel erreicht, indem er unser Gespann versenkt hat. Danke für nichts, Regen. Am Horizont reißt noch einmal der Himmel auf. Es ist Abend, die späte Sonne lässt das Maisfeld auf der anderen Seite des Flusses gelblich aufleuchten und überzieht die Reling unseres Bootes mit einem bronzefarbenen Schimmer. Ich warte, bis alles gesunken ist, die Reling, das Boot, unsere Hoffnungen, kann mich nicht lösen von dem schmerzenden Anblick. Erst dann, als nichts mehr im Fluss von unserer Flucht erzählt, lasse ich mich ins Gras sinken. Archi sitzt links von mir, Natalie rechts. Beide haben die ganze Zeit über rücksichtsvoll geschwiegen.

»Was glaubt ihr?«, frage ich. »Wenn dieser Idiot uns nicht mit seinem Boot zerdrückt und wir nicht den Motor verloren hätten und die Badeinsel nicht kaputtgegangen wäre – hätten wir es dann in die Savanne geschafft?«

Archimedes sieht mich nur mitleidig an: »Auf einer Badeinsel übers Mittelmeer. Auf so eine Idee kannst auch nur du kommen.«

Es ist, als teilten sich Rufus und sein Sohn dasselbe Gehirn.

Wieder schweigen wir eine Weile. Es riecht nach saftigem,

feuchtem Gras. Die Luft ist von Insektengesumm erfüllt. Könnte ganz schön sein, wenn man wüsste, wohin. Natalie hat die Hinterbeine vor die Brust gezogen und die Vorderbeine um die Knie gelegt.

»Wo sollen wir denn jetzt hin?«, fragt sie.

Von hinter mir ruft Konrad: »Wann gibt's Essen?«

Ich drehe mich nach den anderen um. Einige kauen auf Halmen, andere suchen den Boden nach Käfern ab, wieder andere starren vor sich hin. Alle sind dankbar für die letzten wärmenden Sonnenstrahlen. Und alle sind völlig erschöpft.

»Hier können wir nicht bleiben.« Ich suche den Himmel nach Raubvögeln ab. »Leichte Beute.« Mühsam komme ich auf die Beine. »Ich geh mal nach einem Quartier Ausschau halten, bin gleich zurück.«

Mit diesen Worten erklimme ich die Böschung, richte mich auf und blinzele in die Sonne. Im nächsten Moment steigt mir ein verführerischer Duft in die Nase. *Bäng!* So etwas habe ich noch nie gerochen. Wild, erdig, saftig und irgendwie … hormonell. Ein großer Schatten legt sich auf mich.

14

Nanu«, höre ich eine Stimme, »so etwas wie dich habe ich ja noch nie gesehen.«

Die Stimme ist warm und weich, wie ein Twix, wenn es zu lange in der Sonne gelegen hat, dazu dieser Geruch, betörend, wirklich. Außerdem bin ich so müde, dass mir die Beine zittern, völlig unterzuckert und irgendwie ... deprimiert.

»Ich heiße Ray«, sage ich kleinlaut.

»Ich bin die Grete«, sagt die Grete.

Ich nehme an, dass ich eine Feldhäsin vor mir habe, so majestätische Ohren hat ja sonst niemand, und sehr lange, schlanke Beine hat sie außerdem und dazu dieses unglaubliche Brustfell, da mag man sich gar nicht vorstellen, wie weich und warm das ist, wie geborgen man sich darin fühlen muss. Und dann tue ich es natürlich doch – stelle es mir vor –, und ehe ich mich versehe, habe ich meinen Kopf darin vergraben, spüre die Wärme und wie ruhig und gleichmäßig das Herz darunter schlägt, und alles fällt von mir ab.

»Oje.« Die mitfühlende Grete legt mir eine Vorderpfote auf den Kopf. »Das sieht mir aber gar nicht gut aus.«

Ich sammle das letzte bisschen Würde zusammen, das ich in mir aufstöbern kann, und löse mich aus Gretes Brustfell. Nein, doch nicht, noch einmal, rein, schnell. Gott, ist das wohlig hier. So. Jetzt aber! Einmal tief einatmen und raus hier, Ray, sonst schämst du dich für den Rest deiner Tage, auch wenn die sicher gezählt sind.

Nein, noch nicht. Einmal noch, hab's gleich.

»Entschuldigung«, sabbere ich in Gretes Fell. »Ich bin sonst nicht so. Ist eine emotionale Ausnahmesituation.«

Tätschel, tätschel. »Scheint mir auch so.«

Endlich löse ich mich von ihr. Ein paar ihrer Brusthaare kleben mir im Maul. Sie legt den Kopf auf die Seite, wartet. Die untergehende Sonne lässt ihre Ohren aufleuchten. Ihr weißes Puschelschwänzchen wackelt. Vergesst alles, was ich über Elsa und Adelia gesagt habe und dass Liebe in meinem Leben keinen Platz mehr hat. Wenn es einen trifft, dann trifft es einen, das schafft sich dann seinen Platz. In diesem Moment jedenfalls würde ich gerne von Grete … adoptiert werden, glaube ich, zu ihr gehören, mich nie wieder von ihrem seidigen Brustfell lösen müssen, mich mit ihr zudecken und wochenlang schlafen.

»Woher kommst du denn, mein Kleiner?«

»Aus Berlin.«

»Ui, von so weit her. Und was machst du hier?«

»Wir mussten fliehen, aus dem Zoo.«

»Wir?«

Da geht er hin, mein flüchtiger Traum, zerplatzt lautlos im letzten Sonnenlicht, Grete und ich, ein Fell und eine Seele. Hinter mir, auf der Böschung, hockt meine dreißigköpfige Familie und erwartet meine Rückkehr. Die kann ich schlecht im Stich lassen. Familie ist Familie.

»Wir brauchen irgendwas, wo wir heute Nacht schlafen können«, sage ich.

»Jetzt weiß ich aber immer noch nicht, wer ›wir‹ überhaupt ist«, sagt sie.

Nein, denke ich, musst du auch nicht. Nimm einfach

mich, vergiss die anderen, die rauben einem sowieso nur den letzten Nerv, die kommen schon klar, irgendwie. Lass mich in deinem Brustfell baden, obwohl, das Bauchfell sieht auch toll aus, anders weich …

Ich bin im Begriff, mich in ihr Bauchfell zu stürzen, sage aber stattdessen: »Komm, ich zeig's dir.«

Ich führe Grete zum Rand der Böschung, und da liegt er, mein Clan, im Gras verteilt wie Übriggebliebene nach dem letzten Tag in Woodstock, die nicht glauben können, dass es für immer vorbei sein soll.

»Ach herrje.« Grete streicht sich über ihr sensationell formschönes Hasenohr. »Da werden aber einige nicht gerade erfreut sein.«

15

Wie üblich bin ich als Erster im Clan wach. Wobei wach das falsche Wort ist. Irgendeine Information zieht mich kurz nach oben, in einen Zustand zwischen Wachen und Schlafen. Ich erinnere mich an gestern Abend, den Schiffbruch, an Grete, ihr ultraweiches Brustfell, ihren beruhigenden Herzschlag und wie sie mir ihr Vorderbein auf den Kopf gelegt hat und ich von dem Gefühl durchströmt wurde, dass alles irgendwie gut werden wird.

Von innen verfärben sich meine Augenlider orange, was mir nicht nur sagt, dass die Sonne aufgegangen ist, sondern auch, dass der Clan zum ersten Mal in seiner Geschichte nicht in einem Bau übernachtet hat. Ich spüre Natalie links von mir, Rufus rechts, dessen LED-Leuchte mich in die Seite pikst, unter mir liegen Kirk und Kato, und mit dem Kopf stoße ich Nadia an. Und dann sehe ich uns wieder vor mir, den Clan, die Prozession heimatlos gewordener Erdmännchen, wie wir, angeführt von Grete, deren weißes Puschelschwänzchen uns den Weg weist, in der Dämmerung den Waldrand entlangschleichen und zu einer bemoosten Mulde im Unterholz geführt werden. In der liegen wir jetzt, alle auf einem Haufen, damit keiner von uns über Nacht auskühlt.

Meine Erinnerung will zurück zu Grete, ihren schlanken Beinen und dem leuchtenden Puschel an ihrem Hintern, wird aber immer wieder von einem unangenehmen »Krm«

gestört, einer Art Räuspern, das in meinem Traum echt nichts zu suchen hat. »Krm. Krm. Krm.«

Komm runter, denke ich.

»Krmm. Krmm.«

Mir wird klar, dass dieses »Krm« der Grund dafür ist, weshalb ich überhaupt aufgewacht bin, also öffne ich vorsichtig ein Auge. Auf einem Zweig direkt über mir hockt ein Vogel, der mich argwöhnisch aus einem schwarz umrandeten Auge anglotzt, als hätte er eine Maske auf oder so. Soll vermutlich gefährlich aussehen, sieht aber in Wirklichkeit einfach nur, na ja, bescheuert aus. Manchmal hat die Evolution echt lustige Einfälle.

»Entschuldigung«, sage ich, »aber dieses Gegrunze ... Geht das auch leiser?«

Mit einer Bewegung, die so schnell ist, dass ich sie echt nicht sehe, beugt er sich zu mir herunter, Auge in Auge, voll die Zorro-Nummer, Alter. Ich lach mich tot.

»Kann mich nicht errrinnern, krm, Ihnen das Du angeboten zu haben. Krm, krm.«

»Is klar«, erwidere ich. »Ich versuch's noch mal, okay? Könnten Sie die Freundlichkeit haben, Ihr Geknurpse anderswo zu ... knurpsen?«

»Also, krm krm, so, krm ... So geht das nicht. Wo kommen wir denn da hin?«

Alter, ist der tight.

»Das, krm, krm, wird ein Nachspiel haben, junger Mann.«

Mit diesen Worten hüpft er aus dem Unterholz und flattert davon.

Waldbewohner.

Kaum habe ich Rufus' LED-Leuchte zur Seite geschoben, es mir wieder zwischen meinen Geschwistern gemütlich gemacht und an meinen Traum Grete betreffend angeknüpft, als ich schon wieder aus dem Schlaf gerissen werde. Zugegeben, die Sonne steht bereits ziemlich hoch, aber wir waren ja auch alle ganz schön am Ende letzte Nacht.

»Aufgewacht, meine Herrschaften«, piepst eine Stimme. »Das hier ist keine Chill-out-Area!«

Zustimmendes Gekicher aus unterschiedlichen Richtungen. Der Fellhaufen, in dessen Mitte ich liege, beginnt sich zu regen. Meine Familienmitglieder schlagen die Augen auf, Rufus eingeschlossen, wie ich erleichtert feststelle. Er scheint sich von seinem gestrigen Schock erholt zu haben.

Auf einem Stein am Rand unserer Schlafmulde erblicke ich eine …

»Gelbhalsmaus«, sagt Rufus.

Als ich mich umsehe, stelle ich fest, dass noch eine ganze Menge von ihnen, also viele, sich auf dem Rand unserer Mulde verteilen, um nicht zu sagen: uns einkesseln.

»Was soll'n das geben?«, will Rocky wissen.

»Ich schätze, das werden wir gleich erfahren«, sagt Rufus.

»Sind alle wach?«, fragt die Gelbhalsmaus auf dem Stein. »Schön. Mein Name ist Jens Spanner. Ich bin hier im Wald, nun, sagen wir, ich habe die Funktion des Ordnungshüters inne.«

Rocky hebt lässig eine Klaue: »Tach.«

Von irgendwo aus unserem Fellhaufen ertönt ein: »Coolio, brother!«

»Gehe ich recht in der Annahme«, wendet sich die Gelbhalsmaus an unseren Erstgeborenen, »dass Sie dieser – äh – Sippe hier vorstehen?«

Unser Clanchef blickt leer in die Gegend.

»Rocky?«, sage ich.

»Was?«

»Dein Typ ist gefragt.«

»Ach so, ja.« Rocky erhebt sich. »Hier, ich. Rocky. Clanchef.«

»Gut. Also, Herr, äh, Rocky. Es verhält sich so: In unserem Wald herrschen bestimmte Regeln, und da es sich im Fall Ihrer Sippe um eine waldfremde Gattung handelt, werden Sie verstehen, dass einige Bewohner etwas in Sorge sind. Wir sind Fremden gegenüber durchaus aufgeschlossen, wissen Sie, und freuen uns immer über Besuch, nur sollte es auch bei einem Besuch bleiben.«

Rocky ist bereits nach Spanners erstem Satz ausgestiegen. Er sieht erst mich, dann Rufus an: »Waldfremde Gattung?«

Anstelle von Rufus oder mir antwortet Jens Spanner: »Schauen Sie, Herr Rocky. Wir legen hier großen Wert auf ein harmonisches Zusammenleben, und da Erdhörnchen nun einmal einem völlig anderen Kulturkreis entstammen, werden Sie verstehen, dass wir einen längeren Aufenthalt in unserem Wald nicht gutheißen können.«

Wieder sieht Rocky uns an: »Weiß ja nicht, wie es euch geht«, raunt er, »aber mir geht der langsam auf die Eier.«

Mein kleiner Bruder stellt sich neben unseren Clanchef und zupft an seinem Klettband, was bei Rufus immer ein Zeichen erhöhter Gehirnaktivität ist. Die Gelbhalsmäuse im Rund quittieren es mit einem Kichern.

»Vielen lieben Dank, Herr Spanner, aber das betrifft uns nicht.«

Die Pfötchen von Spanner wischen nervös auf dem Stein hin und her, was relativ dödelig aussieht, aber auch nicht dödeliger als Rufus, wenn er sich mal wieder seine Klaue aufs Ohr haut. Spanner kann sich nicht entscheiden, wen von den beiden er jetzt ansprechen soll, Rocky oder Rufus, also zuckt sein Kopf beim Sprechen hin und her.

»Wie, bitte, habe ich das zu verstehen?«

Rufus zwinkert Archimedes zu, was bedeutet: Es folgt eine Belehrung.

»Da es sich in unserem Fall nicht um Erdhörnchen handelt, betrifft uns Ihre Aufforderung folglich nicht.«

Die Gelbhalsmaus ringt um Fassung: »Sondern? Womit *haben* wir es in Ihrem Fall denn zu tun?«

»Wir gehören der Gattung der *Suricata* an.«

Rufus, einfach unwiderstehlich.

»Interessant. Und was genau bedeutet das?«

Die Spannung unter den Gelbhalsmäusen steigt, plötzlich hocken die alle da wie aufgefädelt.

»Mangusten«, sagt Rufus, »in unserem Fall Zwergmangusten. Umgangssprachlich: Erd*männchen.*«

Ein Raunen geht durch das Rund. Die kleinen Pfötchen von Jens Spanner wissen gar nicht, wohin. »Das bedeutet, Sie kommen aus der Savanne?«

»Ursprünglich ja«, sagt Rufus, »Allerdings …«

»Das heißt, ihr seid Ne…?«

Bevor er das Wort ausgesprochen hat, weichen die Gelbhalsmäuse einen Schritt zurück. Könnte ja ansteckend sein.

»Das N-Wort«, erklärt Rufus und legt mal wieder seine Krallen aneinander, »stammt aus der Zeit des Kolonialismus und der Sklaverei und geht zurück auf die längst überholte Vorstellung einer negriden Rasse, die es in Wirklichkeit …«

»Stopp!«, ruft Spanner. »Danke für Ihre Ausführungen, aber lassen Sie mich Ihnen versichern: Was auch immer für die Besuchsregeln von Erd*hörnchen* gilt, gilt auch für Erd*männchen*. Ich vertraue also darauf, dass Sie unsere Gastfreundschaft nicht überstrapazieren werden.«

Rocky sieht uns an: »Also *ich* glaube, der will was aufs Maul.«

Rufus legt ihm beschwichtigend eine Klaue auf das Vorderbein. »Das funktioniert bei dem nicht«, flüstert er. »Hier geht's um Befehlsgewalt. Darf ich's mal probieren?«

»Von mir aus«, sagt Rocky, »aber wenn er mir noch mal blöd kommt, knote ich ihm den Schwanz an die Ohren.«

»Gewalt«, erwidert Rufus, »sollte immer das letzte Mittel sein.«

»Wär dann ja so.«

Rufus tritt vor: »Herr Spanner, die Frage, wie lange wir bleiben dürfen, würden wir gerne mit Ihrem Vorgesetzten klären.«

Bäm, der sitzt. Die Gelbhalsmaus windet sich, aber es ist klar, Rufus hat ins Schwarze getroffen.

»Selbstverständlich«, Spanners Worte sind wie Nadelstiche ins Trommelfell, »erhalten Sie die Möglichkeit, Ihr Anliegen dem großen Rat vorzutragen. Wir erwarten Sie zur Mittagsstunde auf der großen Lichtung.«

16

Wir finden die große Lichtung, indem wir den anderen Säugern hinterherlaufen, die sich gegen Mittag in Bewegung setzen. Und wie sich herausstellt, macht sie ihrem Namen alle Ehre.

Große.

Lichtung.

Tief im Wald – als wären sämtliche Pflanzen ehrfurchtsvoll zurückgewichen – öffnet sich plötzlich der Raum, und ein ovaler Platz nimmt Gestalt an, in dessen Mitte eine majestätische Eiche steht. Die Lichtung wäre zwar nicht groß genug, um ein Gepardenrennen auszutragen, aber für ein Bonoborennen würde es allemal reichen, und die können, wenn sie nicht gerade an Sex denken, auch ganz schön abgehen.

Legt man den Kopf in den Nacken, kommt nach oben erst einmal ziemlich lange nichts, bis sich in großer Höhe das Blätterdach der Eiche mit denen der anderen Bäume zu einem luftigen Gewölbe vereinigt. Das Wort Kathedrale kommt mir in den Sinn, auch wenn ich nicht genau weiß, was es bedeutet. Korrekter Ort auf jeden Fall.

Auf diesem Platz also stehen wir jetzt, inmitten lauter anderer Tiere, die entweder so tun, als würden sie uns nicht sehen, oder uns komisch von der Seite angucken. Ganz schön krass, was sich alles versammelt hat: Waschbären und Fischotter, Marder, Dachse, Biber, Grauhörnchen, zwei Wölfe – sogar Luchse sind gekommen –, und bei manchen weiß ich gar nicht, was die sind. Aber die bei mir vermutlich auch nicht. »Sollten andere Tiere euch mit Argwohn begegnen«, hat Rufus den Clan ermahnt, »denkt immer daran: *Wir* sind der Zoo.«

Links in einiger Entfernung und erleuchtet von einem einzelnen Lichtstrahl, flammen die Ohren von Grete auf. Neben ihr steht ein Wildkaninchen, das sich mächtig aufplustert. Als sich unsere Blicke treffen, habe ich sofort wieder ihren animalischen Duft in der Nase, spüre ihr Brustfell an meiner Schnauze und wie geborgen ich mich darin gefühlt habe. Ich bin im Begriff, meine Klaue zu heben und ihr zuzuwinken, als mir ihr Blick sagt, dass ich das besser lassen sollte. Irgendwie scheinen hier alle ganz schön angespannt zu sein. Abgesehen vielleicht von den Waschbären, die sich munter mit Eicheln bewerfen.

Ich wende mich an einen Iltis: »Entschuldige, weißt du, was hier abgeht?«

Der Iltis sieht mich an: »Kenne ich Sie?«

Im Wald wird anscheinend echt noch gesiezt: »Sorry, wir sind neu hier. Ich bin Ray.«

»Angenehm, Stefan-Albert von der Wiese. Interessante Fellzeichnung.«

»Äh, danke. Zurück zu meiner Frage: Was passiert denn jetzt hier?«

»Na, wir warten auf …« Der Iltis reckt seinen Hals. »Oh, da kommen sie.«

Eine nervöse Seidenschwanzdame kommt aus dem Wald, umflattert die Eiche und trällert unverständliches Zeug:

»Königkarlistda/neigteurehäupterindeee-mut.
Königkarlistda/neigteurehäupterindeee-mut.
Königkarlistda/neigteurehäupterindeee-mut …«

Schließlich lässt sie sich auf einem der niedrigen Äste nieder und hält den Schnabel. Die Menge strebt auseinander, ein Spalier bildet sich, und aus dem Dunkel des Unterholzes taucht ein ausgesprochen herrschaftliches Geweih auf mit zwei, vier, sechs, acht ... Mist, mit mehr Enden, als ich zählen kann. Das Geweih scheint einherzuschweben, bis ich erkenne, dass ein ebenso beeindruckender Rothirsch unten dranhängt.

Der Iltis neben mir senkt seinen Kopf und flüstert: »König Karl und sein Gefolge.«

»Voll määdschik«, quietschen Minka und Mitzi, aber dann verstummt auch mein Clan, und wir verfolgen, wie König Karl durch die Menge schreitet, begleitet von einer Hirschkuh mit ungewöhnlich glänzendem Fell, von der ich jetzt einfach mal annehme, dass sie die Königin ist, sowie deren Tochter. Direkt hinter ihnen trottet ein Dachs einher, dann, mit ein wenig Abstand, folgt, o weh, ein Keiler mit Hauern, die noch furchteinflößender aussehen als die des Keilers aus dem Tiergarten. Den Abschluss bildet Jens Spanner, der würdevoll auszusehen versucht, es aber nicht hinkriegt, weil er ständig den Anschluss verliert und hektisch zur Gruppe aufschließen muss.

Jetzt erst bemerke ich, dass die majestätische Eiche einmal zwei majestätische Eichen gewesen sein müssen – bis diejenige von ihnen, die nicht mehr steht, abgesägt wurde. Auf dem Platz ragt ein abgesägter Baumstumpf aus dem Boden. Auch kein schönes Schicksal, denke ich. Da stehst du Jahrhunderte lang als Paar im Wald, und dann wird einer von euch abgeholzt. Am Baumstumpf jedenfalls bleibt Karls Gefolge stehen, während der König unter die große Eiche tritt und sein Geweih mitsamt seines weißbärtigen Kopfes in einen Sonnenstrahl schiebt. Hammer Lichtregie.

»Liebes Volk«, hebt er an. Der röhrt echt ordentlich. »Zunächst einmal möchte ich mich für euer zahlreiches Erscheinen bedanken. Es freut mich, euch bei guter Gesundheit und relativem geistigem Wohlbefinden zu sehen.« Er räuspert sich in Turbinenlautstärke. »Nun zum Grund unseres Zusammenkommens. Wie einige von euch bereits erfahren haben, hat sich eine ... Situation ergeben, auf die wir reagieren sollten. Eine Erdmännchenfamilie aus dem fernen Berlin hat Zuflucht in unserem Wald gesucht. Alles Weitere dazu erfahrt ihr jetzt von Keiler Herrmann, dem Drachenbezwinger. Herrmann, bitte ...«

Der Keiler löst sich aus dem Gefolge, wendet sich der Menge zu, stellt einen Vorderhuf auf den abgesägten Baumstumpf und lässt seine Hauer aufblitzen. Also dieses Sich-in-Szene-Setzen, das muss ich zugeben, haben die voll drauf.

»Bewohner dieses Waldes!«, grunzt er, »Ihr habt es gehört: Ein Erdmännchenclan hat sich illegal Zutritt zu unserem Wald verschafft und sich unerlaubt in einer unserer schönsten Mulden niedergelassen. Ein solches Verhalten ist nicht hinnehmbar. Erdmännchen sind Savannentiere. Um es ganz unmissverständlich zu sagen: Ausländer. Öffnet man denen erst einmal die Tür, rennen sie einem die Bude ein und übernehmen innerhalb kürzester Zeit den gesamten Laden. Mitbürger! Es gilt, wachsam zu sein, von Beginn an! Wir haben hier zwischen nichts Geringerem zu entscheiden als zwischen Mitgefühl für einen afrikanischen Erdmännchenclan und dem Schutz unserer Heimat. Ich sage: Schutz unserer Heimat! Der deutsche Wald den deutschen Tieren!«

Als ich mich umsehe, meine ich, drei verschiedene Reaktionen auszumachen: Eine Gruppe steht Keiler Herrmann ablehnend gegenüber, dann gibt es die Unentschlossenen und schließlich diejenigen, die am liebsten sofort über uns herfallen würden.

Als hätte es nur auf die Gelegenheit gewartet, ruft ausgerechnet das Wildkaninchen an Gretes Seite: »Wir müssen unsere Frauen und Kinder schützen!«

Grete wirft mir einen zerknirschten Blick zu. Erst jetzt kapiere ich: Das ist ihr Mann!

Ein Waschbär erwidert: »Ihr habt doch gar keine Kinder.«

Ein anderer: »Vielleicht hätten sie welche, wenn Emil nicht ständig seine Frau beschützen müsste.«

Besonders die Waschbären amüsieren sich über den Spruch, bei den Wieseln sieht das anders aus.

»Herrmann hat recht! Wir müssen der Afrikanisierung des deutschen Waldes einen Riegel vorschieben!«

Ein anderes ergreift das Wort: »Wenn wir warten, bis die Invasion erst über uns hereingebrochen ist, ist es zu spät!«

Zustimmendes Gemurmel aus sämtlichen Richtungen.

»Sieht nicht gut für uns aus«, flüstere ich Rufus zu.

»Ja«, antwortet der. »Die Mitläufer sind immer am gefährlichsten. Halten sich im Hintergrund, überlassen den Agitatoren das Feld, und hinterher wollen sie von nichts gewusst haben.«

König Karl schiebt sein Geweih erneut ins Licht: »Danke, Herrmann.«

Der Keiler blickt zu ihm auf. »Aber ich war noch nicht fertig! Wir müssen …«

»Danke. Herrmann.«

Der Keiler verlässt nur widerwillig seinen Platz, kehrt aber schließlich in die Reihe zurück. König Karl tritt an seine Stelle.

»Ich sehe, dass alleine die Frage, ob die Erdmännchen bleiben dürfen oder nicht, einen Keil zwischen die Waldbewohner treibt. Das missfällt mir. Ich, König Karl, habe daher beschlossen, den Rat der Weisen anzurufen.«

»Och nö«, kommt es von den Waschbären.

Ein Fischotter mault: »Nicht schon wieder.«

Die Wildkatze lässt sich auf den Rücken fallen und streckt die Beine von sich: »Laaaang-weilig.«

Der Dachs aus Karls Gefolge, der bis jetzt noch gar nichts gesagt hat, tritt vor und wuchtet sich auf den Baumstumpf. Ganz schön fettes Biest: »Meine Damen, meine Herren, ich bitte um Ruhe!«

Es wird sehr still. Der Dachs stellt sich auf die Hinterbeine – wusste gar nicht, dass die das auch können –, formt die Vorderpfoten zu einem Trichter und trompetet: »Der königliche Hofrat ruft den Rat der Weisen!«

17

Dafür, dass die Waldbewohner so eine Megashow inszenieren, bin ich dann doch etwas enttäuscht, als alle erwartungsvoll in den Baum hinaufstarren. Und starren. Und starren. Und dann – mir tut schon der Nacken weh – tatatataaaa: vier nervöse Eichhörnchen aus einem Loch kriechen und sich nebeneinander in eine Astgabel hocken.

»Echt jetzt?«, höre ich Colin sagen.

»Ehrwürdiger Rat«, hebt der Dachs an. »Seid ihr zu einem Urteil gelangt?«

Die Eichhörnchen hocken in ihrer Astgabel, zucken mit den Köpfen und kauen, ohne etwas im Maul zu haben. Ansonsten passiert, äh, schon wieder nichts.

»Die machen's aber spannend«, quiekt Minka neben mir.

»Ehrwürdiger Rat!«, ruft der Dachs erneut.

Endlich piepst eins der Eichhörnchen. »Hm? Oh, hi, hallo!«

Ich beuge mich zu Rufus. »Verstehe ich das richtig: Diese vier ADHS-Cracker entscheiden gerade über unser Schicksal?«

»Rituale sind wichtig«, erwidert mein Bruder, »sie erfüllen die Sehnsucht, eine Erinnerung mit einer Handlung zu verbinden. Denk an Minerva, die ist ebenfalls nicht gerade zuverlässig.«

Auch wieder wahr. Minerva ist – war – der orakelnde Kauz in unserem Zoo. Sie wird regelmäßig befragt und haut dann nach reiflicher Überlegung einen Spruch raus, mit dem keiner was anfangen kann. Hat wohl jeder seins.

Zurück zu den Eichhörnchen.

»Hallo«, grüßt das zweite.

»Moin.«

»Grüezi.«

Der Dachs breitet die Vorderbeine aus. »Ist der Rat der Weisen zu einer Entscheidung gelangt?«

»Glaub ja«, sagt eins der Eichhörnchen und kaut auf seiner Kralle.

Ein anderes: »Also theoretisch schon.«

»Lass mich raten«, kichert ein Waschbär, »zwei zu zwei.«

Der Dachs lässt sich nicht aus der Ruhe bringen: »So sprecht nun: Wie lautet DAS URTEIL?!«

»Äh ...«

»Also, unser Urteil lautet ...«

»Wir haben entschieden ...«

Schließlich sagt das letzte Eichhörnchen in der Reihe: »Zwei zu zwei.«

»Überraschung!«, kichert der Waschbär mit der großen Klappe.

»Och nöö«, kommt es aus der Menge, und: »Nicht schon wieder.«

»So, das war's«, sagt Eichhörnchen Nummer eins, alle vier winken in die Menge, rufen »Tschüs, Leute«, und verkriechen sich wieder in ihrem Loch.

»Voll die Nullnummer«, brummt Colin.

Rocky dreht sich zu uns um. Der dampft förmlich. Wenn unser Chef nicht bald wem eine Schelle verpassen kann, macht er unter Garantie etwas Dummes. Derweil hält es Keiler Herrmann nicht länger an seinem Platz. Er drängt den Dachs zur Seite und stellt seinen Huf auf den Baumstumpf, scheint seine Lieblingspose zu sein.

»Damit ist die Sache entschieden«, grunzt er, »die Erdmännchen müssen verschwinden!«

Langsam tritt hinter ihm König Karl aus dem Schatten, mit lichtumkränztem Geweih und allem, großer Auftritt.

»Ich hoffe doch, ich muss dich nicht daran erinnern, Herrmann, dass die letzte Entscheidung allein dem König obliegt.«

Herrmann ist von seinem Chef schwer genervt, aber wie hat Rufus gesagt: Alles eine Frage der Befehlsgewalt.

Leider ist genau in diesem Moment Rockys ohnehin kurze Zündschnur abgebrannt.

»Ey, König!«

O nein.

Karls Geweih dreht sich würdevoll in unsere Richtung. »Wer spricht zu ihm?«

»Äh – zu wem jetzt?«, fragt Rocky.

»Na zu mir.«

»Ach dir. Ja, also, ich!«

Ich schlage mir die Klauen vors Gesicht.

»Aha.« König Karl macht einen Schritt auf die Menge zu. »Und was wünscht er?«

Rocky brummt der Schädel: »Wer jetzt?«

»Du.«

»Ich, ach so. Ja. Äh …«

»Möge er sprechen!«

»Wer denn *jetzt* schon wieder?«

König Karl verdreht die Augen. »Du!«

»Afrikaner«, nuschelt das Wildkaninchen an Gretes Seite. »Einfach keine Umgangsformen.«

»Ich geb dir gleich Umgangsformen«, nuschelt Rocky,

richtet sich zu voller Größe auf und ruft: »Was ich sagen wollte: Wieso fragt *uns* eigentlich keiner? Ich meine, hier werden irgendwelche Nussfresser befragt, und irgendein Keiler schiebt 'ne Riesenwelle, aber uns fragt keiner, oder was?«

Was ein richtiger König ist, der lässt sich so leicht nicht in die Karten schauen.

»Hm.«

Mehr kommt erst einmal nicht. Karl senkt sein Geweih und bespricht sich mit seinem königlichen Hofrat, dem Dachs. Wir warten, die Menge wartet, und auch Keiler Herrmann bleibt nichts anderes übrig. Wartet. Endlich schwebt das Geweih wieder ins Licht empor.

Der Dachs schwingt sich auf den Baumstumpf und ruft: »König Karl hat entschieden, die Erdmännchen anzuhören. Möge einer aus ihrem Clan vortreten und sich erklären!«

»Sag ich doch«, mault Rocky, lässt seine Halswirbel knacken und will nach vorne gehen, wird aber zurückgehalten. Von mir.

»Glaubst du wirklich, dass das eine gute Idee ist?«

»Hä?«

»Dass ausgerechnet du nach vorne gehst?«

»Wer denn sonst? Rufus, oder was?«

»Zum Beispiel.«

Rocky benötigt einen Moment, um sein Weltbild zu sortieren, aber dann ist alles wieder an seinem Platz: »Bin ich der Clanchef, oder bin ich nicht der Clanchef?«

»Haben die nach dem Chef verlangt«, frage ich zurück, »oder nach einem Sprecher?«

»Ist das nicht dasselbe?«

»Ich frag mal so, Rocky: Willst du wirklich vor die versammelten Waldbewohner treten und eine Rede halten, die sie davon überzeugen soll, uns aufzunehmen?«

18

Als Rufus sich nach vorne begibt, setzt unterdrücktes Gekicher ein, das sich zu einem ausgelassenen Gelächter steigert, als er auf den Baumstumpf klettert und sich seinen rosa Klettgurt zurechtrückt. Ganz ehrlich: Wär's nicht mein Bruder, ich würd mitlachen.

Doch Rufus weiß um seine intellektuelle Überlegenheit, weshalb er einfach dasteht, ein Fels, und wartet, bis alle sich beruhigt haben, Keiler Herrmann eingeschlossen, der ausgesprochen belustigt ist.

Ruhe kehrt ein.

Auftritt Rufus.

Er verneigt sich in Richtung des Königs und seines Hofrats: »Königliche Majestät, königlicher Hofrat ...«

Karl nimmt seinen Gruß entgegen, kann sich aber ebenfalls ein Schmunzeln nicht verkneifen, als die Dinge an Rufus' Klettgurt bei der Verbeugung klirren. Macht meinem Bruder nichts aus. Kennt der nicht anders.

Er wendet sich der Menge zu: »Hallo. Mein Name ist Rufus. Ich gehöre zum Clan der Erdmännchen, die sich, wie es heißt, unbefugt Zutritt zu diesem Wald verschafft haben sollen. Wir sind Geflüchtete, aus dem Berliner Zoo, wo man uns unser Gehege genommen und unsere Heimat zerstört hat. Wie es den Anschein hat, sind wir nicht allen Tieren in diesem Wald willkommen.«

»Allerdings«, wirft Herrmann ein.

»Zur Frage des unbefugten Zutritts«, fährt Rufus fort. »Offensichtlich gibt es Tiere in diesem Wald, die ihr Habitat schützen wollen – als deutschen Wald, der deutschen Tieren vorbehalten bleiben soll.« Er wendet sich direkt an den Keiler. »Habe ich das so richtig verstanden, Herr Herrmann?«

»Ganz recht.«

»Sie gehen also davon aus, dass es eine naturgegebene Einheit von bestimmten Gattungen – den deutschen Tieren – mit bestimmten Regionen – dem deutschen Wald – gibt.«

So, wie Rufus es ausspricht, ist es nicht einmal eine Frage. Keiler Herrmann spürt, dass der Boden, auf dem er argumentiert, zu bröckeln beginnt, ruft aber im Brustton der Überzeugung:

»So ist es! Der deutsche Wald ist das naturgegebene Reich der deutschen Tiere.«

»Sehr schön.« Rufus versichert sich, die volle Aufmerksamkeit der Waldbewohner zu genießen. Dann sagt er: »Vielmehr: Unsinn.«

Bäm.

Sogar die Waschbären erstarren.

Rufus hebt eine Klaue: »Wenn es seit der Entstehung unseres Universums eine Konstante gibt, dann heißt diese Konstante: Veränderung. Auch wenn viele von uns sich mit dem Gedanken schwer anfreunden können. Alles verändert sich, immerzu. So ist die Welt beschaffen. Und dieses Naturgesetz gilt ebenso für Gesellschaften. Eine Gesellschaft – jede Gesellschaft – ist kein Zustand, sondern ein Prozess.«

Rufus blickt in die Menge und muss erkennen, dass niemand – ausgenommen vielleicht sein Sohn – ihm folgen kann. Wir können einpacken, denke ich.

Doch dann lässt mein kleiner Bruder seinen Blick von

Tier zu Tier wandern, bis er bei einer Ente hängen bleibt. »Sie da!«

»Wer, ich?«, quakt die Ente.

»Ganz recht. Wären Sie so freundlich, zu mir nach vorne zu kommen?«

»Also, wenn Sie meinen …« Die Ente ziert sich etwas, aber dann watschelt sie nach vorne.

»Kommen Sie nur«, Rufus winkt sie zu sich. »Würden Sie uns Ihren Namen verraten?«

»Ich? Oh, ich heiße Elvira, aber ich bin sicher, die meisten wissen, wer ich bin.«

»Schön, Fräulein Elvira …«

»Frau Elvira, bitte. Mein Mann ist, was das angeht, etwas empfindlich …«

»Sicher, sicher«, sagt Rufus, »Frau Elvira, Entschuldigung. Und würden Sie uns auch sagen, welcher Gattung Sie angehören?«

»Aber natürlich, gerne.« Elvira dreht sich so, dass niemandem die Farbenpracht ihres Gefieders entgeht. »Ich bin eine deutsche Mandarinente.«

»Sehr schön«, sagt Rufus und schiebt sie zurück, »vielen Dank.«

»Wie, das war's schon?«

»Ja, vielen Dank. Sie haben uns sehr geholfen.« Rufus wendet sich Keiler Herrmann zu. »Unser Problem ist gelöst: Wir sind *deutsche* Erdmännchen! Folglich dürfen wir bleiben, ist ja schließlich ein deutscher Wald.« Bevor Keiler Herrmann eine Erwiderung einfällt, hat Rufus sich bereits an die Waldbewohner gewandt: »Die Mandarinente – der Name deutet bereits darauf hin – stammt aus China.«

Ungläubiges Staunen. Rufus lädt nach.

»Sämtliche in Deutschland lebenden Mandarinenten gehen auf eine Population zurück, die im vergangenen Jahrhundert als Zootiere nach Europa eingeführt wurden – so wie wir! – und anschließend aus der Gefangenschaft entflohen sind. Mit anderen Worten: Mandarinenten haben einen krassen Migrationshintergrund. Und sie sind bei Weitem nicht die Einzigen hier. Ihr da drüben, Waschbären! Ihr seid mitnichten deutsche Ureinwohner, sondern Neubürger aus Amerika. Vor neunzig Jahren hat man eure Vorfahren als Pelztiere eingeführt, die dann entflohen sind. Sie da oben, Grauhörnchen! Für Sie gilt das Gleiche: Neubürger aus Kanada. Und Sie, Sie sind ein Marderhund, richtig? Dacht ich's mir. Auch Sie sind von Menschen nach Europa eingeschleppt worden, und zwar aus dem fernen Sibirien!«

Mein kleiner Bruder wartet effektvoll, bis der erste Schock sich gelegt hat. Aufhören, denke ich. Du hast sie im Sack. Verbeugen und runter von der Bühne!

»Eins noch«, schiebt Rufus nach. »Auch der Begriff ›Ausländer‹ ist irreführend, da er …« Inzwischen gestikuliere ich wie wild mit den Vorderbeinen, doch Rufus steckt bereits in seinem Belehrungstunnel, »… nicht Einwanderer meint, sondern Einwohner ohne die deutsche Staatsbürgerschaft, die wir alle aber qua Geburt besitzen …«

Ich lese eine Eichel vom Boden auf, werfe sie nach Rufus und treffe ihn glücklicherweise am Kopf. Als er mich sieht, schneide ich mir mit einem unsichtbaren Messer die Kehle durch. Lass gut sein, Rufus!

Mein Bruder blickt in die Menge, holt Atem – wenn er einmal im Belehrungsmodus ist, dann ist er nur schwer zu stoppen. Ich kneife die Augen zusammen, schüttele den Kopf – *nicht, Rufus, du machst alles kaputt!* Rufus sieht mich, sein Atem entweicht. Traurig blickt er auf die Menge. So viel Belehrungspotenzial.

»Ich denke, ich habe unseren Standpunkt verdeutlicht. Danke. Eure Hoheit …«

Er klettert vom Baumstumpf, verneigt sich vor Karl und kehrt zu seinem Clan zurück.

19

Tut mir leid, aber dieser Bau ist bereits vergeben.«
Es ist Emil, Gretes Mann, der sich mit erhobenen Pfoten vor dem Eingang aufgebaut hat.

Das ist jetzt bereits der dritte verlassene Bau, bei dem wir unser Glück versuchen. Erst wollte die Dachsfamilie uns nicht in ihrer Nachbarschaft, dann haben uns die Füchse verscheucht, jetzt also Emil, das Wildkaninchen.

Wir sind geduldet, so lautet unser Status. Hat sich König Karl nach einer Besprechung mit seiner Frau Luise und dem königlichen Hofrat ausgedacht. Bei Keiler Herrmann haben sich vor Wut sämtliche Rückenborsten aufgestellt. Karls Entscheidung bedeutet, dass wir ein vorübergehendes Bleiberecht genießen, allerdings müssen wir unsere Integrationswilligkeit demonstrieren. Alles schön und gut, nur haben wir davon noch keinen Ort, an dem wir bleiben können. Was das anging, war Karls Formulierung reichlich schwammig.

»Und wo sollen wir jetzt hin?«, hat Rocky gefragt, nachdem Rufus ihm erklärt hatte, was das Wort »Duldungsstatus« bedeutet.

Karls Antwort war: »Sucht euch einen Platz, an dem ihr geduldet werdet.«

Und genau da liegt der Hase im Pfeffer, vielmehr das Wildkaninchen.

Rocky hat die Schnauze voll, ich kann es riechen. Ist aber

gar nicht nötig, es zu riechen, denn in diesem Moment sagt unser Clanchef:

»Willst du was auf's Maul, Grasfresser?«

Seufzend schiebe ich mich zwischen Rocky und Emil. Eine Prügelei gleich am Tag nach unserer Ankunft kommt sicher nicht so gut.

»Was unser Chef Ihnen zu sagen versucht«, erkläre ich, »ist, dass wir eine aufreibende Flucht und eine erschöpfende Nacht hinter uns haben und dringend einen Ort brauchen, an dem wir erst einmal zur Ruhe kommen können. Und der Bau, vor dem Sie stehen, ist …«

»Ist meiner«, erwidert Emil.

Ich schnuppere an ihm vorbei. Die Luft, die aus dem Erdloch kommt, riecht so abgestanden wie ein Glas Bier nach dem Winterschlaf.

»Dieser Bau«, sage ich, »ist seit Ewigkeiten unbewohnt.«

»Ist er nicht«, behauptet Emil. »Das ist unsere Ferienwohnung. Meine Frau und ich übersommern hier.«

Am Arsch, denke ich, sage »Vielen Dank für Ihre Hilfsbereitschaft«, drehe mich zu meinem Clan um, lauter müde Gesichter, und rufe: »Sorry, Leute, ist schon besetzt! Lasst uns weitersuchen.« Rocky ziehe ich am Vorderbein. »Los, komm, Großer. Gibt nur Ärger.«

Ich habe ihn so weit, dass wir weitergehen können, als hinter uns »Asylantenpack« gezischt wird. Emil nuschelt es gerade so laut, dass es kaum zu hören, aber auch kaum zu überhören ist.

Mit zwei Sätzen ist Rocky bei ihm, nimmt eins von Emils Ohren zwischen zwei sehr scharfe Krallen, zieht ein bisschen daran und flüstert: »Ganz schön lang, deine Lauscher, Plüschnuckel. Könnten aber auch leicht doppelt so lang werden. Geht schneller, als man denkt.«

Wir hocken auf den Ästen einer umgestürzten Kiefer, scharren mit den Klauen, setzen uns Bucheckern-Hülsen als Hüte auf und fressen die Larven von Harlekin-Käfern. Die wurden übrigens mal als Schädlingsbekämpfer aus Ostasien eingeführt, wie Rufus meint, weil sie viermal so viele Blattläuse fressen wie heimische Marienkäfer. Inzwischen sind sie selbst heimisch. Und schwer beliebt. Wir hingegen finden nicht mal einen Schlafplatz. Ungerecht. Aber so ist das Leben.

Auch Rufus fällt nichts ein. In freier Wildbahn, ohne elektronische Hilfsmittel und ohne Bücher, gehen sogar ihm die Ideen aus. Die Stimmung ist, na ja, angeschlagen. Langsam dämmert auch den Homies aus dem vierten und den Dummies aus dem fünften Wurf, dass die All-inclusive-Zeiten vorbei sind und Freiheit vor allem bedeutet, dass man mit Überleben beschäftigt ist.

»Ingglbinghbws.«

Es dauert ganz schön lange, bis ich checke, dass da ein sprechender Laubhaufen unter meinem Ast liegt.

»Äh, was?«, sage ich und spitze die Ohren.

»Ich glaub, ich hab was für euch.«

Ich kapiere wirklich erst, dass es nicht der Laubhaufen ist, der da lispelt, als sich eine Nase darunter ins Freie schiebt, der eine Mischung aus Maus und Igel folgt. Und selbst, als es direkt unter mir steht, ist es kaum zu erkennen. Geile Tarnung, kann ich nur sagen.

»Hallihallo!« Damit will ich offenbar meine Überraschung zum Ausdruck bringen. »Wer bist *du* denn?«

»Erna. Und du bist … Ray, stimmt's?«

»Stimmt.«

»Na ja, ihr seid ganz schön schwer auseinanderzuhalten. Seht euch alle sehr ähnlich, nicht?«

Und du siehst nach gar nichts aus, denke ich, lasse mich vom Ast gleiten und neben Erna ins Laub plumpsen.

»Und was bist *du* für ein Tier?«

»Wald-Spitzmaus. Ist aber irreführend, weil meine Art eigentlich eher mit Igeln und Maulwürfen verwandt ist. Hat aber nichts zu bedeuten. Ich sag immer: Auf den Charakter kommt es an.«

Und dabei kommt dann etwas ohne Ohren heraus, denke ich. »Interessant. Aber sag mal, was hast du eben gesagt?«

»Gibt'n alten Fuchsbau, am Waldrand. Ich wohn da, aber von mir aus könnt ihr den gerne übernehmen. Ist jetzt kein Luxus wie bei den Dachsen, mit Rutsche und allem Drum und Dran, und hat auch nur zwei Ausgänge, ist aber für den Anfang ganz okay, würde ich denken.«

»Und was ist mit dir?«

»Ich wollte mir schon längst einen verlassenen Wühlmausgang suchen. War nur zu bequem. So ein Fuchsbau ist ja eigentlich viel zu groß für mich.«

Erschreckend, wie einfach das sein kann. Alles, was du brauchst, um einen Haufen Erdmännchen glücklich zu machen, ist eine Spitzmaus, die zu teilen bereit ist.

20

Wohin des Weges – so früh am Tage?«

Jens Spanner. Was für ein Lauch. Sitzt auf einer Baumwurzel gegenüber unserem Eingang und glubscht mich aus seinen hervorstehenden Knopfaugen an.

Es ist kurz nach Sonnenaufgang. Meine Familie liegt noch im Tiefschlaf, nachdem sie den gesamten gestrigen Tag und die halbe Nacht damit zugebracht hat, den alten Fuchsbau zu renovieren, neue Kammern und zwei weitere Ausgänge anzulegen. Nur ich bin schon wieder auf den Beinen. Wird langsam zur Gewohnheit.

Ich hab mir überlegt, dass ich so etwas wie im Zoo auch hier machen könnte. Morgenrunde. Rituale sind schließlich wichtig, meint Rufus. Zudem wüsste ich gerne, wo Grete um diese Zeit so herumhoppelt. Unsere Begegnung bei der Versammlung fiel ja eher frostig aus, allerdings werde ich das Gefühl nicht los, dass das vor allem mit ihrem Mann zu tun hatte.

Apropos Versammlung: Da waren nicht nur Enten, sondern auch Biber anwesend, und das bedeutet, irgendwo hier im Wald muss es einen See oder einen Teich geben. Außerdem, und jetzt kommt's, habe ich gehört, wie die Waschbären etwas von einem Wasserfall gemurmelt haben. Sollten die tatsächlich so was Krasses haben, hätte ich schon gleich viel mehr Bock auf »Wald«. Bis jetzt finde ich es hier vor allem feucht und dunkel. Außerdem habe ich Kopfschmerzen. Rufus meint, das komme von dem Glyphosat, das sie auf dem benachbarten Feld versprühen. Da müsse er sich für die Düngezeiten mittelfristig wohl etwas einfallen lassen.

»Tach, Spanner!«, grüße ich, »alles fit im Schritt?«

Ich wende mich ab, aber zack, steht die Gelbhalsmaus schon wieder vor mir und reibt ihre Pfötchen aneinander. »Sie haben da letzte Nacht eine ganze Menge Erdreich zu Tage gefördert.«

»Logisch. Wir sind doch Afrikaner, schon vergessen? Wir schuften, bis die Krallen glühen.«

»Äh ... ja.« Spanners Augen werden noch größer und noch glubschiger. Ironie ist für den wie eine Springspinne. Immer, wenn du glaubst, jetzt hast du sie, sitzt sie schon wieder woanders. »Sie hatten aber hoffentlich nicht vor, die ganze Erde einfach so da liegen zu lassen.«

Ich schaue mir den stattlichen Haufen frischer Erde an, den wir gestern aus dem Bau geschaufelt haben. Nicht schlecht. Vielleicht lässt sich da ein Wachhügel draus machen.

»Natürlich nicht«, sage ich. »Wir haben schon angerufen. Mittags kommt ein Räumkommando von der BSR, schafft das weg und schneidet den Rasen auf DIN-Norm.«

Die Luft riecht gut, irgendwie nahrhaft. Ich bin so an den Geruch der Großstadt gewöhnt, dass es mir vor lauter Sauerstoff das Gehirn aufbläht. Und meine Sinne schärft. Deshalb merke ich auch sofort, dass etwas hinter mir herschleicht. Raschel hier, raschel da, und sobald ich mich umdrehe, verräterische Stille. Spanner, der alte Blockwart.

Ich stromere eine Weile durch den Wald, überspringe schnell eine Baumwurzel, verstecke mich darunter und warte. Und siehe da, kurz darauf höre ich, wie die Gelbhalsmaus an der Wurzel herumschnüffelt. Ich springe aus meinem Versteck und reiße die Vorderbeine auseinander: »Spanner, du alte Bockwurst!«

Was ich sehe, ist nicht Spanner, sondern ungefähr so groß wie eine Ratte. Oben braun, unten weiß. Und weg.

Ui, war das schnell, denke ich, als über mir jemand sagt: »Hermeline sind schüchtern, die darf man nicht einfach so anschreien.«

Da hängt was ganz schön Fettes über mir am Stamm, einfach so, kopfüber, schwarz, mit Zähnen, die jedenfalls aus meiner Warte ziemlich scharf aussehen.

»Ich dachte, ich werde verfolgt, von ...«

»... Jens Spanner.«

»Genau. Kennst du den?«

»Wer kennt den nicht?«

»Ja, weil, wir sind neu hier, und dieser Spanner ...«

»... schaut euch die ganze Zeit auf die Krallen. Ich kann's mir denken.«

»Ist der immer so drauf? Ich meine: Kann der sich nicht ein Hobby suchen? Blätter nach Formen sortieren oder so was?«

»Ich sag mal so: Wenn du ein kleines Ego hast, aber mächtige Freunde, dann kommt da selten was Brauchbares bei raus.«

Uiui. Klug gesprochen. Was immer dieses schwarze Ding mit den scharfen Zähnen ist, es ist auf jeden Fall nicht blöd. »Und wer bist du so?«

»Sven, und falls du dich gefragt haben solltest: Ja, ich bin ein Vielfraß.«

Jetzt kommt er mir gleich noch fetter und seine Zähne noch schärfer vor. »Und als Vielfraß, frisst man da zufällig auch, äh, Kleinsäuger?«

»Erdmännchen, meinst du? Möglich. Euch gab es hier ja bisher nicht. Aber wenn, dann im Winter. Im Sommer bin ich eher vegan unterwegs – also abgesehen von Vogeleiern.«

»Wo wir uns gerade so nett unterhalten: Ich hab gehört, hier würde es irgendwo einen Wasserfall geben. Stimmt das?«

»Da solltest du dich an die Waschbären wenden«, sagt Sven. »Ist eher so deren Ding.«

»Verstehe. Und wo finde ich die?«

»Tja, also meistens hängen die beim Wasserfall rum.«

»Ich muss also den Wasserfall finden, um den Wasserfall zu finden?«

»Für manche Dinge im Leben«, er legt eine ziemlich elegante Wendung hin und beginnt, den Baum hinaufzuklettern, »muss man ein paar Umwege in Kauf nehmen. Dafür ist dann das Erfolgserlebnis umso größer. Alles Gute für euch.«

Und schwupp, ist er in der Baumkrone verschwunden. Tja, denke ich, danke für das Gespräch. Und dann denke ich noch, dass es vielleicht sowieso besser ist, erst einmal zum Bau zurückzugehen und nachzusehen, was mein Clan so macht, und dann blicke ich über die Schulter und denke: Hm.

Hier also die erste Lektion, die ich als Neuwaldbewohner lerne, und sie lautet: Der deutsche Wald ist größer als der Zoo und hat außerdem keine Schilder. Egal, wohin ich mich wende, der Wald sieht einfach immer nach Wald aus.

Was soll's, denke ich und gehe frohgemut drauflos. Du hast es bis hierher geschafft, dann findest du auch wieder zu deinem Clan zurück.

21

Die zweite Lektion, die ich als Neuwaldbewohner lerne, lautet: Es gibt viel mehr verschiedene Füßler und Würmer und Schaben und so Zeug, als ich für möglich gehalten hätte. Und Asseln. Wahnsinn. Aber nicht alle sind gleich lecker. Diese Lektion lerne ich so gegen Mittag, als ich mich mit sehr schwerem Magen unter eine Kiefer lege, mir die Sonne auf den Pelz scheinen lasse und auf der Stelle einnicke.

Streng genommen ist es bereits die dritte Lektion, denn bevor ich mir den Magen mit irgendwelchen fiesen Larven verdorben habe, bin ich Stunden durch den Wald gestreift, habe mit allen möglichen Tieren gesprochen oder auch nicht gesprochen und Lektion zwei gelernt, und die lautet:

Die Tiere des deutschen Waldes stehen Neubewohnern zunächst argwöhnisch gegenüber. Allerdings stellen sich die meisten als ganz okay heraus, sobald man mit ihnen ins Gespräch kommt. Problematisch sind die, mit denen man nicht ins Gespräch kommt, weil sie sich wegdrehen, einen anfauchen oder sich verziehen, sobald man sich nähert. Die haben nämlich Angst davor, dass man ihre Vorurteile widerlegen könnte. Mit anderen Worten: Die *wollen* einen scheiße finden.

Die Lektionen vier und fünf lerne ich, als ich aufwache. Aber zuerst: Warum wache ich auf? Weil ich Schmatzgeräusche vernehme, in Stereo. Auf einer Skala von eins bis sechs würde ich diesen Schmatzgeräuschen eine glatte Fünf geben. Da ich nur zwei Tiere kenne, die beim Fressen solche Geräusche produzieren, murmele ich im Halbschlaf:

»Nick, Nemo, verzieht euch!«

»Nick, Nemo, verzieht euch«, werde ich nachgeäfft.

Es folgt Gekicher.

»Gib mal eine«, höre ich eine zweite Stimme.

Im nächsten Moment trifft mich etwas Hartes am Ohr.

»Alter!«, rufe ich, öffne die Augen und sehe erst mal nichts, weil mir die Sonne direkt ins Gesicht bläst.

Die ist, seit ich eingenickt bin, ein ganzes Stück weitergezogen. Offenbar hab ich den halben Nachmittag verpennt. Irgendetwas stimmt mit meinem Maul nicht, wie ich merke. Dann erkenne ich im Gegenlicht die Umrisse von Nick und Nemo.

»Hackt's bei euch, oder was?«, sage ich. Oder würde es gerne sagen. Heraus kommt nämlich nur: »Haffggbchh.«

Wieder Gekicher.

»Gib mal noch eine«, höre ich.

Wieder werde ich getroffen, am Bauch diesmal.

Ich springe auf, irgendwas sticht mich am Hintern. »Spichllni?«, rufe ich. »Spinnt ihr?« soll das heißen.

Die beiden kriegen sich gar nicht mehr ein vor Lachen. Dann lerne ich die Lektionen vier und fünf. Nummer vier lautet:

»Willst Erfolg du bei den Fraun, schlaf nicht unterm Nadelbaum!«

Das rufen die beiden wie aus einem Maul, und das ist dann auch der Moment, in dem ich kapiere, dass da nicht Nick und Nemo vor mir stehen, sondern zwei … Ich schirme mit der Klaue die Augen ab.

»Waffbää?«

»Wafffbäää!« Die beiden Waschbären kugeln sich vor Lachen.

Ich versuche, die Nadeln auszuspucken und sie mir gleichzeitig aus dem Hintern zu ziehen. Und den Ohren. Und ... Meine Güte, diese Dinger stecken überall. Ich vermute, Lektion vier lerne ich beim ersten Anlauf: Nicht unter einem Nadelbaum einpennen.

Die beiden kommen auf mich zu, stellen sich auf die Hinterbeine und hauen mir freundschaftlich ihre Vorderfüße auf die Nase.

»Ich bin Bernie«, schmatzt der eine.

»Ich Freddie.«

»Freut mich«, erwidere ich und haue zurück. »Ich bin Ray.«

Und weil ich mache, was sie machen, nämlich ihnen auf die Nasen hauen, freuen sie sich wie Bolle und werfen sich auf mich und kugeln mit mir durch den Nadelhaufen und finden die ganze Welt umarmenswert und beschließen, dass ich ab sofort ihr neuer Freund bin.

Daher an dieser Stelle Lektion Nummer fünf: Es gibt eine Ausnahme von der Regel, dass die Bewohner des deutschen Waldes Fremden gegenüber argwöhnisch sind: Waschbären.

Als Bernie und Freddie der Ansicht sind, sich lange genug mit mir in den Nadeln gewälzt zu haben, reißen sie einen Zweig mit komischen schwarzen Kügelchen ab, setzen sich ins Laub und fangen wieder an zu schmatzen.

»Du bist einer von den Neuen, oder?«, fragt Bernie. Oder Freddie. Kann sie noch nicht auseinanderhalten. Ein Pelz so fett wie der andere.

»Hm-m«, antworte ich.

»Cooles Fell!«

Das stimmt. Einerseits. Ich finde ja unser Fell auch ganz cool, aber Waschbären ... Das ist echt mal was Besonderes. Schwarze Augenmaske mit weißem Rand, geringelter Schwanz, irgendwie klassisch, würde ich sagen. Und alles in Schwarz, Weiß und Grau gehalten. Hat Stil.

»Willste eine?«, fragt, äh, Freddie, glaube ich.

Er bewirft mich schon wieder mit diesen Kügelchen, eine bleibt in meinem Ohr stecken. Ich popele sie heraus und drehe sie in der Klaue.

»Was is'n das?«

»Roter Hartriegel. Die meisten Tiere machen einen Bogen drum.«

»Aber?«, frage ich.

»Na, wir nicht«, sagt Freddie, schiebt sich eine weitere der schwarzen Beeren in den Mund und beginnt, geräuschvoll zu kauen.

»Wir fressen alles«, sagt Bernie. »Außerdem sind die gut bei Verstopfung. Besonders, wenn sie vom letzten Jahr sind, so wie die hier.«

»Stimmt. Und da wir jeden Mist fressen und ständig Verstopfung haben, fressen wir auch immer diese Dinger hier.«

»Außerdem kriegt man eine blaue Zunge davon, schau mal!«

Bernie streckt mir die Zunge heraus, auf der noch halb zerkauter Brei liegt. Was ich von der Zunge sehen kann, ist tatsächlich tiefblau.

»Krass, oder?« Freddie entblößt sein Gebiss für mich. »Die Zähne auch!«

»Beeindruckend«, sage ich und lasse die Kugel unauffällig zu Boden fallen.

»Darf ich euch was fragen?«

»Logisch«, sagt Bernie

»Müssen ja nicht antworten«, ergänzt Freddie.

»Ich hab gehört, irgendwo im Wald soll es einen Wasserfall oder so was geben«, sage ich. »Wisst ihr da was drüber?«

»Klar.«

»Ist quasi unsere Homebase.«

»Ist aber eher so geheim«, meint Bernie.

»Voll exclusive«, unterstreicht Freddie.

»Verstehe«, antworte ich.

Die beiden Waschbären sehen mich an, hören auf zu kauen und fragen gleichzeitig: »Willste sehen?«

Bevor ich antworten kann, wackeln Bernie und Freddie bereits gut gelaunt in den Wald hinein, plantschen in einem Bachlauf, dann wird es dichter und dunkler und noch dichter und noch dunkler. Sehr geheimnisvoll das Ganze. Als ich merke, wie sich der Geruch verändert – Molche, denke ich –, klettern wir bereits einen ziemlich rutschigen Abhang hinauf, ein anschwellendes Rauschen ist zu hören, das lauter wird, je höher wir hinaufsteigen, und dann, als wir auf einer Art Plateau ankommen, wird mir klar, was da rauscht. Wasser nämlich, und zwar nicht zu knapp. Über das Plateau fließt ein Bach, der high speed auf eine Kante zuläuft.

Ich höre noch, wie Bernie sagt, »bei den Steinen musst du aufpassen, die sind …«, da zieht es mir bereits die Hinterbeine weg, ich werde in den Bauchlauf gespült und mitgerissen, treibe auf die Kante zu, schnell, an den winkenden Waschbären vorbei, »… rutschig!«, ruft Bernie, und Freddie nur: »Luft anhalten!«, und im nächsten Augenblick falle ich. Wow!, denke ich, dann gar nichts mehr – Doppel-Wow! –, höchstens noch, dass das echt krass ist und ich das hoffentlich nicht zum letzten Mal mache, und dann klatsche ich ins Wasser und tauche unter und halte die Luft an und tauche wieder auf.

Als ich nach oben schaue, sehe ich schon Bernie und Freddie auf mich zufliegen, Bernie sogar mit Rückwärtssalto. »Arschbombe«, ruft Freddie und umklammert seine Beine, und dann klatschen sie neben mir ins Wasser, eine riesige Fontäne spritzt auf, von den Seiten höre ich Gejohle, Freddie und Bernie tauchen neben mir aus dem Wasser auf, grinsen mich an und fragen: »Und?«

Und ich nur: »MEGA!«

22

Bis ich zu unserem Bau zurückgefunden habe, ist es mitten in der Nacht. Lektion, äh, sechs, glaube ich: Wenn du echt gar keine Ahnung mehr hast, wie du nach Hause finden sollst, frag eine Waldohreule.

Nach Hause. Zwei Worte, die mehr auslösen, als man ihnen zutrauen würde. Kann es das für uns überhaupt noch geben, überlege ich, nachdem man uns aus dem Zoo vertrieben hat? Vielleicht sollte ich mich mit Kongs Worten trösten, dass Heimat immer da ist, wo es den anderen nicht egal ist, dass es dich gibt.

Als ich mit müden Beinen auf unseren neuen Bau zusteuere, erkenne ich im Mondschein zwei Dinge: Erstens hat der Erdhügel seit heute Morgen noch einmal beträchtlich an Höhe zugelegt. Meine Geschwister scheinen in meiner Abwesenheit ganz schön geschuftet zu haben. Jens Spanner wird sich freuen. Das meine ich ernst. So Typen wie Spanner freuen sich immer, wenn sie sich über etwas aufregen können. Sonst fallen die in sich zusammen.

Zweitens höre ich die Stimmen meiner Geschwister. Ich kraxele den Hügel hinauf, und siehe da, auf der Rückseite, dem Feld zugewandt, sitzen einige aus dem vierten und ein paar aus dem fünften Wurf einträchtig beisammen – sogar Archi ist dabei, der einen lila Hut aufhat – und … machen ganz schön rum, wie ich feststelle, also so intim, meine ich. Haben sich die frische Erde zu einer Art Lounge-Ecke geformt und hängen da ab, sodass man gar nicht sagen kann, wo der eine aufhört und die andere anfängt, und giggeln und kuscheln oder knutschen rum.

»Ray, Alter! Da bist du ja!«, sagt Nick, dem es sonst komplett an seinem dicken Fellhintern vorbeigeht, wo ich bin. Er tätschelt Natalies Bein, das zur Hälfte auf seinem Bauch liegt. »Hier hat schon jemand Sorge gehabt, dass dir was zugestoßen sein könnte.«

Aus dem Fellhaufen strecken sich mir zwei Vorderbeine entgegen. Natalies. »Ray, wo hast du so lange gesteckt?«

»Ja«, maunzt Minka, »komm, Ray, hier ist noch jede Menge Platz!«

Erst denke ich, dass es an meinen Ohren liegt, dass hier alle so einen verlangsamten Sound haben. Die sind nämlich noch immer voller Wasser, nachdem auch ich mich an einem Rückwärtssalto versucht habe. Aber dann wird mir klar, dass es nicht an mir liegt, sondern daran, dass hier alle auf irgendwas drauf sind. Ich bemerke, dass Archi, ausgerechnet der, den alle so gerne Arschi nennen, der nervige Oberklugscheißer im Clan, dass der in der Mitte liegt, komplett verstrahlt, und dass das kein Hut ist, den er da aufhat, sondern ein Band aus Blüten.

Ich setze mich auf den Rand, was in etwa der Rücklehne dieser Lounge-Gruppe entspricht.

»Archi«, sage ich, »was hast du da auf deinem Kopf?«

»Meinst du das hier?«, Archi spielt versonnen mit einer der Blüten, »drüsiges Springkraut. Kult, Alter. Hat mir Marcia geflochten.«

Marcia? Die Arschi sonst nicht mit dem Arsch anguckt? Was geht denn hier ab?

»Komm schon, Ray«, leiert Nemo, »sei kein Spielverderber.«

Hier stinkt was, stelle ich fest. Neben mir, in einer Mulde entdecke ich einen Stein mit einer Vertiefung, und in dieser Vertiefung entdecke ich wiederum ein gräuliches Pulver. Das ist es, was hier stinkt.

»Archi«, sage ich, »was ist das?«

Rufus' Sohn hat die Vorderbeine hinter dem Kopf verschränkt und blinzelt den Mond an. »Du musst es durch die Nase ziehen, Onkel«, sagt er nur, »aber nicht mehr als zwei Krallen voll. Sonst geht es dir wie Nino.«

Nino liegt, wie ich erkenne, halb unter, halb neben und halb auf Archi und hält die Augen geschlossen. Er ist entweder tot oder ohnmächtig, sonst würde er schreien vor Schmerzen, so wie er seine Beine verbogen hat. Yoga ist Kinderkram dagegen.

»Keine Sorge«, sagt Archi. »Atmung ist stabil.«

»Meine Frage war«, sage ich, »was ist das für ein Pulver?«

Anstelle von Archi antwortet Mads:

»Man höre und staune,
es betört die Alraune!«

Alraune? Nie gehört. Aber wenn dieses Zeug macht, dass jetzt schon ein Lowbrainer wie Mads anfängt zu reimen …

Auch Nick hat einen Geistesblitz, einen vierzeiligen sogar, vermutlich inspiriert durch den Mond.

»Hört, so raunt es aus dem All
Und aus dem ganzen Himmelreich,
Die Alraune, klarer Fall,
Macht dir hübsch die Flügel weich.«

Okay, das reicht mir. Ich stehe auf.

»Eigentlich wollte ich zu Rufus«, fällt mir ein.

Was stimmt. Ich wollte meinen kleinen Bruder etwas

aufmuntern und ihm Mut machen, ihm vom Wasserfall berichten, den Waschbären und dass nicht alle Waldtiere grundsätzlich unfreundlich sind. Und ihn fragen, wer oder was eine Alraune ist.

»Oh, der ist nicht da«, sagt Nadja.

»Wie, nicht da?«, frage ich.

»Er wollte noch mal in den Wald, sich die Beine vertreten, hat er gesagt ...«

Wie bitte? Hab ich doch zu viel Wasser in den Ohren? Mein kleiner Bruder, der große Schisser, geht nachts alleine in einen unbekannten Wald, um sich die Beine zu vertreten?

»Was ist denn jetzt mit dir?«, gurrt Natalie. »Ohne dich fehlt mir was.«

Hier scheint mir ein Moment der Reflexion angebracht. Also: Ich sitze auf einem feuchten Lehmhaufen, der mir den Hintern nass macht, hinter mir ein Wald voller Tiere, die nicht gut auf uns zu sprechen sind, vor mir ein abgeerntetes Maisfeld, das nach Glyphosat stinkt. Aber auch: Neue Freunde, ein Wasserfall und jede Menge Geschwister, die im Mondschein kuscheln und sich so liebhaben wie nie zuvor.

»Komm zu uns, Ray!«

»Wir lieben dich!«

Heimat.

Ist da, wo es den anderen nicht egal ist, dass es dich gibt.

Guter, alter Kong.

Nanu, denke ich. Offenbar habe ich, ohne es zu merken, zwei Krallen in das Pulver getaucht. Gräuliche Krümel. Sieht wirklich nach nichts aus. Aber stinkt ganz schön.

Was soll's, denke ich. Sie lieben dich.

23

Was glauben Sie, was Sie da machen?«

»Wonach sieht's denn aus?«

Der Morgen danach. Einige meiner Geschwister und ich verteilen uns auf unserem Hügel wie auf der Tribüne eines Amphitheaters. Alle haben Durst. Und Kopfschmerzen. Schwer zu sagen, ob das eher von diesem Alraunenzeug oder vom Glyphosat herrührt. Diejenigen, die bei unserer kleinen Party hinterm Hügel dabei waren, lassen jedenfalls ganz schön ihre Köpfe hängen, was allerdings auch damit zu tun haben könnte, dass *ich* zum Beispiel schon mal nicht mehr weiß, mit wem von meinen Geschwistern ich letzte Nacht so alles rumgemacht habe. Peinlich irgendwie. Aber auch geil.

»Sie können nicht einfach auf meine Baumwurzel urinieren!«

»Wenn ich's nicht kann, wieso mach ich's dann?«

Woran ich mich erinnere, ist, dass da andere Körper waren und dass es sich angefühlt hat, als wären wir alle eins und würden auf einem gepolsterten Floß durch die Nacht gleiten, weshalb ich vorsichtshalber nur so zur Seite hin grüße, hallo Marcia, hi Nemo, und so grüßen die meisten auch zurück.

»Ich fordere Sie eindringlich auf, das zu unterlassen!«

»Was zu unterlassen?«

Ganz vergessen: Meine Geschwister und ich sitzen hier,

weil da unten gerade ein Zwei-Mann-Stück aufgeführt wird: Clanchef gegen Facilitymanager. Anders gesagt: Erdmännchen Rocky gegen Gelbhalsmaus Spanner. Und soeben hat unser Clanchef den Vorstoß seines Gegners zum dritten Mal hintereinander mit einer Gegenfrage pariert, und das, *während* er auf Spanners Baumwurzel pinkelt. Für Rocky ist das nichts weniger als eine intellektuelle Links-Rechts-Links-Kombination. Respekt.

Allerdings scheint mit dieser kühnen Kombination das intellektuelle Leistungsspektrum unseres Clanchefs auch ausgeschöpft zu sein. Er hat fertig gepinkelt – lange genug hat's gedauert –, schüttelt ab und sagt:

»Das hier is'n Wald, wenn ich richtig informiert bin. Und wir haben hier Bleibedings, diesen Status halt, dass wir hier sein dürfen. Von König Karl persönlich gesegnet. Du pinkelst hin, wo du willst, also pinkel ich hin, wo ich will. Mehr gibt's da nicht zu besprechen. Wenn dir das nicht passt, pinkel ich dir gerne noch irgendwo einen zweiten gelben Streifen ins Fell.«

»Das wird ein Nachspiel haben.«

Die Gelbhalsmaus reckt ihr Köpfchen, womit sie ihre ganze Empörung zum Ausdruck bringen will – ich weiß nicht, ob ich es schon erwähnt habe, aber eine empörte Gelbhalsmaus sieht echt nicht cool aus –, wendet Rocky ihr Hinterteil zu, klettert von ihrer Wurzel und verschwindet im Laub.

»Rocky in the house!«, ruft Nick, worauf unser Clanchef sich umdreht und erst jetzt begreift, dass er die ganze Zeit Zuschauer hatte.

»Keiner hat so'n harten Strahl wie Rocky«, meint Nemo.

»Yo, brother!«, lallt Nino, der noch immer eine lahme Zunge hat, aber immerhin schon wieder geradeaus gucken kann.

Danach sagt erst einmal keiner mehr was. Immerhin ist trotz Kopfschmerzen die Stimmung deutlich ausgelassener als gestern. Schätze, wir werden den Tag vor allem mit Abhängen zubringen. Denn was wir alle nicht haben, ist: Bock auf Graben. Der Bau ist fast fertig, bis auf ein paar kosmetische Sachen – die Eingänge zu den Kammern abrunden, eine Bühne für den Versammlungsraum organisieren –, aber das können wir alles morgen in Angriff nehmen. Zu tun gibt es ja bekanntlich immer was, da kann man auch mal nichts tun. Was wir außerdem nicht haben, sind unsere Habseligkeiten. Ich meine Laptoptasche zum Beispiel. Natalie vermisst ihren Leuchthasen. Schon komisch. Dinge, über die man nie nachgedacht hat, weil sie einem immer selbstverständlich erschienen, und dann hängt plötzlich dein Herz dran. Interessantes Wort, wenn man länger drüber nachdenkt: Habseligkeiten.

Ich spüre, wie sich von hinten etwas Weibliches an mich heranschiebt, mir die Schnauze auf die Schulter legt und flüstert: »Morgen, Ray. Gut geschlafen, meine kleine Wühlmaus? Oder sollte ich lieber *große* Wühlmaus sagen?«

Natalie. Der ist ja immer erst mal gar nichts peinlich. So wie sie klingt, sollte ich wahrscheinlich dankbar sein, dass ich mich kaum an Details der letzten Nacht erinnere.

»Morgen, Nat«, sage ich möglichst neutral.

Sie setzt sich neben mich, lehnt ihren Kopf an. »Schön zu wissen, dass du doch noch nicht alt wirst.« Sie kann's nicht lassen. »Aber sag mal, wer ist denn bitte Grete? Kenn ich die?«

Da muss ich mich wohl im Rausch verplappert haben. Ich überlege, wie ich am geschmeidigsten aus der Nummer rauskomme, und sehe zum Glück in diesem Moment Rufus auf den Bau zukommen, der etwas Grünliches hinter sich herschleift, das in einer Plastikhülle steckt.

»Gut, dass ich dich treffe, Ray.« Der Arme ist ganz außer Puste, kommt zu Nat und mir auf den Hügel und zerrt dabei dieses Ding hinter sich her. »Schaut mal, was ich gefunden habe. Die ist wie neu!«

Er zieht ein Stück zusammengefaltetes Papier aus der Hülle und faltet es auseinander. Am Ende ist ein ganz schön großes Stück unseres Hügels bedeckt.

»Ich sollte Archimedes dazu holen«, fällt Rufus ein, bevor er mit seiner üblichen Belehrungsstunde anfängt, denn darauf läuft das hier hinaus, das merke ich schon. »So etwas hat der schließlich auch noch nicht gesehen.«

»Bin hier, Patenonkel«, höre ich ein dünnes Stimmchen, und dann kommt Archi angetrottet.

Das Fell um seine Augen stellt eine Art Knittergebirge dar, und das geflochtene Band aus Springkraut-Blüten um seinen Kopf hat mächtig Schlagseite.

»Du siehst mir aber gar nicht gesund aus, Archimedes«, stellt Rufus fest. »Und was ist das da um deinen Kopf?«

»Fragt der Mann, der mit einem Klettgurt um den Bauch durch die Gegend läuft«, erwidert Archi.

Ich kann mich nicht erinnern, dass Archi Rufus gegenüber jemals so einen, sagen wir, aufmüpfigen Ton an den Tag gelegt hätte. Kann es sein, dass auch hyperintelligente Erdmännchen in die Pubertät kommen?

Rufus versucht, es nicht persönlich zu nehmen. Hilft ja immer am besten, wenn die Kinder in die Pubertät kommen. »Hast du nicht ausreichend geschlafen?«

»Passt schon«, versichert Archi. »Was gibt's?«

»Sieh dir das an. Was, glaubst du, ist das?«

»Hm, sieht aus wie Google-Earth, nur auf Papier und auf Großbildschirm.« Er wischt auf dem Papier herum. »Dafür kann man es nicht bewegen, und reinzoomen geht auch nicht.«

»Richtig erkannt«, sagt Rufus. »Hierbei handelt es sich um eine Wanderkarte. Die funktioniert analog.«

»Und was sollen wir damit?«

»Nun, ich bin ziemlich sicher, dass sich der Ort, an dem wir uns derzeit aufhalten, auf dieser Karte befindet.«

»Können wir uns den nicht anzeigen lassen?«, fragt Archi.

Rufus ist enttäuscht: »Was hab ich gerade gesagt, Archimedes?«

Archi versucht, seine Augen zu mehr als einem Schlitz aufzuzwingen. »Funktioniert nur analog.«

»Korrekt. Ich benötige also einige hervorstechende Landmarken, einen Leuchtturm oder eine Bergspitze, und schon kann ich unsere Position bestimmen.«

Archi wirft Natalie und mir einen verknitterten Blick zu. Als wäre uns nicht auch so völlig klar, dass sein »Patenonkel« besser nichts von seinen nächtlichen Drogeneskapaden erfahren sollte.

Wo wir gerade beim Thema sind: »Sag mal, Rufus«, frage ich, »wo warst *du* eigentlich letzte Nacht?«

»Hm?«

»Als ich kam, und das war echt spät, da warst du … nicht da.«

»Ach so, ja: Wollte mir nach der ganzen Graberei ein bisschen die Beine vertreten.«

Ich lehne mich zurück und versuche, meinen Kopfschmerz zu umarmen, auf dass er Mitleid mit mir haben möge. Schwups, liegt Natalies Vorderbein auf meiner Brust.

»Weißt du was, Rufus?«, überlege ich. »Du hast echt

krasse Fähigkeiten. Lesen, rechnen, tippen, Wanderkarten enträtseln … Und dann merkst du dir das alles auch noch. Aber ich schwöre, Alter, es gibt im gesamten Clan niemanden, der schlechter lügt als du.«

24

»Wer ist hier das Oberhaupt?«, hallt es durch die Gänge. Der ganze Bau erzittert.

Nein, das ist nicht Rockys Stimme. Ich haste aus meiner Kammer, stelle fest, dass es entsetzlich riecht, frage mich noch, woher ich diesen Gestank kenne, und … Ach du Kacke!

Vor unserem Bau steht ein Monster, und dieses Monster hat seinen Kopf so nah an den Haupteingang herangeschoben, dass ich ihm um ein Haar direkt ins Maul gehüpft wäre. Jetzt weiß ich übrigens auch, woher ich diesen Geruch kenne, und dann weiß ich logisch auch, wer vor unserem Bau steht.

»Herr Herrmann«, rufe ich. »Wenn hier einer rauskommen soll, müssten Sie schon einen Schritt zurücktreten.«

Er tut es, geht einen Schritt zurück, und dann steht er da, Keiler Herrmann in seiner ganzen ungeschlachten Grobheit, und lässt die Schultern kreisen, als würde er gleich in den Ring steigen.

Kaum habe ich meinen Kopf aus dem Bau gestreckt, brüllt er: »Sind Sie das Oberhaupt?«

Als wären die Kopfschmerzen, die ich bereits habe, noch nicht ausreichend.

Ich stelle fest, dass meine Hinterbeine zittern. Ich könnte es auf die Drogen von letzter Nacht schieben, aber die Wahrheit ist, ich hab Schiss. Keiler Herrmann ist kein versöhnlicher Zeitgenosse. Und mit dem anderen Keiler, den er als Verstärkung mitgebracht hat, ist ebenfalls nicht gut Kirschen essen, das rieche ich. Hormonell voll übersteuert. König Karl hat zwar entschieden, dass wir bleiben dürfen, aber wie viel die Worte eines Königs wert sind, wenn sein Heerführer sich unbeobachtet weiß … Rufus hat uns ein paar interessante Geschichten darüber erzählt, wie das bei den Menschen läuft. Die habe ich zwar nicht mehr so genau auf dem Schirm, aber eins hatten die alle gemeinsam: kein gutes Ende.

»Warum brüllen Sie denn so?«, frage ich.

»Sind Sie das Oberhaupt?«, brüllt Herrmann.

Das Wort Zimmerlautstärke scheint er nicht zu kennen.

»Seh ich so aus?«, frage ich.

Hab zwar Schiss, aber klein beigeben is' nich'.

»Woher soll ich das wissen? Ihr seht schließlich alle gleich aus.«

Aus dem Augenwinkel bemerke ich, dass Jens Spanner wieder auf seiner Wurzel sitzt, das Schnäuzchen erhoben und zufrieden die Pfötchen putzend. Petze. Rufus und Rocky kommen aus dem Bau und leisten mir Gesellschaft, und ich muss zugeben, dass ich dankbar dafür bin. Meine Knie jedenfalls zittern gleich nur noch halb so stark. Und dir, Herrmann, gehören echt ein paar Minzblätter in die Fresse gesteckt!

»Also der Chef hier bin ich«, sagt Rocky, dem die Knie null zittern, der kennt das gar nicht.

Was mich einmal mehr zu der Überlegung veranlasst, ob es nicht manchmal auch von Nutzen ist, wenn einer wie Rocky Chef ist. Vielleicht, denke ich, wären mehrere gut. Einer, der denkt, einer, der redet, und einer, der macht.

»Also der Chef hier bin ich!«, wiederholt Herrmann

Rockys Worte. Er scheint das für einen guten Witz zu halten. »Jetzt hör sich einer den an, hö, hö.«

Der Drachenbezwinger röchelt ein bisschen herum, und ich frage mich schon, ob er etwas verschluckt hat, einen Spaten zum Beispiel, der ihm jetzt quer steckt, aber da fängt der hinter ihm an, mitzuröcheln, und mir wird klar, dass das ein Lachen sein soll. Drachenbezwinger Herrmann ist offenbar ein echter Scherzkeks, hö, hö.

Nachdem sie sich ausgeröchelt haben, nehmen die beiden Keiler Haltung an, Schulter an Schulter. Vorsichtshalber drücke ich mir schon einmal die Klauen auf die Lauscher. Wird unter Garantie laut.

»Schluss mit lustig!« Herrmann lässt seine Halswirbel knacken. »Unsere Aufgabe ist es, den deutschen Waldbewohnern die Sicherheit … Also zu machen, dass das hier sicher ist, unser Wald. So. Wir nehmen die Sorgen und Nöte der Waldbewohner sehr ernst. Vor allem, wenn, also … Dinge vorfallen. So, wie sie hier vorgefallen sind. Unschöne Dinge. Dass da Waldbewohner bedroht werden und solche Sachen.«

»Fühlen Sie sich von uns bedroht?«, fragt Rufus dazwischen.

Bitte halt die Klappe, kleiner Bruder, denke ich.

»Wer? Ich, Herrmann, der Drachenbezwinger? Das soll wohl ein Scherz sein.«

Ich grätsche dazwischen: »Darf ich mal was fragen?«

Herrmann überlegt. »Von mir aus.«

»Wieso nennen Sie sich eigentlich selbst immer den Drachenbezwinger?«

Herrmann stutzt. Entweder ist er das lange nicht gefragt worden, oder er weiß es selbst nicht. Schließlich wendet er sich an den neben ihm stehenden Keiler: »Fritz: Sag du es ihm.«

Fritz stellt seine Hufe zusammen und brüllt: »Weil er den Drachen bezwungen hat.«

»Wow«, sage ich. »Wirklich? Ist ja der Hammer. Aber, um ehrlich zu sein, dachte ich mir schon so etwas, weil das ja irgendwie naheliegt bei dem Wort – Drachenbezwinger. Was ich meinte, war: Was denn so für einen Drachen? Ich persönlich bin nämlich schon einer ganzen Menge Tiere begegnet, aber ein Dr…«

»Den großen Feuerdrachen!«, brüllt Fritz.

Die Schnauze von Herrmann, dem Bezwinger des großen Feuerdrachens, kommt mir so nahe, dass ich augenblicklich zwei Gedanken habe: Minzblätter und Fresse halten.

»Frage beantwortet?«, gurgelt Herrmann.

»Klar doch«, beschwichtige ich.

»Wenn ich dann vielleicht auf meine Eingangsfrage zurückkommen dürfte«, übernimmt Rufus.

Herrmann wendet ihm den Kopf zu. Ich höre, wie sich seine Halswirbel bewegen. Wie Mühlsteine oder so.

»Die da wäre?«, schnaubt der Keiler.

»Ob Sie sich durch uns bedroht fühlen.«

Herrmann spult seine Antwort ein zweites Mal ab: »Ich, Herrmann, der Drachenbezwinger? Das soll wohl ein Scherz sein.«

»Sehen Sie«, erwidert Rufus, der natürlich nicht die Klappe hält, »ich dagegen fühle mich von Ihnen sehr wohl bedroht. Und da wir ja Bleiberecht genießen, sind wir ebenfalls als Waldbewohner anzusehen. Stellt sich also die Frage: Wer schützt uns vor Ihnen? Machen das auch Sie?«

Herrmann ist ziemlich am Limit dessen angekommen, was sein Gehirn auf die Schnelle an Informationen verarbeiten kann. »Es gibt, äh, eindeutige Beweise, dass durch Ihren Clan eine neue Gefahrenanlage im Wald …«

»Gefahren*lage*«, korrigiert Rufus.

Vor lauter Konzentration rücken Herrmanns Augen enger zusammen. »… dass hier also von Ihnen eine Gefahr ausgehen könnte. Aus diesem Grund …«

»Welche Beweise?«, will Rufus wissen.

Ich haue ihm unauffällig ein Vorderbein in die Rippen. Inzwischen wackeln meine Knie wieder beträchtlich.

»Sie reden, wenn Sie gefragt werden!«

Meine Trommelfelle zittern wie Herbstlaub.

»Wir haben hier eine klare Gefahrenanlage! Und weil das so ist und wir die haben und wir außerdem die Sorgen und Nöte unserer Waldbewohner ernst nehmen, haben wir jetzt … Also, es gibt jetzt eine Maßnahme, und diese Maßnahme ist hier, äh, mein Sohn: Fritz. Der bewacht ab sofort hier die Situation, damit sichergestellt ist, dass es zu keinen weiteren Übergriffen von Seiten der Erdmännchen kommt.«

Rufus kann es nicht lassen. »Und schützt Ihr Sohn Fritz auch *uns* vor möglichen Übergriffen durch die Waldbewohner? Zu denen ja auch *wir* gehören.«

»Wir nehmen die Sorgen und Nöte der Waldbewohner ernst«, sagt Herrmann jetzt zum dritten Mal. Den Satz hat er echt drauf. »So, das war's.«

Mit diesen Worten trottet er davon, und Nachwuchskeiler Fritz bezieht Position, und zwar exakt zwischen uns und Gelbhalsmaus Spanner. Er blickt von Rocky zu Rufus und mir und dann wieder zurück, was irgendwie Eindruck machen soll, so nach dem Motto: Ich sehe euch. Alle. Drei!

»Wenn ich einen von euch bei was erwische«, verkündet er, »dann erwischt es euch.«

»Wobei denn?«, fragt Rufus.

»Bei was, was ihr nicht dürft«, erwidert Fritz, wirft sich

seine Borstentolle aus der Stirn und sieht sehr zufrieden mit sich aus.

»Verstehe«, behauptet Rufus. »Und woher wissen Sie, was ein solches Was ist und was kein solches Was ist?«

Drohend beugt sich der Keiler über meinen kleinen Bruder: »Merkst du dann schon.«

Kaum etwas ist für Rufus schwerer zu erdulden als die Blödigkeit anderer Tiere, ganz gleich, ob es sich dabei um Geschwister handelt oder um Nachwuchskeiler Fritz.

Er fächelt sich Fritz' stinkenden Atem aus dem Gesicht und setzt zu einer Erwiderung an, aber da haben Rocky und ich ihn bereits an den Vorderbeinen gepackt und aus der unmittelbaren Todeszone gesteuert.

»Besser isses«, knurrt Fritz, und Spanner, der hinter ihm auf der Wurzel hockt, feixt sich einen.

Ich versuche mich an einem »Daumen hoch«, was bei uns Erdmännchen immer nur halb klappt, weil wir unsere Krallen schlecht einzeln bewegen können – anders als die Waschbären, wie ich gestern lernen durfte –, und während Rocky, Rufus und ich in den Bau zurückkehren, wo sich unsere Geschwister um die Ausgänge drängeln, rufe ich dem Keiler über die Schulter zu: »Cool, dass Sie da sind, Herr Fritz! Wir fühlen uns gleich viel sicherer!«

25

Ich finde Rufus auf dem Grasstreifen, der das Maisfeld vom Wald trennt. So, wie es aussieht, hat er nach einem Platz gesucht, an dem er seine Wanderkarte vollständig entfalten kann. Auf der läuft er jetzt herum und gleicht das, was er von hier aus sehen kann, mit der Karte ab.

»Ich brauche einfach noch mehr Landmarken. Drei, um genau zu sein. Einen Wald, der nördlich an ein Feld grenzt, das kann so ziemlich überall sein. Hörst du dieses ferne Rauschen? Schwerlastverkehr. Könnte die B 101 sein. Aber das schränkt es auch nur marginal ein.«

Mich beschäftigt eine andere Frage: »Sag mal, ist das nicht ein bisschen leichtsinnig von dir, hier, am Feldrand, auf einer hellen Karte spazieren zu gehen?« Ich blicke zum Himmel, wo gleich zwei Raubvögel ihre Kreise ziehen. »Ich meine, warum schwenkst du nicht gleich eine Fahne, auf der ›Fresst mich!‹ steht?«

»Das sind Mäusebussarde«, sagt Rufus, während er nach unten blickt und sich um die eigene Achse dreht. »Denen sind wir, wie der Name bereits verrät, zu groß. Es gibt auch ein Milanpärchen, aber das fliegt lieber die Straßen ab und wartet darauf, dass einer von uns überfahren wird.«

»Gibt es eigentlich auch irgendetwas, das du nicht weißt?«

»Sei nicht albern. Natürlich gibt es das. Außerdem wirft jede neue Erkenntnis in der Regel mehr als eine neue Frage auf. Was bedeutet, dass ich, je mehr ich weiß, umso mehr *nicht* weiß. Mein Unwissen wächst täglich, wenn du so willst. Ich weiß viel mehr nicht als du, einfach weil du dir nicht so viele Fragen stellst.«

»Zum Beispiel, wo auf der Karte wir uns befinden«, sage ich.

»Nicht schlecht, Ray.«

Ich lasse mich neben der Karte ins Gras fallen und beobachte meinen Bruder dabei, wie er versucht, unsere Position zu bestimmen, und dabei leise Selbstgespräche führt. Hinter mir ragt ein Strauch aus dem Unterholz, an dem dunkle, saftig aussehende Beeren hängen. Ich strecke mich, pflücke eine und hab sie praktisch schon im Mund, als Rufus sagt:

»Kannst du essen, aber wundere dich nicht, wenn du anschließend statt zwei plötzlich vier Bussarde siehst.«

Natürlich, er will gefragt werden. Vielleicht ist das das Schlimmste daran, wenn man so schlau ist wie Rufus. Dass dein Gehirn die ganze Zeit auf Nahrungssuche ist, ob du willst oder nicht. Nie mal einfach nichts denken. Krass anstrengend. Und weil er mir direkt ein bisschen leidtut, wie er da steht, an seinem Klettgurt zupft und sich ärgert, weil er nicht herausfindet, wo auf der Karte wir uns befinden – wozu überhaupt? –, denke ich, dass er ein kleines Erfolgserlebnis verdient hat. Also frage ich artig:

»Wieso, was ist mit dieser …«

»… Heckenkirsche.« Rufus blickt kurz von der Karte auf. »Gehört zu den Geißblattgewächsen.«

»Interessant«, behaupte ich.

Rufus ist schon wieder in die Karte vertieft. »Und enthält?«

»Gute Laune?« Ich halte ihm die Beere hin. »Dann solltest *du* vielleicht …«

»Alkaloide.« Und weil Rufus natürlich weiß, dass ich damit nichts anfangen kann, erklärt er: »Alkaloide haben halluzinogene Wirkung.«

Und schon wieder hat der sein Potenzial nicht ausschöpfende Ray keine Ahnung, wovon sein genialer Bruder redet. Heiliger Rufus, belehre mich!

»Wenn du die frisst, siehst du anschließend Sachen, die nur in deinem Kopf existieren, die dich aber glauben machen, sie seien real.«

»Wow. Danke.«

»Bitte.«

Armer Rufus. Wie kann man dem nur helfen?

»Pack deine Karte ein«, sage ich, »du darfst sie auch mitnehmen.«

»Wohin?«

»Ich zeig dir eine Landmarke, die mehr zu bieten hat als ein fernes Rauschen. Falls ich sie wiederfinde.«

»Hörst du es?«, frage ich, als wir den Hügel hinaufkraxeln. Ich habe tatsächlich zum Wasserfall zurückgefunden, irgendwie. Und ganz ohne Karte.

Ich hab noch überlegt, ob ich die Sache mit dem Wasserfall für mich behalten soll, mein Geheimspaß sozusagen. Aber irgendwie fand ich es unfair. Außerdem ist geteiltes Leid halbes Leid, aber geteilte Freude doppelte Freude. Sagt man so.

Natürlich hört Rufus das Rauschen. »Ein Wasserlauf«, stellt er fest. Wir sind beinahe oben angekommen. Der Aufstieg gestaltet sich etwas umständlich, weil Rufus darauf bestanden hat, die Karte mitzunehmen, die jetzt sorgsam in ihrer Plastikhülle verstaut in seinem Klettgurt klemmt.

Aber wir schaffen es, kommen oben an, und Rufus ist

tatsächlich angemessen beeindruckt, auch wenn er noch keine Ahnung hat, was ihn gleich erwartet.

Es verschafft mir eine gewisse Genugtuung, zu sehen, dass mein Schlaumeierbruder in manchen Dingen dann eben doch nicht klüger ist als ich. Sobald er die Steine im Bachlauf sieht, kann auch er nicht anders, will auf die andere Seite.

»Vorsicht«, sage ich, »die Steine …«

Und, *zack*, platscht er ins Wasser, mit Klettgurt und sämtlichem Gedöns, das da dranhängt, treibt an mir vorbei und blickt panisch zu mir herüber, während ich ihm nachwinke und rufe: »Einfach nur die Luft anhalten!«

Ich laufe zur Kante, stelle mich auf den obersten Vorsprung, schließlich will ich Rufus beeindrucken, warte, bis sein Kopf wieder auftaucht, rufe »Platz da!«, versuche mich an einem Salto und klatsche bäuchlings neben ihm ins Wasser.

Als ich auftauche, spucke ich meinem Bruder Wasser ins Gesicht. »Und?«

»Phänomenal!«

Wir suchen uns einen sonnenbeschienenen Stein am Rand des Beckens und lassen uns trocknen. Rufus' Karte hat leider auch etwas Wasser geschluckt, weshalb mein Bruder sie sorgsam entfaltet zum Trocknen auslegt. Ich mache dasselbe, nur mit mir, lege mich sorgsam entfaltet zum Trocknen aus. Herrlich.

Viel ist um diese Zeit noch nicht los, nur zwei Dachse und ein Biber chillen auf der anderen Seite. Die sind sich noch nicht sicher, wie sie es finden sollen, dass ihr Abhängespot neuerdings auch von Erdmännchen genutzt wird, aber immerhin nicken sie in unsere Richtung, als ich hinübergrüße.

Wird schon noch, denke ich, schließe die Augen, spüre den warmen Stein im Rücken und die Sonne auf dem Bauch und lasse mich vom Rauschen des Wasserfalls einlullen.

26

Hallo.«

Oh, welch Stimme! Ich träume, und zwar von – ich gebe es zu – Grete. Diese Ohren! Und dieses Brustfell!

»Euch hätte ich hier nicht erwartet«, raschelt es in meinem Ohr.

»Tja«, entfernt spüre ich den warmen Stein unter mir, »der gute, alte Ray ist eben immer für eine Überraschung gut.«

»Ihr seid ja noch ganz nass. Seid ihr etwa gesprungen?«

»Aber sicher«, säusele ich.

Was für ein großartiger Traum! Ich kann sie sogar riechen.

»Von ganz oben?«, fragt Grete.

»Von oben macht es einfach am meisten Spaß«, höre ich mich sagen.

Ray, du alter Angeber, denke ich.

Grete zeigt sich beeindruckt. »Hattest du gar keine Angst?«

»Angst«, erwidere ich, »ist für gewöhnlich ein schlechter Ratgeber.«

»Und die Sachen an deinem Gurt? Gehen die da nicht kaputt oder so?«

»War eher ein Test. Ob der Kompass und die Leuchte auch wirklich wasserdicht sind.«

Moment.

Gurt? Kompass?

Das bin gar nicht ich, der da spricht. Rufus, denke ich. Weg mit dir! Du hast in meinem Traum nichts zu suchen.

»Hi, hi«, gluckst Grete. »Dein Bruder redet ja im Schlaf.«

O nein.

Kein Traum.

Rufus und ich liegen auf dem Stein, die Sonne, der Wasserfall, und mein Bruder redet mit ... Grete. Ich öffne die Augen, ganz vorsichtig, damit keiner merkt, dass ich wach bin, und sehe meinen Bruder in der Pose eines Badehosen-Models. Ein Hinterbein ausgestreckt, eins angewinkelt, ein Vorderbein auf dem Knie des Hinterbeins abgelegt, auf dem anderen stützt er sich ab. Nur dass Rufus statt einer Badehose diesen Bauchladen mit sich herumträgt und versonnen sein Schweizer Taschenmesser hin und her dreht.

Was soll's, denke ich, strecke alle viere von mir, tue so, als erwachte ich, blinzele hinter mich, und ja, da sitzt sie, auf dem Gras neben dem Stein. Grete. Groß und schön und warm und weich. Neben ihr liegt die leider ziemlich wellige Wanderkarte ausgebreitet.

»Hi, Grete«, sage ich.

»Oh, hallo, Ray«, erwidert die Häsin. »Dein Bruder hat mir gerade erzählt, dass ihr gesprungen seid, von ganz oben.«

Ich könnte ihr jetzt sagen, dass zumindest in Rufus' Fall von Springen eigentlich keine Rede sein kann, aber ich will mal nicht so sein.

»Klar.«

»Das trauen sich sonst nur die Waschbären«, sagt Grete und klingt, als sei sie ein bisschen stolz auf uns.

»Ehrlich gesagt«, ich richte mich auf, »die waren es, die mir gezeigt haben, wie's geht. Und ich hab's dann Rufus gezeigt.«

Als hätten sie nur auf mein Stichwort gewartet, purzeln Bernie und Freddie aus dem Unterholz, sehen uns auf dem Stein sitzen und kommen rübergewackelt.

»Hallo, Ray!« Ghettofaust. Und: »Tag, Grete.« Keine Ghettofaust. Und schließlich: »Hey, und wer bist du?«

»Ich bin Rufus, Rays Bruder.«

»Cool«, meint Bernie.

Und Freddie so mit Blick auf den Klettgurt: »Ist bestimmt voll praktisch.«

Rufus überlegt noch, ob da Ironie im Spiel ist, denn es gibt eigentlich niemanden, der sich nicht über seinen dämlichen Gurt lustig macht, aber nein, Bernie und Freddie sind einfach nur unvoreingenommen freundlich und sonst gar nichts.

»Danke«, sagt Rufus.

»Seid ihr noch eine Weile hier?«, fragt Bernie.

»Wüsste nicht, warum nicht«, erwidere ich.

»Cool, dann sehen wir uns später. Freddie und ich haben noch was zu erledigen.«

Die beiden tollen davon, und Grete und ich sind wieder unter uns. Also gut: Grete, Rufus und ich.

Die Häsin legt ihren Kopf in den Nacken. Im Lichtschein flammen ihre Ohren auf. »Von ganz oben«, sagt sie beeindruckt. »Und ihr hattet keine Angst, zu ertrinken?«

»Wir sind Säugetiere«, erklärt Rufus. »Alle Säugetiere können schwimmen.«

»Ich auch? Ich meine: Bin ich auch ein Säugetier?«, fragt Grete ein wenig verlegen.

»Aber natürlich«, erwidert Rufus. »Schließlich säugst du deine Häschen, oder etwa nicht?«

»Ich, also wir – also Emil und ich –, wir haben keinen Nachwuchs bekommen. Bis jetzt.«

Kurzes, betretenes Schweigen. Unerfüllte Kinderwünsche sind ja immer ein sensibles Thema, das kenne ich aus dem Zoo. Die kriegen da voll den Druck die ganze Zeit, und wenn es dann nicht klappt mit dem Nachwuchs, sind die total depri, als wäre was mit ihnen nicht richtig oder so.

Ich versuche, die Situation aufzulockern: »Jedenfalls gehören auch Hasen zu den Säugetieren, stimmt's, Rufus?«

Mein kleiner Bruder nickt nachdenklich.

Ich deute zum Wasserfall hinüber. »Wenn du also mal springen willst, Grete – nur zu! Wenn alle Stricke reißen, sind Rufus und ich da und retten dich.«

»Ich?«, sagt Grete, »nein, sicher nicht. Emil wäre da auch bestimmt nicht einverstanden ... Sagt mal, was ist denn das hier?«

Gemeint ist die Karte. Rufus hat mir gesagt, die Plastikhülle sei wasserdicht. Wenn man dem Aufdruck glaubt. So viel zu der Frage, ob man wirklich klar im Vorteil ist, wenn man lesen kann.

»Eine Wanderkarte«, erklärt Rufus, und jetzt, da er wieder etwas zu erklären hat, ist sein Leben als Badehosen-Model augenblicklich vergessen. »Vom Fläming. Ich hab sie gefunden und mitgebracht, weil ich gehofft hatte, dass sich unsere Position bestimmen ließe, wenn ich drei eindeutige Landmarken darauf wiederfinde. Leider hat sie im Wasser etwas gelitten, und jetzt sind manche Bezeichnungen unleserlich, was die Sache nicht gerade einfacher macht.«

Grete ist entzückt: »Du kannst *lesen*!?«

»Keine große Sache«, winkt Rufus voll falscher Bescheidenheit ab, was in mir den spontanen Wunsch auslöst, ihm ein weiteres Ohrloch zu stechen. »Zumal mir mein Talent im Moment von wenig Nutzen ist, denn, wie gesagt, sind die meisten Beschriftungen durch das Wasser unleserlich geworden. Hier, zum Beispiel.« Er deutet auf eine graue Fläche. »Ich wüsste zu gerne, weshalb dieses Areal nur als monochromes Trapez eingezeichnet ist. Leider ist von der Schrift nur noch Milit ... Sp...rr... zu entziffern.«

Grete sieht Rufus mit ganz neuen Augen. Und zwar mit Augen, von denen ich mir wünschte, sie würde mich mit ihnen ansehen. Nicht Rufus. MICH! Echt mal.

Und dann sieht Grete mich tatsächlich an, allerdings nur, um zu sagen: »Dein Bruder ist wirklich erstaunlich schlau!«

»Ja«, entgegne ich lahm, »erstaunlich. Warte, bis er dir erklärt, warum Einstein doch nicht recht hatte, dann wird es erst *richtig* spannend.«

Aus dem Augenwinkel nehme ich eine Bewegung wahr. Ist da gerade etwas schwarz-weiß Geringeltes durchs Becken getapst und hinter dem Wasserfall verschwunden?

Hm.

Ich stehe auf, bin sowieso genervt. Ausgerechnet die hotteste Häsin im gesamten Wald steht auf Brainmonster. Was soll *das* denn, bitte?

»Ich geh mir die Beine vertreten«, sage ich.

Rufus und Grete hören mich schon gar nicht mehr.

»Sieh mal«, erklärt Rufus, »hier, das könnte der Wasserfall sein.«

»Meinst du?«

»Ja. Oder eben auch nicht. Knifflig.«

27

Wow! WOW! WOWOWOW!

Ich hab ja schon viel gesehen von der Welt, also im Verhältnis jetzt, als Erdmännchen. Aber so etwas noch nicht. Wobei man sagen muss, dass so viel gar nicht zu sehen ist, weil es nämlich ganz schon dunkel ist hier drin, zu dunkel, da sollte man dringend am Lichtkonzept feilen. Immerhin ist es hell genug, um zu erkennen, dass ich recht hatte, als ich etwas Schwarz-Weißes hinter dem Wasserfall habe verschwinden sehen.

Ich stehe in einer Höhle, oder vielmehr scheint es ein verzweigtes System mehrerer Höhlen zu sein, so wie unser Bau, nur eben viel höher und aus Stein. Um hineinzugelangen, muss man am Beckenrand über eine Reihe Steine balancieren, dann all seinen Mut zusammennehmen, *durch* den Wasservorhang schlüpfen und dahinter ein paar Vorsprünge hochklettern. Dann steht man plötzlich in einer riesigen, runden Öffnung, zu der mir das Wort Portal einfällt, auch wenn ich nicht weiß, ob das richtig ist, und wenn man sich umdreht, kann man in den Wasserfall hineingreifen, der direkt vor einem hinabstürzt. Hammer.

»Wer bist'n *du*?«

Vor mir steht ein Waschbär und kaut auf etwas herum, das offenbar schwer zu kauen ist und nach Minisalami riecht.

»Oh, hallo«, sage ich und merke, dass ich gerade dabei

bin, eine Linie zu übertreten. »Ich bin Ray, einer von den Neuen, du weißt schon, Erdmännchen halt. Tut mir leid, dass ich hier so reinplatze, ich hab nur eben Bernie und Freddie gesehen, wie sie hinter dem Wasserfall verschwunden sind, und da dachte ich …«

»Da hast du gedacht, schau ich doch mal, wo die abgeblieben sind.«

»Ähh, genau.«

»Na, dann komm mal rein. Bin übrigens Shabby.«

Shabby, der einen ziemlich dicken Hintern hat, wackelt mir voraus durch die Gänge, zeigt mir die Räume und führt mich schließlich in die große Halle, die echt verdammt groß ist und in der ein halbes Dutzend oder so Waschbären abhängen, zwei turteln rum, zwei unterhalten sich, und dann sind da noch, hey!, Bernie und Freddie, die inmitten von Verpackungsmüll sitzen und – ich rümpfe die Nase – verschimmelten Nudelsalat mit fiesem Mayo-Spreewaldgurkendressing in sich reinstopfen. Und Ei.

»Ray!«, begrüßt mich Bernie. »Ich hab schon zu Freddie gesagt, dass es nicht lange dauern kann, bis du uns auf die Schliche kommst. Wer sich traut, vom oberen Stein zu springen, der streckt früher oder später auch seine Nase in den Wasserfall. Ging schneller als erwartet. Ist aber okay. Wer unser Versteck findet, der darf auch rein. Solange Keiler Herrmann nichts mitkriegt.«

»Herrmann, der Drachenbezwinger!«, verbessert Freddie.

Ich bin immer noch total geflasht. Alleine der Sound, wie das hier durch die Gänge hallt. Und dieser Raum.

»Mega«, sage ich.

»Hat was, oder?«, meint Freddie.

Ich sehe die beiden an. »Was ich meine, ist: Wahnsinn, was man hier draus machen könnte!«

Bernie schmiert sich die Mayo-Finger am Fell ab, schmatzt und schaut sich um: »Was draus machen?«

»Leute!« Ich setze mich zwischen die beiden und schiebe den Nudelsalat beiseite. »Stellt euch mal vor, ihr hättet hier drin Musik, Lichter, 'ne Discokugel!«

Die beiden sehen mich leer an.

Eine Woge der Begeisterung erfasst mich. »Diese Höhle ist die perfekte Partylocation! Das hier wird die Dancehall, vielleicht sogar mit zwei Floors, da die Bar, und da drüben die Darkrooms mit allem Drum und Dran. Und wer sich abkühlen will, kann einfach durch den Wasserfall springen und anschließend wieder raufkraxeln. Getränkekühlung ist auch kein Problem. Alter, das hier könnte das Badeschiff in Berlin wie eine Kinderparty aussehen lassen!« Ich springe auf, beginne zu singen und wiege mich in den Hüften: »*Going loco down in Acapulco* ... Licht, das Licht ist wichtig. Am besten wäre natürlich eine von unten beleuchtete Tanzfläche, aber das wird vermutlich nicht ganz einfach.«

»Echt jetzt?«, fragt Bernie.

»Klar, ich meine: Ist euer Ding hier, könnt ihr natürlich mit machen, was ihr wollt, aber ich sage euch, das hier kann der heißeste Laden in ganz ... äh ... Deutschland oder so sein. Und wir nennen ihn ...« Mit meiner Klaue male ich einen imaginären Neonschriftzug über die Decke. Bernie und Freddie sehen mich an, als erwarteten sie Erlösung von mir, zumindest aber ein Megaversprechen, die große Sehnsucht. »Wir nennen ihn das ... ACAPULCO!«

Nicht nur Bernie und Freddie sind ganz aus dem Häuschen, auch die anderen Waschbären sind begeistert, wir nehmen uns alle an den Pfoten, keiner wird ausgelassen, und in einem Moment gemeinsamer Ekstase tanzen wir im Kreis, während ich ihnen die ersten Liedzeilen ihres Lebens beibringe: »*Going loco down in Acapulco/the magic down there is so strooong.*«

»Das ist ja mal wieder typisch.« Rufus hat die Vorderbeine in die Hüften gestemmt und sieht uns beim Tanzen zu. »Kaum lässt man dich mal zehn Minuten aus den Augen ...«

»Was du nicht gemacht hast«, entgegne ich und komme mir ziemlich gewieft vor, »sonst wärst du jetzt ja wohl nicht hier. Aber es ist gut, dass du da bist!«, rufe ich.

Mein kleiner Bruder blickt mich skeptisch an. Eine derart euphorische Begrüßung ist er nicht gewohnt. Da wittert er zunächst einmal einen Hinterhalt.

Ich ziehe ihn in unsere Mitte, stelle ihn vor, und dann erkläre ich ihm alles: der Club, das *Acapulco*, Tanz, Musik, endlose Partynächte ...

Er blickt sich um. »Und das soll alles hier drin stattfinden?«

»Klar«, sage ich. »Ist doch wie geschaffen dafür.«

Mein Bruder vermisst mit den Augen die Wände. Plötzlich wird es sehr still. Die Waschbären waren dabei, als Rufus seine Rede gehalten hat, und wissen: Der Typ ist eine Leuchte. Alle erwarten sein Urteil. Schließlich, nach einer dramatischen Pause, die Rufus länger ausdehnt als notwendig, nickt er mir zu:

»Strom. Wir brauchen Strom.«

»Guter Witz«, sage ich.

»Ohne Strom kein Licht, und ohne Strom keine Musik.«

Ich gebe zu, das nimmt uns allen ganz schön den Wind aus den Segeln. Gerade erst war die wunderbare Vision vom *Acapulco* geboren, da soll sie schon wieder zu Grabe getragen werden? Wir stehen unter dem Gewölbe der großen Halle und lassen die Köpfe hängen.

»Können wir nicht ein Loch durch die Decke bohren oder so, damit von oben Licht reinfällt?«, frage ich.

Rufus scharrt mit den Krallen über den Boden: »Das ist Festgestein, Ray, da würde uns nicht einmal ein Schlagbohrer weiterhelfen. Für den wir außerdem etwas bräuchten, das wir nicht haben.«

»Einen Menschen?«

»Strom.«

»Was ist mit der Batterie aus dem Boot?«, frage ich.

»Nachdem sie zwei Tage im Wasser gelegen hat?« Rufus schüttelt den Kopf. »Die ist unrettbar verloren.«

Shabby, der die ganze Zeit versucht, etwas zu essen, das offenbar nur in Teilen essbar ist, zieht sich die Reste einer Pommesgabel aus dem Zahnfleisch.

»Strom ist doch, wenn es Lampen zum Leuchten bringt, oder?«

»Oder Musik zum Spielen«, ergänzt Rufus.

Shabby wirft Bernie und Freddie einen Blick zu: »Was ist denn mit dem Auto?«

28

Die Geschichte, wie das Auto in den Wald kam, ist im Grunde schnell erzählt. Keiner weiß es so genau. Eines Morgens lag es mit leuchtenden Augen am Fuß eines Abhangs im Gebüsch und spielte Musik. Inzwischen ist es so von Farnen überwuchert, dass es trotz seiner silbergrauen Farbe praktisch nicht zu erkennen ist. Musik hat es schon lange nicht mehr gespielt.

»Hyundai Tucson«, stellt Rufus fest. Und weil keiner nachfragt: »Eine ziemliche Möhre.«

Eins ist sofort klar: Fahren wird dieses Auto nicht mehr. Zwei Räder stehen seitlich ab, das Heck ist zerbeult, die Scheiben geborsten. Die Kiste sieht aus wie der Globus, den Kong mir mitgegeben hat – nachdem er ihn auseinandergenommen und wieder zusammengesetzt hatte.

Special Agent Rufus besieht sich den Unterboden, kriecht eine Weile im Innenraum herum, stellt fest, dass der Wagen kurzgeschlossen, also vermutlich gestohlen wurde, inspiziert den Motor, setzt sich schließlich auf die Haube und fummelt nachdenklich an der Gummilippe des abgeknickten Scheibenwischers herum. Wieder warten alle darauf, dass er etwas sagt. Kann einem auf die Nerven gehen.

»Mach keine Serie draus«, sage ich.

»Es könnte klappen«, überlegt Rufus. »Allerdings wähle ich an dieser Stelle ausdrücklich den Konjunktiv, *könnte*. Eine Gewähr kann ich nicht übernehmen.«

»Geh mir nicht auf die Eier, Rufus. *Was* könnte klappen?«

»Die Sache ist die: Das Auto ist hinüber. Was schlecht ist. Die Batterie allerdings ist relativ neu.«

»Was gut ist«, überlege ich.

»Theoretisch«, erwidert Rufus. »Denn sie ist leer.«

»Was schlecht ist.«

»Korrekt. Allerdings scheinen mir die Kabelverbindungen weitgehend intakt zu sein, der Tank ist zu drei viertel gefüllt, und Öl ist auch keins ausgelaufen.«

»Gut oder schlecht?«, will ich wissen.

»Hängt davon ab, ob es uns gelingt, den Stromkreis zu überbrücken und den Motor zu starten. Dann könnte die Lichtmaschine die Batterie wieder aufladen.«

»Was gut wäre«, vermute ich.

»Allerdings bräuchten wir auch hierfür eine Stromquelle.«

»Die wir nicht haben.«

»Korrekt.«

»Was schlecht ist.«

Inzwischen hat Rufus die Gummilippe aus dem Scheibenwischer gefriemelt und kaut darauf herum. Das macht ihn fertig, wenn er die Lösung für etwas hat, aber sie ihm nichts nutzt. Story of his life. Er ist ein wandelndes Lexikon, aber am Ende des Tages hockt er über einer verwaschenen Landkarte und weiß nicht, wo er ist.

Shabby unterdessen freut sich. »Hier in der Ritze klemmt ein halbes Bounty!«, tönt es aus dem Fond, anschließend hört man den Waschbären durch den Kofferraum purzeln.

Plötzlich fängt das Auto an zu vibrieren, von selbst.

»Was will'n die von mir?!«, ruft Shabby, während sich um ihn herum eine Matte aufbläst, sodass er sich nicht mehr bewegen kann.

Rufus dengelt sich eine Kralle aufs Ohr, Übersprungshandlung. »Benjamin Franklin!« Seine Augen leuchten. »Die Schlauen«, ruft er, »können um fünf Ecken sehen, aber geradeaus sind sie blind!«

Die Waschbären blicken ihn alle nur fragend an, ich auch übrigens, während es im Kofferraum munter vor sich hin dröhnt und Shabby mit vollem Maul ruft: »Kann mir mal einer hier raushelfen?«

»Die Luftmatratze ...«, vor Begeisterung haut Rufus sich schon wieder eine Kralle aufs Ohr, »... hat eine integrierte Pumpe, mit eigenem Akku!«

»Und das ist gut?«

»Supergut!«

Wenig später scharen sich jede Menge Waschbären und Teile unseres Clans um das, was kurz zuvor noch ein nutzloser Blechhaufen war. Der Motor surrt vor sich hin, Nick und Nemo werden ganz melancholisch, weil es plötzlich riecht wie zu Hause, und während die Autobatterie lädt, wird der Wagen unter Rufus' fachkundiger Anleitung in seine Einzelteile zerlegt. CD-Spieler, Lautsprecher, Kabel, Leuchten, Sitzpolster, Kopfstützen ... Bernie und Freddie haben sogar einen Biber rangeschafft, der uns die Reifen von den Felgen nagt, damit wir sie später als Sofas benutzen können. Und dann wird alles heimlich ins *Acapulco* geschafft, während eine freundliche Baumpieperdame aufpasst, dass keine Wildschweine in der Nähe sind.

Gegen Abend, alle sind glücklich, aber stehend k.o., bringt Rufus den Motor des Wagens zum Schweigen, klemmt die Batterie ab, klettert aufs Autodach und mobilisiert noch einmal die letzten Reserven der Anwesenden, indem er eine ziemlich komplizierte Sicherheitsgurtkonstruktion in die

Höhe hält und verkündet: »Okay, für die Batterie brauche ich die zwei stärksten Waschbären!«

Alle Waschbären treten vor.

»Großartig!«, versichert Rufus. »Dann gemeinsam!«

Mir wird klar, dass genau das seine Absicht war – dass alle sich melden –, damit er ihnen das Gefühl geben kann, genau das zu sein. Der Stärkste, jeder von ihnen.

»Ihr nehmt dieses Ende«, er zeigt es vor, »und ihr dieses. Und dann schleifen wir dieses Baby ins *Acapulco*!«

29

Die *Acapulco*-Eröffnungsparty ist episch. Keiner der Anwesenden wird sie je vergessen, safe. Rufus hat sich einmal mehr selbst übertroffen. Mit Hilfe der Slackline, die sich im Kofferraum des Hyundai befand, hat er eine Konstruktion ersonnen, die sich jetzt hoch oben von Wand zu Wand spannt und an der sowohl die Boxen hängen – abgesehen, logisch, vom Subwoofer, der auf dem Boden in einer Nische steht und einem den Beat so richtig in die Hüfte einmassiert – als auch die Bremsleuchten und Blinker, voll in Orange und Rot alles. Das Coolste aber ist, und das war meine Idee, dass ich die beiden Außen- sowie den Rückspiegel, wenn schon nicht zu einer Disco*kugel*, so doch wenigstens zu einer Disco*pyramide* zusammengebunden habe, weshalb jetzt lauter bunte Lichtflecken durch den Raum geistern.

Neben den Waschbären und etwa der Hälfte meiner Geschwister sind ein paar Dachse erschienen, außerdem Marder, Mauswiesel, Iltisse und Luchse. Vor allem zwei Dachsladys gehen auf der Tanzfläche voll ab, twerken mit ihren dicken Hintern oder schieben stoßweise die Hüften vor. Die wollen es echt wissen. Und wir, die Erdmännchen, sammeln zumindest bei einem Teil der Waldbewohner voll die Sympathiepunkte. Plötzlich sind wir die coolen, aber trotzdem nicht arroganten Großstadtchecker. Und werden gemocht.

Am Anfang gab es noch etwas Verwirrung, weil die Luchse den Lichtflecken nachgejagt sind, um sie zu fangen – Katze bleibt eben Katze –, inzwischen allerdings stehen sie glücklich auf der Tanzfläche und wackeln synchron mit ihren Ohren im Takt von »Ich & Du« von Gestört aber geiL. Womit wir bei der Kehrseite der Medaille wären.

Im CD-Spieler des Autos steckte eine CD. Eine. Und das war die einzige im gesamten Auto. Ein Sampler mit ausgesuchter deutscher Popgrütze. Mit anderen Worten, seit die Party angefangen hat, singen SDP »Ich muss immer an dich denken«, dann orakelt Mark Forster, er sei groß, dann kommt Lina, dann Laristo und immer so weiter, und wenn du das sichere Gefühl hast, dein Gehirn ist nur noch ein fetttriefender Schwamm, geht das Ganze von vorne los.

Als zum gefühlt hundertsten Mal »*Si es amor, es amor, es amor*« durch das Gewölbe dröhnt, mache ich mich auf die Suche nach Rufus, der echt ein Lob verdient hat, finde ihn aber nirgends und beschließe, mich an die frische Luft zu begeben. Kurz stelle ich mich vorne an die Kante, drehe mich um und genieße den Anblick der zuckenden Leiber unter der in rotes Licht getauchten Kuppel, und dann tue ich es, springe durch den Wasserfall, hinein in den Pool, kraule an den Rand und suche mir einen Stein, der noch die Wärme des Tages verströmt.

Ich betrachte den Mond, die Sterne, höre Fetzen des Refrains von »Feuerwerk« – die Waschbären singen den Refrain inzwischen mit – und denke, dass der deutsche Wald doch gar nicht mal so ungeil ist.

Eine vertraute Stimme sagt: »Warum kommst du nicht mit rein? Es ist wirklich … besonders.«

Rufus.

»Das glaube ich dir gern«, säuselt eine ebenfalls vertraute

Stimme, »aber so eine Disco, das ist nichts für eine Häsin wie mich.«

Grete.

Gibt's doch nicht.

»Wie kannst du das wissen«, fragt Rufus, »wenn du noch nicht drin warst?«

»Du hast recht, mein Lieber. Aber …«

»Du möchtest dort nicht gesehen werden. Könnte sich rumsprechen …«

»Ich fürchte, ja. Weißt du, Emil ist …«

»Eifersüchtig?«

»Das ist es nicht. Also doch, das ist es auch. Aber seine Eifersucht ist nur ein Ausdruck seiner …«

»Er fühlt sich minderwertig.«

»Ich fürchte, so könnte man es sagen. Es ist … kompliziert. Dass wir noch keinen Nachwuchs bekommen haben, macht ihm sehr zu schaffen.«

Die beiden sitzen unter einem Baum, ich kann kaum ihre Umrisse erkennen. Wieder einer der Momente, in denen ich mir wünschte, wir Erdmännchen könnten so gut sehen, wie wir riechen können.

»Verstehe«, sagt Rufus.

»Danke. Das weiß ich zu schätzen. Weißt du, als Emil und ich zusammengekommen sind … Ich war noch sehr jung, damals …«

»Du bist immer noch jung.«

»Du Schmeichler!« Grete kiekst vor Vergnügen. »Was ich dir sagen möchte, ist, dass …«

»… dass, wenn du ihn heute kennenlernen würdest, mit deiner Erfahrung, du womöglich anders entscheiden würdest.«

»Ist das gemein, so zu denken?«, fragt Grete. »Ich meine,

er wollte mich so sehr, er trägt mich auf Händen, heute noch, im übertragenen Sinne natürlich. Das hat mir damals sehr geschmeichelt.«

»Und heute tut es das nicht mehr?«

»Doch, schon, aber als Grundlage für eine Ehe ist es vielleicht – o Gott, ich kann nicht glauben, dass ich das wirklich sage – zu wenig.«

Meine Augen haben sich inzwischen an die Dunkelheit gewöhnt, aber außer, dass sich da unter dem Baum etwas bewegt, erkenne ich nur Schatten unter Schatten.

»Oh, Rufus, bitte tu das nicht«, fleht Grete. »Du weißt, ich könnte dir nicht widerstehen. Wir müssen vernünftig sein. Ich bin eine verheiratete Frau.«

»Natürlich«, sagt Rufus, »entschuldige, bitte. Ich habe mich von meinen Gefühlen leiten lassen.«

»Schon gut.«

Wieder was gelernt, denke ich. Mein kleiner Bruder ist ein Süßholzraspler! *Ich bin eine verheiratete Frau! Oh, natürlich, entschuldige. Ja, lass uns artig sein!*

Das ist ja schnulziger als ein Refrain von Wincent Weiss! Nicht auszuhalten. Und ja, falls es jemanden interessiert: Ich bin immer noch eifersüchtig. Wie kann diese Hammerhäsin auf einen Warmduscher wie Rufus steilgehen?

Lautlos lasse ich mich von meinem Stein gleiten, schwimme hinüber zum Wasserfall, tauche darunter hindurch und schwinge mich zurück auf die Party.

30

Während ich draußen war, hat sich die Stimmung im *Acapulco* noch einmal beträchtlich aufgeheizt. Und zwar derart, dass sie kurz davor ist, zu kippen. Nick, Nino, Nadia und Nemo tanzen wie in Trance, die Vorderbeine zur Decke gestreckt, zwei der sonst so schüchternen Hermeline versuchen sich an einem vierfüßigen Moonwalk, und die Waschbären drehen komplett durch.

Ich gehe auf die Tanzfläche und tippe Bernie an. Der braucht länger, als er sollte, um mich scharfzustellen: »Ray in the house!!«, ruft er.

»Alles in Ordnung?«, frage ich.

»Vollstens! Dein Bruder ist ein kleines Genie!«

Mein Bruder ist ein Idiot, denke ich, sage aber: »Ja. Mit der Technik, das hat er voll drauf.«

»Nicht der«, ruft Bernie, während er wie aufgezogen auf der Stelle hoppelt. »Der kleine!«

Ich muss aussehen wie falsch geliefert, jedenfalls macht Bernie eine kreisende Bewegung über seinem Kopf und ruft: »Der mit den Blumen!«

Archi? Ich blicke mich um, sehe die Hermeline, wie sie ihre Köpfe zwischen den Hinterbeinen durchstrecken und sich gegenseitig die Ohren lecken, und habe einen Verdacht.

Ich tippe Bernie erneut auf die Schulter. Der hat mich schon wieder vergessen. »Ray in the houuuuse!«

»Ja, ja, schon gut«, sage ich, »wo steckt er denn?«

Der Waschbär sieht mich leer an, also mache ich dieselbe Bewegung wie er, umkreise mit der Klaue meinen Kopf.

»Der mit den Blumen!«

»Ach so!« Bernie deutet auf den Seitengang, der zum Darkroom führt. »Da hinten irgendwo!«

Ich finde Archi, weil mir aus einer Kammer Marcia und Minka entgegenkommen und schrill »Ray-iii!« rufen, als sie mich sehen.

Mein werter Neffe hat es sich in einem Nackenkissen gemütlich gemacht, irgendwo glimmt grünes Licht, neben ihm hockt Mitzi, eine Klaue auf seinem Oberschenkel, und lächelt entrückt.

Archi und ich sehen uns an. Mein Blick sagt: Du verteilst hier Drogen. Archis Blick sagt: Na und?

Ich sage: »Mitzi, lass uns mal kurz allein, bitte. Archi und ich müssen was klären.«

Mitzi verzieht ihr Gesicht: »*Archi und ich müssen was kläääären, uuuuuhhhhh.*«

Immerhin steht sie auf und wackelt an mir vorbei aus der Kammer.

»Weiß dein Vater, dass du hier bist?«, frage ich, als wir alleine sind.

Zur Erinnerung: Archi weiß nicht, dass Rufus sein leiblicher Vater ist. Offiziell ist er Rockys S…

»Welchen meinst du?«, erwidert Archi.

Okay, offenbar weiß Archi mehr, als ich dachte.

Ich versuche es mit: »Na, Rocky, wer denn sonst?«

»Rocky?« Archi macht ein Gesicht, wie ich es noch nie bei ihm gesehen habe. »Wirklich, Ray – ist das die Unterhaltung, die du mit mir führen willst? Ich kann dir im Kopf die Quadratwurzel aus dreihunderteinundsechzig ziehen, und du glaubst, ich wüsste nicht, wer mein leiblicher Vater ist?«

»Was glaubst du denn, wer dein Vater ist?«

»Kennst du noch einen im Clan, der in der Lage ist, im Kopf die Quadratwurzel aus dreihunderteinundsechzig zu berechnen?« Es ist ihm zu blöd, meine Antwort abzuwarten, also fährt er fort: »Rufus. Rufus ist mein leiblicher Vater, das weiß ich seit Jahren. Wenn du ein offenes Gespräch mit mir willst, lass uns offen reden, aber diese Versteckscheiße brauch ich nicht. Und um deine Frage zu beantworten: Nein, Rufus weiß nicht, dass ich hier bin, warum auch? Der hat gerade ganz andere Dinge im Kopf, wie du weißt. Außerdem ist mir's auch egal, was Rufus weiß oder nicht weiß.«

Ein offenes Gespräch. Onkel und Neffe, vertraulich. Archi hat es mir angeboten. Und ich sollte es annehmen. Gelegenheiten wie diese sind selten.

»Was ist denn los zwischen Rufus und dir?«, frage ich. »Habt ihr euch gestritten?«

»Nein, Mann. Nichts ist los.« Archi muss einmal tief ein- und wieder ausatmen, bevor er sagen kann, was er mir dann sagt: »Ich will einfach nur nicht so enden wie er.«

Das kam unerwartet.

»Wie endet er denn?«, frage ich.

»Rufus ist hammerschlau und alles, klar. Und dafür wird er respektiert. Ebenfalls klar. Aber wirklich gemocht wird er nicht, von niemandem, nicht einmal von dir. Dabei stehst du ihm näher als irgendwer sonst. Er nervt nur immer alle, weil er alles besser weiß.«

Da kann ich schlecht widersprechen. Dann denke ich an Grete und dass es da vielleicht doch jemanden gibt, der

Rufus so mag, wie er ist. Aber darum geht es gerade nicht, wie es scheint.

»Ich will das nicht«, gesteht Archi. »Ich will nicht, dass alle mich nur respektieren, weil ich der Schlaueste bin. Ich will, dass sie mich mögen.« Sein Blick geht kurz nach innen. »Weißt du was, Ray, eigentlich ist mir der Respekt sogar egal. Liebe. Ich will geliebt werden, verdammt.«

Er zupft verlegen an seinem Blütenkranz herum und ist kurz davor, in Tränen auszubrechen. So etwas passiert, wenn man ein offenes Gespräch führt. Ihn so zu sehen, macht etwas mit mir, das ich nicht erwartet hätte. Es macht mich stolz. Dass er so ehrlich zu mir ist.

Ich versuche, ihm ein guter Onkel zu sein: »Und du glaubst, es ist Liebe, die sie dir geben, wenn du sie mit Drogen fütterst?«

»Nee, Mann, weiß ich selber, dass das so nicht funktioniert. Aber vielleicht ist es ja ein Anfang.«

»Wenn Liebe käuflich ist, Archi, ist es keine Liebe.«

Das habe ich sehr schön gesagt, finde ich, aber Archi antwortet nur: »Klar nich'.«

Interessant. Auch die Schlauesten unter uns machen Dinge, obwohl sie ganz genau wissen, dass sie nicht funktionieren. Da, wo die Sehnsucht anfängt, denke ich, ist für die Intelligenz Ende Gelände.

Dabei fällt mir etwas ein.

»Sag mal: Die sind da drin alle ganz schön aus dem Häuschen. Hast du denen auch dieses Alraunenzeug gegeben?«

»Save nicht, Alter. Die wollen doch nicht kuscheln.«

»Okay, so genau will ich's gar nicht wissen, und ich will hier auch nicht den Spießeronkel geben, aber dir ist schon klar, dass ihr alle noch ein bisschen jung seid für Partydrogen, oder?«

Archi grinst, die Tränen sind vergessen, er langt hinter das Nackenkissen, kramt ein Brillenetui hervor, öffnet es und greift hinein. Als er es wieder schließt, hält er ein neongrünes Kügelchen in der Hand, das verdächtig nach Liebesperle aussieht.

»Die Frage ist doch wohl eher«, sagt er, »ob du nicht ein bisschen zu alt bist für das hier.«

Ich nehme das Kügelchen, drehe es zwischen den Krallen. Aus der Halle schallt der Refrain von »Wenn sie tanzt« herüber. Irgendwie will ich das auch, denke ich, mich auflösen in der Musik, für den Moment. Lächerlich. Aber so ist es.

»Will ich wissen, was da drin ist?«, frage ich Archi.

»Keine Ahnung, ob du das willst. Was ich dir sagen kann, ist, dass die Hauptbestandteile Stechapfel und schwarze Johannisbeere sind.« Archi legt seine Klauen um eine imaginäre Kugel. »Yin und Yang, Alter, das Gute und das Böse. Schwarze Johannisbeere ist voll das Superfood mit ultraviel Vitamin C und Oxidantien und allem, was dich mal in den Himmel bringt.«

»Und dieses Stechapfelzeugs?«

Archi löst die Klauen von seiner imaginären Kugel und spreizt die Krallen. »Welcome to the dark side!«

Genug gelabert. Ich stecke mir die Partypille ins Maul, wo sie zerbröselt, bevor ich sie schlucken kann. Ich merke, wie meine Zunge taub wird. Plötzlich habe ich so ein Summen im Hintern, als seien meine Beine an einen Stromkreis angeschlossen, ich beginne zu wippen, dann ploppt mein Gehirn auf – wie Popcorn, Alter! –, ich erkenne jede Riefe und Vertiefung im Stein, obwohl es viel zu dunkel ist, die Musik wärmt meinen Körper, ich kann im Klang baden, wie geil ist das denn?

Ich blicke Archi an, sehe in ihn hinein, verstehe seine Sehnsucht, sein Verlangen, seine Einsamkeit, seine Ängste. Da ist so viel Mitgefühl! Schnuppe, denke ich, total ohne Zusammenhang. Schnuppe! Die Welt kann so fluffig sein!

Mein Maul ist inzwischen komplett taub, aber zwei Worte bekomme ich noch raus. »Holy shit!«

Archi lächelt. »Guter Name.«

31

Ich wache auf, weil mir die Sonne auf den Pelz scheint. Oder weil das Holy Shit immer noch wirkt. Ich befühle meinen Bauch. Nein, ist die Sonne. Warm von außen. Und das bedeutet, ich kann nicht im Bau liegen. Die Vögel singen, das Wasser rauscht. Offensichtlich habe ich es letzte Nacht nicht mehr nach Hause geschafft, es nicht einmal versucht.

Da bin ich übrigens nicht der Einzige. Ich liege zwischen den Wurzeln einer Erle – ein Glück kein Nadelbaum –, und als ich meinen Kopf hebe und mich umsehe, stelle ich fest, dass das halbe Partyvolk von letzter Nacht auf den Steinen und dem weichen Waldboden um das Wasserbecken herum verteilt liegt. Etwa die Hälfte schläft noch, die andere wacht gerade auf.

Das Gute ist: Anders als von diesem Alraunenzeug bekommt man von Holy Shit offenbar keine Kopfschmerzen. Liegt sicher an dem vielen Vitamin C und diesen Öxidingern. Ich stehe auf, klopfe mir die Blätter aus dem Fell und komme mir ausgesprochen erholt vor. Nur Durst habe ich, höllisch.

Während ich mich zum Wasser begebe und dabei über ein halbes Dutzend meiner Geschwister steige, kommen mir zwei Gedanken. Gedanke Nummer eins: Das gibt Ärger. Wenn der halbe Clan ohne Ansage auswärts pennt, macht Ma die ganze Nacht kein Auge zu. Ich bin sicher, die wird nachher ein paar freundliche Begrüßungsworte parat haben.

Gedanke Nummer zwei: Wenn jetzt hier morgens immer die Partyleichen auf der Wiese liegen, wird es nicht lange dauern, bis die Kunde vom *Acapulco* auch Keiler Herrmann erreicht.

Der erste Gedanke bewahrheitet sich umgehend. Nachdem ich genug Wasser für ungefähr eine Woche getrunken, meine Geschwister eingesammelt und sie an Keiler Fritz vorbei zum Südausgang unseres Baus geführt habe, erwartet uns eine Moralpredigt von Weltuntergangsformat. Besonders mich. Wie kann ich, Ray, als Erdmännchen aus dem ersten Wurf, das naturgemäß die Verantwortung für seine jüngeren Geschwister zu übernehmen hat, wie kann ich es zulassen, dass der komplette vierte und fünfte Wurf – Minderjährige! – sich nachts, ohne Erwachsenenbegleitung, in einem fremden Wald voller unbekannter Gefahren …

So geht das, bis ich schließlich doch noch Kopfschmerzen bekomme. Da hilft alles Vitamin C nichts. Das Ende vom Lied ist, dass alle, die ich da im Schlepptau habe, Ma hoch und heilig das Versprechen zu Füßen legen, dieses Risiko auf keinen Fall noch einmal einzugehen – unverantwortlich ist das! –, und ich, Ray, hätte dafür zu sorgen, dass dieses Versprechen nicht gebrochen werde. Außer mir käme für diese Aufgabe kein anderer in Frage, da Rocky vollständig von seinen Aufgaben als Familienvater und Clanchef in Anspruch genommen und Rufus eben … Rufus sei.

Schönen Dank, Ma.

Wir tun alle, was von uns erwartet wird, neigen unsere Köpfe, Büßerblick zwischen die Hinterklauen, murmeln, »Ja, Mama«, und dürfen in unsere Kammern verschwinden.

Was die Versprechen meiner Geschwister wert sind, erfahre ich, nachdem ich sie bei Sonnenuntergang von unserem neuen Hügel in den Bau begleitet habe. *Keine Widerrede, ihr wisst, was Ma gesagt hat.* Kurz darauf kehrt Ruhe ein. War ein anstrengender Tag, wir haben die letzten Verschönerungsarbeiten an unserem neuen Heim vorgenommen. Aus der Kammer unserer Eltern dringt sehr bald der gleichmäßige Atem von Ma und das vertraute Röcheln von Pa.

Und dann geht's los. Heimlich oder weniger heimlich schleicht sich die Partygang zum Südausgang, denn der Weg dorthin führt weder an meiner noch an der Kammer unserer Eltern vorbei. Ich lasse sie gewähren. Lieber eine weitere Moralpredigt von Ma, als den Aufpasser für meine Geschwister zu spielen. Außerdem bin ich ganz schön fertig. Ich werde mich also gemütlich zurückziehen und ausnahmsweise einmal früh …

»Ray?«

Natalie. Steht im Eingang zu meiner Kammer. Ich kann sie nicht sehen, aber riechen. Ich rieche sogar ihren Umriss und wie sie da im Durchgang lehnt.

»Was gibt's, Nat?«

»Kommst du nicht mit?«

»Eigentlich …«, setze ich an, aber jeder weiß, wer eigentlich sagt, hat eigentlich schon kapituliert. Also sage ich: »Wird mir wohl nichts anderes übrig bleiben. Wie könnte ich sonst die Verantwortung für meine Geschwister übernehmen?«

»Braver Junge.«

Ihre Klaue tastet nach meiner, dann verschränken sich unsere Krallen ineinander – ach, Natalie –, und auch wir schleichen hinüber zum Südausgang, genau wie die anderen.

»Willst du was total Krasses machen?«, frage ich.

Natalie war letzte Nacht nicht dabei, kennt den Wasserfall und das *Acapulco* bis jetzt nur vom Hörensagen. Wir pirschen uns gerade an die Erhebung heran, von der auf der anderen Seite der Wasserfall herabstürzt. Im Mondschein zu springen, ist noch krasser als am Tag, dann wellt sich unter einem das Wasser wie flüssiges Silber.

»Jetzt? Hier?«

»Nicht, was du denkst«, sage ich. »Komm mit.«

Ich führe Natalie zum Bach, weil ich finde, dass jeder dieses eine erste Mal verdient hat, bei dem man noch nicht weiß, was auf einen zukommt. Sie sieht das Wasser glitzern, »Oh, ist das aber schön!«, setzt eine Hinterklaue auf einen Stein, und platsch, liegen wir beide im Wasser, sie krallt sich an mir fest, ich lächle nur, der James Bond unter den Erdmännchen, sage »Halt einfach nur die Luft an, Baby«, und gemeinsam werden wir über die Kante gespült und stürzen in die Tiefe, während von hinter dem Wasservorhang »DANN« von Adel Tawil zu uns dringt.

Die Party ist bereits in vollem Gange. »Auf das, was da noch kommt« von Lotte wummert durch den Saal, irgendwer hat es geschafft, den roten und orangefarbenen auch noch grüne Lichter hinzuzufügen, der Laden ist voll bis unters Dach, ein wogender Teppich aus zuckenden Tierleibern.

Natalies Augen leuchten auf, sie will auf die Tanzfläche, sofort, unsere Krallen lösen sich voneinander, ein fragender Blick von ihr. Später, signalisiere ich, geh ruhig, amüsier dich, ich hab noch was zu erledigen. Und schon ist sie lachend in der Menge verschwunden.

Ich habe tatsächlich noch etwas zu erledigen, nämlich

meinen kleinen Bruder finden. Heute tagsüber habe ich immer wieder an ihn gedacht, daran, was Archi letzte Nacht über ihn gesagt hat, und daran, wie er allen auf den Keks geht und keiner ihn richtig lieb hat. Dabei wäre das *Acapulco* ohne ihn nur ein Luftschloss geblieben, und aus dem Zoo wären wir auch nicht geflohen, sondern würden jetzt stattdessen als auseinandergerissene Familie in den Foyers von zwei norwegischen Baumärkten unser Dasein fristen.

Nee. Kein Rufus. Gesehen hat ihn auch keiner. Ich lasse mir von Archi zwei Holy Shit geben – falls Natalie heute Nacht noch der Sinn nach Dingen steht, für die ich mich zu alt fühle –, gehe nach draußen, halte mein feines Näschen in die laue Nachtluft und erschnuppere einen Hauch von … Grete.

Und wo Grete ist, ist Rufus nicht weit.

Wie sich herausstellt, machen die beiden einen … Spaziergang. Ich halt's nicht aus. Im *Acapulco* tobt die Party des Jahrhunderts, aber die anständige Grete hoppelt durch den Wald, während mein Bruder mit auf dem Rücken verschränkten Klauen neben ihr hergeht und ihr etwas über Chromosomen erzählt und dass sie kein schlechtes Gewissen haben soll.

Ich stelle fest, dass ich noch immer eifersüchtig bin. Bei Gretes Anblick werden mir jedes Mal die Knie weich, und ich muss an den Moment denken, als ich meine Schnauze in ihr Brustfell gedrückt habe und sie mir ihre Pfote auf die Schulter legte. Kann ich nichts gegen machen. Aber, und das ist die gute Nachricht, da ist etwas in mir, das größer ist als meine Eifersucht. Und zwar meine Großherzigkeit. Klingt jetzt eingebildet, weiß ich selbst, aber is' so.

Wenn es jemanden in unserem Clan gibt, der sich eine flammende Liebesnacht mit der verschärftesten Feldhäsin des deutschen Waldes verdient hat, dann mein kleiner Bruder. Leider doziert Rufus inzwischen über Nukleotide und unter welchen Voraussetzungen die sich zu Aminosäuren paaren, was Grete tatsächlich zu interessieren scheint, aber ganz sicher nicht dazu führen wird, dass sich heute Nacht noch ein Erdmännchen und eine Feldhäsin paaren. Ich spüre die gesamte Selbstlosigkeit, zu der ich fähig bin, in mir hochsprudeln und trete den beiden entgegen.

»Hier seid ihr!«

»Hast du uns etwa aufgelauert?«, fragt Rufus.

Was für ein Wort: aufgelauert.

Grete so: »Ray, schön dich zu sehen!«

Ich konzentriere mich ganz auf Rufus, sonst kann ich meine Selbstlosigkeit gleich wieder einpacken. »Bin nur mal kurz zum Pinkeln raus. Coole Party.« Und dann, maximal beiläufig: »Hier, nehmt die mal.«

Ich gebe jedem von ihnen eine Holy Shit.

Rufus' Augen verengen sich, war ja klar. »Ray, was halte ich hier in der Klaue?«

»Vor allem Schwarze Johannisbeere. Voll die Vitamin-C-Nummer. Und so Oxizeug ist auch drin, megagesund und so.«

Für einen Moment stehen wir uns schweigend gegenüber, hübsches Dreieck, ich blicke auf Grete und Rufus, und Grete und Rufus blicken auf ihre neonfarbenen Gleich-geht's-ab-Perlen.

»Megalecker«, sage ich noch. Dann wende ich mich ab. »Ich geh wieder rein, bis später vielleicht.«

Es gibt Momente im Leben, die erscheinen einem überlebensgroß, was möglicherweise damit zu tun hat, dass man sich selbst in ihnen überlebensgroß vorkommt. Weil man etwas Großes und Gutes getan hat, indem man nämlich einem anderen einen Dienst erwiesen hat, und das noch dazu ganz uneigennützig.

Man kann sich also leicht vorstellen, in welcher Stimmung ich mich befinde, als ich am Wasserbecken ankomme, den Weg zur Party einschlage und irgendwo hinter mir im Wald Grete in einem Moment befreiter Verzückung rufen höre:

»Ja, Rufus, ja! Ich will es auch!«

32

Natalie und ich reiben gut gelaunt unsere Bäuche gegeneinander und gehen gerade zu »Ist da jemand« von Tawil ab, als plötzlich wer an meiner Schulter zerrt und Rufus und Grete vor mir stehen, beide mit Augen so groß wie Bowlingkugeln. Na bitte, denke ich, geht doch.

»Hey, da seid ihr ja!«, rufe ich gegen die Musik an und klemme mir die Frage, wie das Vitamin C gewirkt hat. »Darf ich vorstellen: Natalie, das ist Grete. Grete, das ist Natalie.«

Im Bruchteil einer Sekunde hat Natalie in Grete die Feldhäsin von neulich erkannt und sie abgecheckt, und zwar von ihren beeindruckenden Ohren bis zu ihrem Ultraflausch-Puschelschwänzchen. So was können nur Weibchen: ein Blick, und zack, alles registriert. Muss ihnen evolutionsmäßig irgendeinen Vorteil gesichert haben, sonst hätte die Natur sie nicht mit dieser Fähigkeit ausgestattet.

»Hi, Grete«, grüßt Natalie und sendet zugleich das Signal »Finger weg von Ray« aus, was mich ein bisschen stolz macht.

Grete und Rufus sind noch voll im Hormontunnel, denke ich, so wie die mich anstarren. Ich hoffe, mein Bruder wird so schnell nicht vergessen, wem er dieses Feuerwerk zu verdanken hat.

Dann allerdings merke ich, dass etwas nicht stimmt. Die beiden sehen nicht nur aus, als hätten sie gerade den Sex ihres Lebens gehabt, sondern als sei dabei außerdem ein Meteorit neben ihnen eingeschlagen. Gretes Pfoten ringen miteinander, und Rufus haut sich gerade volle Suppe eine Klaue aufs Ohr.

Ich mache eine Geste: Was?

»Wir sitzen in der Bredouille, Ray!«, gesteht Rufus.

Passiert ist Folgendes: Grete und Rufus *hatten* den Sex ihres Lebens – auf einem Moosbett, an einen Stein gelehnt, sich wälzend im Laub … Allerdings nur, bis jemand schrie: »Runter von meiner Frau, Sie Lustmolch!«

Und da stand er dann: Emil. Fassungslos zunächst, dann glutrot vor Zorn – auf Rufus, auf Grete und nicht zuletzt auf sich selbst, weil er nicht wusste, wen von den beiden er mit mehr Verachtung strafen sollte. Schließlich verlangte er von Grete, ihm auf der Stelle in den Bau zu folgen und dort demütig ihre verdiente Strafe entgegenzunehmen.

Ich sehe zu der Feldhäsin auf, deren Ohren von grünen und roten Lichtern besprenkelt werden. Wie Edelsteine, denke ich. Aber dann reiße ich mich zusammen.

»Und was machst du dann noch hier?«, frage ich sie.

Grete ist irgendwie nicht im Stande, zu antworten. Das muss sie auch nicht, denn Natalie steht ja bei uns, und wenn sich eine mit der weiblichen – und männlichen – Psyche auskennt, dann meine kleine Schwester.

»Du hast dich geweigert«, sagt sie.

Grete nickt verschämt, was sie irgendwie noch sexier macht.

»Also«, sagt Natalie, »hat dein Mann Rache geschworen.«

Wieder nickt Grete.

»Wenn ich mich recht erinnere«, sagt Rufus, »waren seine Worte, dass ich mich in diesem Leben an keiner deutschen Waldbewohnerin mehr vergehen werde. Dafür werde er sorgen, persönlich.«

Mir fällt ein, wie Emil uns den Zugang zu dem verlassenen Bau verwehrte und meinte, dass das Gretes und seine Ferienwohnung sei. Und wie er zusammengezuckt ist, als Rocky ihm das Ohr langgezogen hat. Der war also bereits gedemütigt. Und eifersüchtig. Und dann erwischt er seine Frau mit einem Erdmann.

Aua.

Was gibt es Gefährlicheres als ein gedemütigtes Männchen, das ohnehin schon von Minderwertigkeitsgefühlen geplagt ist? Nicht viel, würde ich sagen.

»Und was machen wir jetzt?«, frage ich.

»Ist ja wohl klar.« Sofort ergreift Natalie Gretes nervöse Pfote. »Du kommst mit zu uns!«

Frauen sind krass. Eben noch »Finger weg von meinem Kerl«, und in der nächsten Sekunde: »Du kommst mit zu uns!«

Ich liebe das.

Grete sieht sehr erleichtert aus.

Schon komisch. Vor ein paar Tagen hätte ich noch nicht gewusst, wie sich das anfühlt. Hatte schließlich noch nie kein Zuhause mehr. Heute weiß ich es nur zu gut.

»Logisch«, sage ich und verkünde großspurig: »Heimat ist da, wo es den anderen nicht egal ist, dass es dich gibt.«

33

Die gute Nachricht: Wir werden Grete vor der Rache ihres eifersüchtigen Mannes beschützen. Die schlechte: Für heute ist die Party vorbei. Wenn Rufus recht hat, und das hat mein Schlaumeierbruder ja leider immer, dann wird der wutschnaubende Emil die Keiler dorthin führen, wo er Grete und Rufus in flagranti erwischt hat. Und von da ist es nur noch ein Katzensprung zum *Acapulco*. Herrmanns Rotte muss lediglich dem sanften Wummern folgen, als das der Club in der Nähe des Wasserfalls zu hören ist, und wenig später werden seine wild gewordenen Keiler auf unserem Dancefloor die Sau rauslassen.

Ich tue es wirklich nicht gern, aber ich muss den Stöpsel ziehen. Als die Musik verstummt und das Arbeitslicht aufflammt, geht ein trauriges »Ooohhhhh« durch die Reihen, gefolgt von mehr oder weniger empörten Kommentaren der ebenso vollgedröhnten wie jäh ausgebremsten Gäste. Und schon quatschen alle durcheinander.

»Sorry, Leute, wir haben einen Notfall«, versuche ich, mir Gehör zu verschaffen. »Für heute ist leider Schluss. Könntet ihr also jetzt bitte …«

Weiter komme ich nicht, weil Nick mir ins Wort fällt. »Mach hier nicht einen auf Danger, Ray. Komm, lass die Hütte glühen!«

»Ja! Auf jeden«, springt Nino ihm mit heiserer Stimme bei. »Und chill ma wieder die Flashlights, ey!«

War klar, dass der vierte Wurf Notfälle nicht ernst nimmt. Ist ja quasi selbst einer. Aber auch sonst scheine ich auf taube Ohren zu stoßen. Ich sehe in die erstaunten und müden Gesichter der Partypeople und begreife, dass denen mit Vernunft nicht beizukommen ist, Stechapfel und Oxidings sei Dank. Und was jetzt? Shit – Holy Shit, sozusagen.

»Ich glaube, diese Sache musst du anders aufziehen«, flüstert Rufus, formt die Krallen seiner Vorderläufe zu einem Trichter und ruft, so laut er kann: »Raaaazzzziiiiaaaa!«

Tatsächlich kommt jetzt Bewegung in die Anwesenden. Urplötzlich drängen alle aufgeregt plappernd zum Ausgang und versuchen dabei hektisch, ihre Stechapfel-Oxidings-Vorräte loszuwerden. Neongrüne Kügelchen landen überall in den Ecken des *Acapulco.*

Gleich gruppenweise purzeln die Gäste durch den Wasserfall, um danach in großen Trauben im unteren Bassin zu landen.

»Ihr verhaltet euch ruhig und macht kein Licht«, sage ich zu Bernie und den anderen Waschbären, bevor ich mich anschicke, als Letzter zu springen.

»Yo, kannst dich auf uns verlassen, Ray«, antwortet Freddie, während er beiläufig ein Häufchen Holy Shit vom Fußboden aufhebt und sich die Kügelchen komplett in den Rachen wirft. Dann macht er ein verzücktes Gesicht und fällt um wie ein nasser Sack.

»Oder so«, sage ich.

Ich springe durch den Wasserfall, um kurz danach neben Rufus und Grete wieder aufzutauchen. »Wo sind die anderen?«

»Die sammelt Natalie gerade ein«, sagt Rufus.

»Gut«, antworte ich. »Dann nichts wie los. Herrmanns Rotte kann jeden Moment hier sein.«

34

Mit Mühe und Not lotsen wir die aufgedrehte Partymeute durch einen der Hintereingänge und sind in Sicherheit. Selbst Fritz, der stoisch bei Tag und Nacht unseren Haupteingang bewacht, scheint nichts gemerkt zu haben. Alles bestens, eigentlich. Dennoch bleibt da ein mulmiges Gefühl. In Sicherheit. Haben wir uns nicht bis vor wenigen Tagen auch im Zoo absolut sicher gefühlt? Seltsam, wenn dir einmal das Zuhause unterm Hintern weggezogen worden ist, dann tust du dich sehr schwer damit, irgendwo anders noch einmal heimisch zu werden. Vielleicht, denke ich, passiert es nie.

Rufus, Grete und ich sitzen schweigend im Versammlungsraum auf zwei Felgen des Hyundai Tucson. Sie sollen später mal das Fundament der Rednerbühne bilden. Wir haben es noch nicht geschafft, sie aufzubauen, weil wir so sehr mit dem *Acapulco* beschäftigt waren.

Die Kleinen sind zwar in ihren Kammern verschwunden, aber ich weiß, dass noch niemand schläft. Ein Gemisch aus Nervosität und Angst wabert durch die Gänge, alle warten darauf, was passieren wird.

»Schön habt ihr es hier«, lügt Grete mit eingezogenem Kopf.

Selbst wenn sie sitzt, berühren ihre Ohren noch die Decke. Stehen geht sowieso nur in gebückter Haltung. Ist überdeutlich, dass sie eigentlich nicht hierhergehört.

»Morgen früh graben wir dir eine Kammer mit hohen Decken«, verspricht Rufus. »Und zum Schlafen kriegst du eine Rückenlehne aus dem Hyundai.«

»Genau. Mit Kopfstütze«, springe ich meinem Bruder bei. »Das wird bestimmt gemütlich.«

»Ja. Bestimmt«, sagt Grete leise und schenkt Rufus ein scheues Lächeln. Sie würde zu gern glauben, dass der Start in ihr neues Leben so einfach ist, kann es aber nicht. Ein neues Leben, das kriegst du weder über Nacht noch ohne einen Haufen Probleme.

Ich spüre, dass Rufus und Grete allein sein möchten. »Ich geh mal frische Luft schnappen.«

Rufus nickt dankbar.

Draußen erwartet mich eine laue Nacht mit einem angeberischen Sternenhimmel. Alles ist friedlich. Ich klettere auf den Feldherrnhügel, wo ich zu meiner Überraschung Natalie treffe.

»Was machst'n du hier?«

»Konnte nicht schlafen«, antwortet sie. »Und du?«

»Wollte mal kurz nach dem Rechten sehen.«

Sie blickt hinauf zum Mond. »Schön, oder?«

»Ja. Ist sehr schön.«

Eine Weile schweigen wir unter dem funkelnden Nachthimmel.

»Ich vermisse unseren Zoo ganz schrecklich«, sagt sie plötzlich. »Wir waren eingesperrt, mussten Trockenfutter fressen und uns von Schulklassen anglotzen lassen. Und trotzdem vermisse ich das alles.«

»Es war halt dein Zuhause«, erwidere ich. »Ist wohl so ähnlich wie mit der Familie. Die raubt dir Zeit und Kraft, geht dir mächtig auf die Nerven, und manchmal kriegst du kaum was dafür zurück. Aber trotzdem liebst du sie.«

Natalie nickt. »Das hast du schön gesagt, Ray.«

Ein Geräusch direkt unterhalb des Feldherrenhügels lässt mich aufhorchen. »Ist da wer?«

»Ich bin's«, erwidert Rufus. »Hast du Archimedes gesehen?«

»Ist der nicht in seiner Kammer?«

»Du glaubst, ich würde dich das fragen, ohne vorher nachgesehen zu haben?«, erwidert mein kleiner Bruder schnippisch.

Ich schaue zu Natalie, doch die erwidert: »Ich dachte, der wäre bei euch.«

Wir kommen nicht dazu, die Sache zu vertiefen, denn es knackt im Unterholz, und dann erscheinen Herrmanns Keiler im matten Mondlicht. Sieht irgendwie dämonisch aus.

»Los, rein mit dir«, sage ich zu Natalie.

Das muss sie sich nicht zweimal sagen lassen. Mein Angsthasenbruder folgt ihr mit den Worten: »Ich schau mal nach Grete.«

Herrmanns Rotte geht vor unserem Bau in Stellung. In Reih und Glied bilden die Wildschweine ein Spalier, um den Auftritt des Drachenbezwingers Herrmann in Szene zu setzen. Wie gesagt, die große Geste beherrschen sie ziemlich gut, hier im deutschen Wald.

Ein wütender Emil hoppelt neben dem Drachenbezwinger her. Als das Kaninchen vor meinem Hügel steht, verschränkt es die Vorderläufe vor der Brust und ruft: »Ich verlange die unverzügliche Herausgabe meiner Ehefrau Grete, die sich hier und jetzt in Ihrem Bau befindet.«

»Nee, hier ist keine Grete«, erwidere ich locker. »Tut mir leid, Leute, aber da müsst ihr wohl woanders suchen.«

»Lüge!«, brüllt Herrmann. »Mein Sohn Fritz hat mit

eigenen Augen gesehen, wie ihr Grete in euren Bau geschleppt habt.«

Erst jetzt fällt mir auf, dass Fritz nicht mehr auf seinem Posten ist. Da muss er wohl schnell zu Papi gelaufen sein, um uns zu verpetzen.

Und noch jemand freut sich, dass wir in Schwierigkeiten stecken: Jens Spanner, lokaler Ordnungshüter. Die Gelbhalsmaus hat es sich auf ihrer Wurzel bequem gemacht, knabbert Bucheckern und genießt die Show.

»Ich verlange noch einmal und zugleich letztmalig die unverzügliche Herausgabe meiner Ehefrau Grete«, wiederholt Emil mit verschränkten Vorderpfoten.

»Andernfalls werden wir sie holen!«, droht Herrmann polternd.

»Haben Sie denn einen vorschriftsmäßigen Durchsuchungsbeschluss?«, frage ich höflich. »Im ordentlichen deutschen Wald ist es bestimmt nicht üblich, einfach so in fremde Wohnungen einzudringen, oder?«

Guter Schachzug. Rufus wäre stolz auf mich. Befehlsketten, Formulare, Anordnungen, auf solchen Kram stehen die hier ja anscheinend.

Tatsächlich mahlen Keiler Herrmanns Unterkiefer, als Emil sich fragend zu ihm umdreht. Auch Jens Spanner legt eine gerade angebissene Buchecker zur Seite und reckt interessiert den Kopf, um Herrmanns Antwort nicht zu verpassen.

Leider ist der Drachenbezwinger cleverer, als ich gehofft habe.

»Wir brauchen keinen Durchsuchungsbefehl«, verkündet er mit dröhnender Stimme. »Hier ist nämlich Gefahr im Zug! Eine deutsche Häsin wird in einem Flüchtlingsbau festgehalten, und ich bin sicher, es geschieht gegen ihren Willen!«

»Genau! Meine Grete ist entführt worden«, ruft Emil.

»Und wenn sie freiwillig hier wäre?«, frage ich.

»Das glaube ich erst, wenn ich es von ihr persönlich gehört habe«, antwortet Emil. Offenbar ist das Wildkaninchen felsenfest davon überzeugt, dass seine unglückliche Gattin zu ihm zurückkehren will. Emils Selbstüberschätzung und sein ausgeprägter Minderwertigkeitskomplex scheinen sich bestens zu ergänzen.

Ich versuche, Zeit zu gewinnen. »Okay, dann werde ich mal sehen, ob ich Grete finden kann. Könnte aber eine Weile dauern, wollt ihr nicht einfach später noch mal wiederkommen?«

»Das könnte Ihnen so passen!«, erwidert Herrmann zackig. »Wir werden jetzt zwei Strophen des wundervollen Liedes ›Ein guter Kamerad‹ singen. Wenn Grete dann nicht hier ist, stürmen wir den Bau.« Er schiebt entschlossen den Unterkiefer vor und lässt die Halswirbel eindrucksvoll knacken.

Bevor ich etwas erwidern kann, gibt Herrmann den Ton vor, und alle Keiler singen melancholisch grunzend: »Ich hatt' einen Kameraden, einen besseren findest du nicht …«

Klingt gruselig, trotzdem nehmen Emil und Jens Spanner Haltung an. Ich flitze zurück in den Bau.

35

Auf dem Weg zum Versammlungsraum kommen mir Rufus und Rocky entgegen.

»Was ist da draußen los?«, fragt Rocky. »Bei dem Krach kann ja kein Schwein pennen.«

»Wir haben ein Problem«, sage ich.

Draußen hört man die Wildschweine selig grunzen: »… eine Kugel kam geflogen, gilt sie mir oder gilt sie dir?«

»Meinst du das Problem, dass Wildschweine nicht singen können?«, fragt Rufus.

»Das auch. Außerdem will Emil von Grete persönlich hören, dass sie freiwillig bei uns ist.«

»Wer is'n Grete?«, will unser Clanchef wissen.

»Nicht wichtig«, antworten Rufus und ich wie aus einem Mund.

»Und wer ist Emil?«, hakt Rocky nach.

»Jedenfalls kommt das gar nicht in die Tüte«, befindet Rufus und schüttelt energisch den Kopf. »Die wollen, dass Grete sich selbst an den Pranger stellt. Aber das kann niemand von ihr verlangen. Es ist ihr gutes Recht, ihren Mann zu verlassen.«

»Ich fürchte, das sehen einige hier ein bisschen anders«, erwidere ich. »Wenn sie keine Entwarnung gibt, dann werden die unseren Bau stürmen.«

Spontan ist Rocky wieder auf der Höhe der Diskussion. »Wer will den Bau stürmen? Etwa diese Waldheinis? Sollen nur kommen, dann kriegen sie es mit mir zu tun.« Entschlossen verschränkt er die Vorderpfoten vor seiner imposanten Brust.

»Sie werden es nicht wagen«, sagt Rufus. »Wir sind mit Duldung des Königs hier. Und dessen Wort muss selbst der Drachenbezwinger respektieren. Die können also nicht einfach so unseren Bau stürmen.«

Draußen klingt das Kameradenlied mit den Worten »... er liegt zu meinen Füßen, als wär's ein Stück von mir« leise aus.

Dann herrscht Stille.

»Ist jetzt endlich Ruhe?«, fragt Rocky.

Nichts weiter geschieht.

»Siehst du«, frohlockt mein Klugscheißerbruder. »Wie ich gesagt habe: Herrmann wird es nicht wagen, sich über eine Anordnung des Königs hinwegzusetz...«

Weiter kommt Rufus nicht, weil jetzt die schnarrende Stimme des Drachenbezwingers zu hören ist: »Alle Keiler antrrrrreten!«

Man hört lautes Getrampel.

Rufus wirkt minimal verunsichert, da er es aber für praktisch unmöglich hält, dass er sich irrt, winkt er lässig ab und kommentiert: »Keine Sorge, das ist bloß Imponiergehabe.«

»Alle Keilerrrrr berrrreit zum Angrrrrriff!«, brüllt Herrmann.

»Ich weiß nicht, wie es euch geht«, sage ich. »Aber ich finde, dieses Imponiergehabe ziemlich ... ähm ... imponierend.«

Meine Brüder schweigen betroffen, während die Stimme von Herrmann donnert: »Alle Keillller voooorrrrwäääärts!«

Infernalisch lautes Schnaufen, Grunzen, Quieken und Trampeln, dann nimmt ein Albtraum seinen Lauf: Am

Ende des Gangs, in dem wir stehen, bricht ein Keilerhuf durch die Decke, gefolgt von einer Keilerschnauze, aus der zwei messerscharfe Hauer hervorstehen, die sich jetzt in beängstigender Geschwindigkeit durch den Gang und damit in unsere Richtung wühlen.

Rocky findet als Erster die Sprache wieder. »Alarm! Alle raus! Vakuumieren!«

Rufus und ich stutzen nur kurz. Was unser großer Bruder sagen will, ist: evakuieren. Alle. Und zwar sofort. Sehr guter Plan.

Wir laufen los, um unsere Familie einzusammeln. Die meisten unserer jüngeren Geschwister haben noch kein Auge zugetan und drängen schon auf den Gang. Andere brauchen etwas länger, Ma und Pa beispielsweise. Sie kommen müde und orientierungslos aus ihrer Kammer gewankt. Rocky schnappt sich Ma, wirft sie sich kurzerhand über die Schulter, Rufus und ich haken im Vorbeilaufen Pa unter. In Windeseile füllt sich der Hauptgang mit unserem Flüchtlingsstrom. Wir erreichen den Versammlungsraum, wo die verängstigte Grete auf uns wartet.

»Lauf!«, rufe ich ihr zu.

»Jetzt!«, ergänzt Rufus.

Sie versteht, dass keine Zeit für Erklärungen ist, und schließt sich uns an. In Windeseile geht es zum östlichen Ausgang. Er liegt am weitesten entfernt vom Haupteingang, der von den Keilern als Erstes zerstört worden ist. Unseren Feldherrenhügel haben sie bestimmt auch schon dem Erdboden gleichgemacht.

Hinter uns höre ich Herrmanns Rotte wüten. Sie trampeln, grunzen und durchpflügen den Waldboden. Ich riskiere einen Blick über die Schulter, was mir einen Schauer über den Rücken jagt. Die Keiler leisten ganze Arbeit.

Überall in den Wänden und Decken unseres neuen Zuhauses klaffen große Löcher, durch die man in den Nachthimmel sehen kann. In ein paar Minuten wird man nicht mehr erkennen können, dass es unseren Bau je gegeben hat.

Mir schießt der beängstigende Gedanke durch den Kopf, dass wir von nun an für immer auf der Flucht sein könnten, weil niemand uns in seiner Nähe haben will.

Der theatralische Konrad scheint das Gleiche zu denken, denn ich höre ihn rufen: »Ja, hört das denn nie auf, dieses irdische Jammertal?«

36

Als Zootiere haben wir nie lernen müssen, um unser Leben zu rennen. Wenn ein paar von uns früher durchs Gehege geflitzt sind, dann nur, weil unsere Fans das »totaaal süüüüß« fanden.

Entsprechend panisch und planlos stolpert und fällt mein Clan durchs Unterholz, während Herrmann und seine Keiler uns im Nacken sitzen. Im Gegensatz zu uns Flüchtlingsamateuren besteht Herrmanns Rotte aus professionellen Jägern.

Zuerst haben sie mit deutscher Gründlichkeit unseren Bau durchwühlt, jetzt hört man Herrmanns Handlanger durchs Unterholz brechen. Im Zickzackkurs durchpflügen sie jeden Quadratzentimeter des Dickichts, damit wir ihnen auch nur ja nicht durch die Lappen gehen. Und schon durchzucken mich weitere beängstigende Gedanken: Wollen die uns umbringen? Haben sie womöglich schon einen von uns erwischt? Und wieso kommt Herrmanns Rotte uns beständig näher, obwohl sie sich kreuz und quer durch den Wald arbeitet, während wir schnurstracks unseren Nasen folgen? Grete stolpert gemeinsam mit uns durchs Unterholz. Auch für sie ist Flucht eine neue Erfahrung.

Rufus und ich haben immer noch Pa untergehakt, aber unser alter Herr kommt trotzdem nicht mit. Uns bleibt nichts anderes übrig, als ihn halb zu schleppen und halb zu tragen, was meine Lunge zum Pfeifen bringt. Statt dankbar für unsere Hilfe zu sein, liegt Pa uns damit in den Ohren, dass wir seinen Gehstock verbaselt haben. Als gäbe es nichts Wichtigeres als ein Stück Holz, wie man es in diesem verdammten Wald an jeder Ecke finden kann.

Rocky war ausnahmsweise mal cleverer als Rufus und ich, als er sich unsere alte Mutter kurzerhand über die Schulter geworfen hat. So kann er sie bequem transportieren, ohne sich ihr Gezeter anhören zu müssen.

Um das Gekeife von Roxane kommt unser großer Bruder trotzdem nicht herum. Die wird nämlich nicht müde, ihre Kinder anzubellen, damit sie nicht vom rechten Weg abkommen: »Colin! Pass auf deine Füße auf! – Celina! Lauf schneller! – Cindy! Achtung! Ein Ast! – Chantal! Vorsicht, ein ...« Für Chantal kommt die Warnung zu spät. Bevor Roxane »Spinnennetz« sagen kann, ist ihre Tochter bereits mit der Nase voran in das Gewimmel aus klebrigen Fäden gelaufen. Ihre Reaktion ist ein lautes und langgezogenes: »Iiiihhhhh! Ist das eeekelig!«

»Erdmännchen, die Spinnen ekelig finden«, schnauft Rufus. »Das kommt, weil diese verlotterte Jugend sich ständig von Fertigfraß ernährt.«

Rufus mal wieder. Hat früher selbst beim Fertigfutter immer gern zugegriffen. Hindert ihn aber nicht daran, bei der erstbesten Gelegenheit die Moralkeule zu schwingen. Ich will erwidern, dass mein schlauer Bruder nicht auch noch einen auf Survival-Klugscheißer machen soll, spare mir aber die Puste. Ich brauche sie, um Pa zu schleppen, der mit jedem Schritt schwerer wird.

Im Gestrüpp links vom Weg hört man einen Erdmännchenschädel gegen Holz dengeln, gefolgt von einem »Fuck!«. Wieder einer, der im Halbdunkel Bekanntschaft mit einer deutschen Eiche gemacht hat. Könnte Konrad gewesen sein.

Durch das Blätterdach sind Fetzen des Nachhimmels zu sehen. Die Sterne und der Mond huschen vorbei, leider dringt ihr silbernes Licht nicht bis auf den Waldboden. Schlechte Bedingungen für tagaktive Säuger, die um diese Zeit eigentlich friedlich in ihrem Bau schlummern sollten. Halb blind stolpern wir durch die Dunkelheit, einer ungewissen Zukunft entgegen – oder wahlweise der nächsten deutschen Eiche.

Dong! Wieder rumst ein Erdmännchenschädel gegen Holz.

»What the fuck!«, faucht eine Stimme, gefolgt von einem schrillen Lachen.

»Übersprungshandlung«, höre ich Rufus keuchen. »Konrad Lorenz hätte seine helle Freude.«

Keine Ahnung, wer Konrad Lorenz ist, aber diesmal habe ich die Stimme erkannt. Es war Nick, der da gerade gegen den Baum gerammelt ist. Nicht weiter schlimm, in Nicks Kopf gibt es nicht sehr viel, was durcheinanderkommen könnte.

Völlig unerwartet legen nun auch Rufus, Pa und ich eine Vollbremsung hin. Schuld daran ist aber kein Baum, sondern Rockys breites Kreuz. Abrupt ist unser Clanchef mitsamt Frau und Kindern stehen geblieben, weshalb die Nachfolgenden volle Suppe ins Stauende brettern. Zuerst Rufus, Pa und ich, dann der halbe zweite Wurf, gefolgt von Natalie, Nadja und den Allerkleinsten. Irgendwo dazwischen klemmt auch die uns um zwei Kopflängen überragende Grete. Einige aus meiner Familie fehlen. Ist komisch: Ich kann zwar nicht gut mit Zahlen umgeben, aber ob meine Familie komplett ist oder nicht, habe ich irgendwie im Gefühl. Ich hoffe, dass die anderen nur vom Weg abgekommen sind. Den Gedanken, dass Herrmanns Handlanger sie geschnappt haben könnten, schiebe ich rasch beiseite. Dabei fällt mir auf, dass es hinter uns im Wald urplötzlich still geworden ist. Das Grunzen und Schnaufen der Schweine ist verstummt, stattdessen hat sich eine beunruhigende Ruhe eingestellt.

»Was ist? Warum halten wir an?«, flüstert Pa. »Sind sie weg?«

Ich will mich schon darüber freuen, dass unser alter Herr heute mal einen seiner helleren Tage erwischt hat, da fügt er hinzu: »Nun sag schon, Roy! Sind die Puffottern weg?!«

»Ray«, korrigiere ich. »Ich heiße Ray, Pa. Nicht Roy.«

»Alles klar. Was ist mit den Puffottern, Roy?«

»Fürs Erste scheinen wir sie abgehängt zu haben«, springt Rufus mir bei. »Aber man soll ja den Tag nicht vor dem Abend loben.«

Pa überlegt. Sieht zumindest so aus. Vielleicht schwebt er aber auch nur in jene Welt, in der sein Geist normalerweise abhängt.

»Wo ist mein Stock?«, sagt er plötzlich. »Ich werde sie aufhalten. Ich gebe euch Deckung.«

»Schon gut, Pa«, versuche ich, ihn zu beruhigen.

Rufus und ich tauschen einen mitleidigen Blick. Pa und seine Geschichten. Er ist, wie wir alle, im Zoo geboren, glaubt sich aber trotzdem an die afrikanische Savanne zu erinnern und natürlich auch an die vielen Abenteuer, die er dort erlebt hat. Nun will unser Vielfachbezwinger gefährlicher Puffottern und blutrünstiger Savannenadler also für den Clan in die Bresche springen und einem größenwahnsinnigen Keiler, der sich für einen Drachenbezwinger hält, Paroli bieten. Puffotternschreck gegen Drachenbezwinger, Kampf der Giganten!

Als ich den Blick von Pa abwende und nach vorne sehe, wird klar, warum Rocky gerade eine Vollbremsung hingelegt hat. Im fahlen Mondlicht erstreckt sich eine große, baumlose Ebene, die aus hellem Sand besteht, spärlich mit Gräsern und Büschen bewachsen. Ziemlich genau in der Mitte dieser von Wald umsäumten Wüstenlandschaft erhebt sich ein Berg, der einen prima Feldherrenhügel abgeben würde. Im Schimmer des Mondlichtes wirkt der riesige Sandkasten seltsam unwirklich. Hat eine irgendwie beunruhigende Ausstrahlung. Wie kommt dieses Stück Wüste mitten in den Wald? Und wieso ist ausgerechnet hier alles trocken und verdorrt, wo doch der Wald um uns herum bei Tageslicht in sattem Grün leuchtet?

»Wo sind wir denn jetzt gelandet?«, fragt Rocky.

Alle Augen richten sich auf Rufus. Wenn uns einer erklären kann, was da vor uns liegt, dann der größte Klugscheißer, den die Tierwelt je hervorgebracht hat.

Plötzlich spüre ich ein leichtes Vibrieren. Ich vermute, dass Pa einen seiner Hustenanfälle unterdrückt. Dann wird mir jedoch klar, dass es Grete ist, die wie Espenlaub zu zittern begonnen hat und damit den ganzen Clan ansteckt. Immer noch stehen wir alle dichtgedrängt am Rand der Wüste. Fühlt sich an, als würden Gretes Angstwellen durch uns hindurchschwappen. Unfähig, auch nur einen Ton hervorzubringen, steht sie da, bebend vor Angst. Keine Ahnung, was sie in eine solche Panik versetzt. Vor uns kann ich jedenfalls nichts Beängstigendes entdecken. Ganz anders sieht es hinter uns aus.

Ein Knacken im Unterholz erinnert daran, dass irgendwo da hinten unsere Feinde lauern.

Dann preschen plötzlich zwei Keiler aus dem Dunkel hervor, und damit hat sich auch die Frage, was wir jetzt tun sollen, spontan erledigt. Uns bleibt nichts anderes übrig, als die Beine in die Hand zu nehmen und einfach loszulaufen, mitten hinein in diesen rätselhaften und seltsamen Sandkasten.

»Zum Hügel!«, ruft Rocky. »Mir nach zum Hügel!«

37

Ich rechne nicht damit, dass wir es schaffen, die Spitze des Sandbergs lebend zu erreichen. Mit zitternden Beinen und schmerzenden Lungen schleppen Rufus und ich unseren alten Vater den Hügel hinauf. Ich bin darauf gefasst, jeden Moment von einem Keilereckzahn aufgespießt zu werden. Nebenbei dämmert mir, dass Rockys Plan einen gewaltigen Haken hat. Selbst wenn wir es alle dort rauf schaffen, was dann? Sandberge sind für Wildschweine kein Hindernis. Wenn wir nicht unterwegs sterben, dann spätestens am Ziel. Wo also ist da der tiefere Sinn?

Aber so schwachsinnig Rockys Plan mir auch erscheinen mag, wie durch ein Wunder funktioniert er. Allerdings nicht, weil die Keiler ein Problem damit haben, den Berg zu erklimmen, sondern weil sie erst gar nicht die Verfolgung aufnehmen.

Herrmanns Rotte hat sich am Rand des Wüstengebietes versammelt und sieht interessiert dabei zu, wie wir in wilder Panik den Berg erklimmen. Warum verfolgen die uns nicht? Ist das ein Trick?

»Was zum Teufel geht hier vor?«, frage ich.

Selbst meinem schlauen Bruder sind gerade die Antworten ausgegangen. Ratlos schaut er sich um, beobachtet eine Weile die etwas abseits stehende und immer noch am ganzen Leib zitternde Grete, die sich eines ihrer langen Ohren vors Gesicht gezogen hat und nun apathisch daran herumknabbert. Sie scheint nicht ansprechbar zu sein, etwa so wie Rufus, wenn der sich im Sekundentakt aufs Ohr haut, weil seine Synapsen wieder einmal kurz vorm Explodieren sind.

»Ist das bei ihr auch so ein Übersprungsdings?«, rate ich.

Rufus nickt und haut sich wie zur Bestätigung selbst zweimal aufs Ohr. Dann schaut er zu den Wildschweinen, die es offenbar um jeden Preis vermeiden, auch nur einen Huf auf den Sand zu setzen. Wieder schlägt Rufus sich aufs Ohr. Ich stelle mir vor, wie es in seinem Gehirn gerade zischt und dampft, während seine grauen Zellen an einer Erklärung arbeiten.

Als er »Milit-Sprrr« murmelt und dann hektisch in alle Himmelsrichtungen schaut, habe ich kurz die Befürchtung, dass ihm diesmal die Sicherungen durchgebrannt sein könnten. Aber Rufus' überragende Intelligenz trägt wieder den Sieg davon. Diesmal triumphierend schlägt er sich erneut die Klaue aufs Ohr und ruft: »Alle sofort anhalten! Jeder bleibt, wo er ist!«

Da Rufus mitnichten eine Respektsperson ist, reagieren meine Brüder und Schwestern erwartungsgemäß. Nämlich überhaupt nicht. Einige sind noch damit beschäftigt, den Clanführer zu suchen, und laufen planlos durch die Gegend, weil sie Rockys Marschbefehl überhört haben. Andere haben den Hügel zwar gefunden, sehen aber nun, dass die unmittelbare Gefahr gebannt ist, weil die Wildschweine die Verfolgung offenbar aufgegeben haben. Also tun sie das, was Erdmännchen am liebsten tun, wenn sie nicht gerade um ihr Leben rennen müssen: Sie spielen. Die einen lassen sich immer wieder übermütig vom Berg herunterkullern, die anderen bewerfen sich am Fuß des Hügels mit Sand. Die Jüngsten, die ja sowieso nur bunte Knete in den Köpfen haben, spielen Fangen und flitzen dabei ständig um den Hügel herum.

Rocky, dem das plötzliche Ende unserer Flucht irgendwie seltsam vorkommt, sieht Rufus fragend an.

»Niemand darf sich bewegen, sonst gibt es ein Unglück«, erklärt Rufus und haut sich seine Klaue inzwischen in Trommelwirbelgeschwindigkeit aufs Ohr. In diesem Gehirn wird vermutlich nie das Licht gedimmt. Schlimme Vorstellung.

Rockys Brust füllt sich randvoll mit Atem, dann gellt ein lautes »Stopp!« über die Sandwüste. Augenblicklich erstarren alle zu Salzsäulen, egal, ob sie sich in Rockys unmittelbarer Nähe oder am Rande der Wüste befinden. Selbst Rufus hält inne und gönnt seinem armen Ohr eine Pause.

»Und jetzt?«, will Rocky wissen.

Als Rufus sieht, dass alle wie angewurzelt dastehen, entspannt er sich ein wenig.

»Milit-Sprrr«, sagt er dann. »Ich weiß, wo wir sind. Dieses Gebiet ist auf der verwaschenen Wanderkarte als monochromes Trapez eingezeichnet, und daneben steht: Milit-Sprrr.«

»Und?«, will der Clanchef wissen.

»Das heißt, es fehlen einige Buchstaben«, erwidert Rufus. »Dieser Sandkasten hier war früher mal ein militärisches Sperrgebiet.« Mit der Vorderklaue deutet er auf die Wildschweinrotte. »Und die da folgen uns nur deshalb nicht, weil sie Angst haben, in die Luft zu fliegen. Der Boden hier ist vermutlich gespickt mit nicht detonierter Munition.«

Rocky sieht seinen hochbegabten Bruder an, und ich stelle mir vor, wie im Kopf unseres Clanführers gerade ein winziger Zirkusclown mit dessen Gedanken jongliert. Dabei kommt Folgendes heraus: »Die Wildschweine wollen uns in die Luft jagen?«

»Nicht die Wildschweine«, widerspricht Rufus. »Die haben mit dem Zeug hier nichts zu tun. Das hier war früher einfach nur ein Truppenübungsplatz. Gibt in und um Berlin einige davon.«

Rocky wendet sich von den Wildschweinen ab und Rufus erneut zu, und der kleine Zirkusclown nimmt wieder seine Arbeit auf. Rufus ahnt, worin das Problem besteht. »Auf einem Truppenübungsplatz werden Kriegsspiele veranstaltet, bei denen auch scharfe Munition zum Einsatz kommt. Patronen, Granaten, Minen, Leuchtraketen ...«

»Ich weiß, was ein Truppenübungsplatz ist«, lügt Rocky.

»Kann ich ja nicht ahnen«, erwidert Rufus patzig. »Jedenfalls gehe ich davon aus, dass hier jede Menge Blindgänger liegen, und das hat sich bei den Waldbewohnern rumgesprochen. Vielleicht ist sogar schon mal ein Tier verletzt worden, weil es versehentlich auf alte Munition getreten ist.«

Rufus sieht, dass Grete immer noch apathisch vor sich hinstarrt. Er geht zu ihr und legt behutsam einen Vorderlauf um ihre Taille, wobei er sacht ihre Pfote tätschelt. »Alles wird gut, Grete. Keine Sorge. Du bist in Sicherheit.«

»Wieso denn in Sicherheit?«, mischt sich Roxane ängstlich ein. »Hast du nicht gerade gesagt, dass der ganze Boden hier voller Sprengstoff ist?«

»Ja, aber ich glaube, auf diesem Berg sind wir sicher«, antwortet Rufus. »Vermutlich stehen wir auf einem verschütteten Bunker, anders kann ich mir diese Erhebung nicht erklären. Aber ich wette, überall um uns herum ist der Boden mit Munition gespickt.«

»Und woher willst du das wissen?«, fragt Rocky argwöhnisch.

Rufus nimmt einen kleinen Stein vom Boden. »Lass uns

experimentell herausfinden, ob ich recht habe.« Er wirft das Steinchen, so weit er kann. Im fahlen Mondlicht fällt es am Rand der Wüste zu Boden. Nichts geschieht.

»Vorführeffekt«, kommentiert Rufus, nimmt noch ein Steinchen und zielt diesmal in eine andere Ecke des Truppenübungsplatzes. Das Steinchen fällt zu Boden. Wieder geschieht nichts.

»Beeindruckende Vorstellung«, sage ich und kassiere einen abschätzigen Blick von meinem kleinen Bruder.

»Wenn ihr euch konzentriert, dann könnt ihr es sogar riechen«, behauptet Rufus nun.

Rocky und Roxane halten ihre Nasen in die Luft, ich ebenfalls. Es riecht nach Waldluft, stinkigen Keilern und … Ja, vielleicht ist da auch ein Hauch von Sprengstoff. Vielleicht.

Rocky schnappt sich einen Stein, ungefähr fünfmal so groß wie der, den Rufus eben geworfen hat, und schleudert den Brocken in Richtung unserer Verfolger.

KA-WUMM! Der Stein hat den Boden kaum berührt, da wird er von einer gewaltigen Explosion in die Luft gejagt.

Sand, Kies und Buschwerk spritzen umher, Herrmanns Keiler, die nur wenige Meter entfernt stehen, springen panisch quiekend ins Unterholz.

Nur der Drachenbezwinger bleibt äußerlich unbeeindruckt. Mit düsterem Blick fixiert er unseren Hügel. »Glaubt bloß nicht, dass ihr gewonnen habt. Dieser Krieg hat gerade erst begonnen.«

Der kaltblütige Herrmann macht kehrt und bugsiert seinen Keilerhintern ins Unterholz.

Die Schockstarre, die den Clan nach Rockys Stopp-Kommando ergriffen hat, ist durch die Explosion auf unbestimmte Zeit verlängert worden.

»Und was jetzt?«, fragt der Clanchef in die Runde.

»Ganz einfach. Jeder bleibt bis Sonnenaufgang, wo er ist«, antwortet Rufus. »Erst wenn es hell wird, können wir vorsichtig die Lage sondieren.«

»Wir können was?«

»Die Lage sondieren«, wiederholt Rufus. »Sondieren heißt erkunden oder erforschen. Wir erkunden das Gelände, wenn es hell wird.«

»Warum sagst du es dann nicht?«, fragt Rocky genervt.

Eine Kopfnuss für Rufus liegt in der Luft. Mein schlauer Bruder kriegt zu seinem Glück die Kurve, indem er vom Thema ablenkt. »Das gilt nur für unsere Geschwister. Wie eben schon gesagt, gehe ich davon aus, dass wir hier oben sicher sind.«

Rocky nickt zufrieden. »Tut den Pimpfen da unten vielleicht mal ganz gut, wenn sie sich eine Weile ruhig verhalten müssen.«

38

Pa ist als Erster und damit ausnahmsweise vor mir auf den Beinen. Die Sonne lugt gerade erst hinterm Horizont hervor, da begrüßt er sie bereits, indem er ihr vom Hügel aus entgegenhustet. Danach sind alle wach.

»Die Savanne!«, verkündet er salbungsvoll und reckt seine zittrigen Vorderläufe himmelwärts. »Bei allen Puffottern ... Wir sind da!«

Tatsächlich könnte die echte Savanne so ähnlich aussehen wie diese spärlich bewachsene Einöde. Allerdings soll die Savanne riesig sein, beinahe so groß wie ganz Afrika. Diese Wüste hingegen ist überschaubar. Und das im wahrsten Sinne des Wortes. In allen vier Himmelsrichtungen kann man den Wald sehen, der den Sandkasten begrenzt. Außerdem ist in der Ferne der Wasserfall zu erahnen. Wenn der Morgennebel sich verzogen hat, dürfte man ihn von hier aus ebenso sehen können wie die alte Burgruine, in der angeblich die Keiler ihr Quartier bezogen haben.

Wäre das hier wirklich die Savanne, dann müssten Millionen Tiere darin Platz haben, mindestens, also sehr viele. Dabei würde das Gelände gerade mal für einen Clan unserer Größe reichen. Ich komme also zu dem Schluss: Das hier ist ganz sicher nicht die Savanne. Um das zu glauben, muss man schon so verpeilt sein wie unser alter Herr.

»Echt jetzt? Wir sind in der Savanne? Geilo!« Rocky reibt sich die Augen.

Ich korrigiere: Entweder man muss so verpeilt sein wie unser alter Herr oder so doof wie unser Clanchef.

Rufus, der die Nacht damit zugebracht hat, mit Grete zu kuscheln, angeblich um sie zu beruhigen, streckt sich und holt zu einem seiner gefürchteten Monologe aus. »Also, nur mal kurz für alle, die es interessiert: Das hier ist selbstverständlich *nicht* die Savanne. Sie kann es schon deshalb nicht sein, weil die Savanne bekanntlich ein tropischer oder subtropischer Vegetationstyp ist, während wir uns hier in der gemäßigten Klimazone befinden. Ich gehe davon aus, dass wir eher vor einer Landschaft glazialen Ursprungs stehen ...«

»Was für 'ne Glatze?«, blafft Rocky.

»Glazial«, wiederholt Rufus geduldig. »Das heißt: eiszeitlich.«

»Ich seh kein Eis«, stellt unser Clanchef fest.

»Aber es war mal welches da«, antwortet Rufus. »Früher.«

»Früher. Aha. Und wann früher?«

»Sehr viel früher«, sagt Rufus und genießt es, von Grete verstohlen bewundert zu werden.

Ich sehe Rocky an, dass er wieder kurz davor ist, seinem Bruder eine Kopfnuss zu verpassen. Aber auch diesmal hat Rufus Glück.

»Hey! Ihr da auf'm Berg!«, ruft Mads und winkt mit den Vorderläufen. »Was geht ab? Dürfen wir uns jetzt endlich wieder bewegen?«

Die meisten unserer jüngeren Geschwister verharren seit Stunden weit verstreut in der Mini-Savanne. Sieht aus, als wären sie wild durcheinander aus einem riesigen Würfelbecher gepurzelt.

»Ihr müsst erst herausfinden, ob sich Sprengstoff in eurer Nähe befindet!«, ruft Rufus zurück.

»Und wie machen wir das, Herr Schlaumeier?«, fragt Natalie müde.

»Ihr bringt die Patronen und Raketen und all das Zeug mit Steinen zum Explodieren«, mischt sich Rocky ein. »Danach ist die Luft rein.«

»Bloß nicht!«, widerspricht Rufus. »Wenn mehrere Blindgänger auf einmal explodieren, kann das eine Kettenreaktion auslösen, und dann fliegen wir alle in die Luft.«

»War ja nur 'n Vorschlag«, sagt Rocky schulterzuckend. Dass dieser Vorschlag den gesamten Clan hätte auslöschen können, scheint ihn nicht weiter zu beschäftigen.

»Keine Sorge, ihr könnt den Sprengstoff riechen«, erklärt Rufus.

»Ach! Und wie riecht Sprengstoff?«, piepst Minka vorwitzig.

Rufus überlegt. »Ähm … na ja. Ich würde sagen wie … Silvesterfeuerwerk?«

»Ahhh«, sagt Minka. »Alles klar.«

Man sieht, dass auch die anderen mit diesem Hinweis etwas anfangen können, denn alle versuchen nun, in ihrer unmittelbaren Nähe Sprengstoff zu erschnuppern.

»Wenn ihr was findet, dann macht am besten einen großen Bogen darum«, warnt Rufus.

Kato zieht um sich herum einen Kreis in den Sand und ruft: »Also hier ist alles sauber!« Um es zu beweisen, zeigt er auf der abgesuchten Stelle ein paar Dancemoves.

»Hier! Ich hab was«, ruft Marcia und pustet den Sand von einem Metallrohr in der Stärke ihres Vorderlaufes.

»Ein Granate«, erwidert Rufus. »Bloß nicht anfassen!«

»Abgefahren! Leute! Seht euch das an!« Kim hält eine verrostete Pistole hoch.

»Ihr sollt doch nichts anfassen«, tadelt Rufus genervt.

Kim hält sich die Knarre mit beiden Pfoten in James-Bond-Manier vor die Brust: »Willst du Ärger, Blofeld, oder was?«

Rufus seufzt.

Während mein Bruder die etwas chaotische Bombensuche leitet, versuche ich herauszufinden, ob wir vollzählig sind. Ich kann zwar nicht bis dreißig zählen, würde aber darauf wetten, dass einer von uns fehlt. Ich bin noch damit beschäftigt, den Clan zu scannen, da kommt die königliche Seidenschwanzdame angeflattert.

»HööööörtheeeerIhhhhrTieredes-
DeutschenWaldes/
HörtwaseuchderHofratseiner-
Majestätzuverkündenhaaaat/
EssprichtderehrwürdigeKöniglicheHofrat-
DoktorPeeeeltzzz.«

Der Seidenschwanz dreht eine Runde über unseren Köpfen und fliegt dann zum Waldrand, wo der hofrätliche Dachs, begleitet von Herrmann und seinen Keilern, gerade eingetroffen ist und nun darauf wartet, uns eine Nachricht zu übermitteln.

»Was denn jetzt schon wieder?«, fragt Rocky.

Der Dachs holt tief Luft, dann spricht er in einer für sein Körpervolumen erstaunlichen Lautstärke: »Karl, der große und gerechte König des deutschen Waldes, gibt hiermit bekannt, dass heute, wenn die Sonne am höchsten steht, der Prozess gegen die Erdmännchen aus Berlin stattfinden wird. Die Erdmännchen müssen sich dem Vorwurf stellen, dass sie die guten Sitten verdorben und eine deutsche Häsin entehrt und entführt haben. Die Anklage wird von Keiler Herrmann, dem Drachenbezwinger, vertreten.«

»Wer hätte das gedacht«, raunt Rufus mir zu.

»Sollten die Verantwortlichen sich nicht dem Prozess stellen, so wird stellvertretend für sie dem in unserem Gewahrsam befindlichen Erdmännchen Archimedes der Prozess gemacht«, fährt der Dachs fort. »Besagtes Erdmännchen hat deshalb auch alle Konsequenzen des Verfahrens zu tragen.«

Herrmann grinst siegesgewiss und tritt beiseite, damit wir Archi sehen können, der geknebelt und zu einem handlichen Päckchen verschnürt an einen Ast gefesselt ist, dessen Enden zwei Keiler in ihren Mäulern tragen.

»Schweine!«, ruft Rocky wütend. »Ihr seid Schweine!«

Das stimmt, denke ich. Und es macht ihnen nicht einmal etwas aus. Herrmann grunzt zufrieden, wahrscheinlich ist das wieder einer seiner Lachanfälle.

Der geschockte Rufus bringt kein Wort heraus.

Hofrat Dr. Peltz kommt zum Ende seiner Ansprache: »So wurde es entschieden und besiegelt von Karl, unserem gütigen und gerechten König. Möge er noch lange sein schützendes Geweih über diesen deutschen Wald halten. Es lebe der König.«

Der Dachs lässt seine Worte kurz wirken, dann wendet er sich gemächlich ab und schreitet in majestätischer Haltung davon. Die Keiler mitsamt ihrem Gefangenen und der Seidenschwanz folgen ihm.

Karls Abordnung ist kaum im Wald verschwunden, da meldet sich unser Clanführer zu Wort: »Archimedes ist mein Sohn, also werde ich gehen und diesen Waldheinis sagen, was Sache ist.«

Rufus und ich sehen uns an. Wir wissen, wenn Rocky Archimedes verteidigt, dann kann man Rufus' Sohn auch gleich ins Gefängnis stecken.

»Und was, wenn sie dich festnehmen?«, frage ich listig. »Wer passt dann auf den Clan auf?«

Der Einwand bringt Rocky immerhin ins Grübeln.

»Außerdem bin ich verantwortlich für das, was geschehen ist«, fahre ich fort. »Hätte es das *Acapulco* nicht gegeben, wären wir jetzt nicht hier. Es ist also nur fair, wenn ich gehe.«

»Ich könnte ihn als Archimedes' Verteidiger begleiten«, schlägt Rufus vor. »Die kennen mich ja schon, weil ich unsere Begrüßungsrede gehalten habe.«

»Schatz, das finde ich keine schlechte Idee«, springt Roxane uns bei. Rocky grübelt immer noch.

»Du hast doch gerade gesehen, dass ein echter König nicht alles selbst macht«, fügt Roxane hinzu. »Der schickt seine Leute.«

Dieses Argument leuchtet selbst Rocky ein.

»Okay. Dann geht eben ihr beide«, entscheidet er knapp.

»Nein! Ich gehe«, mischt sich Grete ein. »Das alles hier ist ganz allein meine Schuld.«

»Auf keinen Fall«, widerspricht Rufus. »Du hast in deinem Leben schon genug gelitten.«

Du hast in deinem Leben schon genug gelitten? – Keine Ahnung, wo Rufus solche Sätze aufschnappt. Aber vielleicht hat er seine einsamen Nächte im Zoo damit verbracht, Telenovelas auswendig zu lernen.

Rufus' Seifenopernnummer funktioniert jedenfalls bestens. Beschämt schlägt Grete die Augen nieder und haucht: »Ich weiß nicht, wie ich dir das jemals danken soll, Rufus.«

»Du musst mir nicht danken«, sagt Rufus im Tonfall eines spanischen Edelmannes. »Selbstverständlich wollen wir dein Glück.« Kunstpause, dann mit viel Schmalz in der Stimme: »Aber wir wollen auch der Gerechtigkeit zum Sieg verhelfen.«

39

Der Prozess gegen uns ist das Topevent auf der großen Lichtung. Wäre dies eine Konzertarena, würde der Veranstalter ordentlich Kasse machen. Füchse, Wölfe, Luchse, Hasen, Igel, Dachse, Echsen – sieht aus, als würde sich niemand die Show entgehen lassen wollen. Wer klettern oder fliegen kann, hat sich einen Platz in den Baumkronen gesichert. Auch die sind übervoll mit Mardern, Wieseln, Waschbären, Eichhörnchen und verdammt vielen Vögeln.

Die Eröffnungsshow mit der nervösen Anmoderation der Seidenschwanzdame und dem Auftritt seiner Majestät samt Gefolge ist bereits über die Bühne gegangen. Mit sonnenumkränztem Geweih sitzt König Karl nun zu Gericht und wartet auf das Eröffnungsplädoyer des Staatsanwalts.

Archi, der immer noch geknebelt und an einen Ast gefesselt ist, dessen Enden zwei Keiler in ihren Mäulern tragen, wird dem Publikum vorgeführt. Seine Bewacher stolzieren über die Lichtung und präsentieren ihn wie eine Trophäe. Rufus murmelt irgendwas von »Brot und Spielen«.

Es folgt der Auftritt des Drachenbezwingers.

Herrmann stellt beide Vorderläufe auf den abgesägten Baumstumpf, das Standbein energisch durchgedrückt, das Spielbein leicht abgewinkelt, und reckt seine Hauer gen Himmel. Sieht aus, als würde er für ein Ölgemälde posieren.

Dann legt er los: »Das Volk des deutschen Waldes ist heute Zeuge einer wichtigen Entscheidung unseres geliebten und verehrten Königs Karl. Dabei geht es um nicht weniger als unser aller Zukunft. Und diese Zukunft hängt auch und in besonderem Maße an der Frage männlicher Ehre und Würde.«

Herrmann macht eine Kunstpause und schaut zu Emil, der verloren in einem Steinkreis zur Rechten des Königs steht, während Rufus und mir der Steinkreis zur Linken seiner Majestät zugewiesen wurde. Rufus hat mir erklärt, dass Emil als Nebenkläger im Kreis der Anklage stehe, während unser Steinkreis für die Verteidigung reserviert sei, also für den Angeklagten, nämlich mich, und seinen Verteidiger, nämlich Rufus.

»Ihr alle kennt Emil«, fährt Herrmann fort.

Die Schultern des gehörnten Emil sinken merklich herab, als die Augen aller Anwesenden sich auf ihn richten. Beinahe könnte er einem jetzt leidtun, denn nach dem heutigen Tag wird auch das letzte Tier im deutschen Wald wissen, dass Grete ihn mit einem Erdmännchen betrogen hat. So viel Anteilnahme wollte Emil dann vielleicht doch nicht. Aber da muss er jetzt durch, selbst schuld, er hat Keiler Herrmann gerufen und damit all das hier erst ins Rollen gebracht.

»Wir müssen die männlichen Tugenden wieder kultivieren lernen«, erklärt Herrmann lautstark weiter. »Wehrhaftigkeit, Weisheit, Unerbittlichkeit, Härte gegen sich und besonders gegen andere.«

Der Drachenbezwinger schaut zu Rufus und mir und grunzt verächtlich. »Aber wer sind diese … anderen?«

Er macht eine Kunstpause.

»Erdmännchen!« Er spuckt das Wort aus, als könnte ihm davon übel werden. »Afrikaner!« Ich sehe, dass ihm Geifer über die Hauer läuft. Er findet sich gerade selbst ziemlich …

erregend, würde ich sagen. »Das, liebe Waldbewohner, sind die anderen!«

Er grunzt zufrieden, illuminiert von einem Sonnenstrahl, der zufällig in genau diesem Moment durchs Blätterdach fällt.

Zustimmendes Raunen geht durch die Reihen.

»Wozu diese anderen fähig sind, das haben wir in der letzten Nacht erlebt. Wir Waldbewohner haben ihnen ein Stück unserer Heimat anvertraut, aber statt uns dafür auf ewig dankbar zu sein, haben diese Afrikaner den Rausch und die Ausschweifung in unser schönes, ruhiges Leben gebracht. Sie belügen und betrügen uns, um Zwietracht zu säen. Und am Ende werden wir es sein, die aus ihrer Heimat vertrieben werden. Vertrieben von Tieren ohne Gewissen und ohne Moral.«

Das Raunen in den Reihen ist diesmal deutlich lauter. Herrmann nimmt es mit Genugtuung zur Kenntnis.

»Waldgenossen, ich sage euch: Diese Afrikaner wollten nie zu uns gehören, und genau deshalb werden sie auch nie Teil unserer Waldgemeinschaft sein.«

Diesmal hört man zustimmendes Klopfen und Brummen in den Reihen, dazu Zwischenrufe: »Genau!« – »Richtig!« – »Schmeißt sie raus!« – »Ja, weg mit ihnen.«

Keiler Herrmann genießt den aufkeimenden Volkszorn sichtlich und wartet genüsslich ab, bis die Anwesenden sich wieder beruhigt haben. »Ich sage: Wer sich nicht an unsere Regeln hält, hat sein Bleiberecht verwirkt und gehört abgeschoben, ohne Wenn und Aber. Dieser Wald kann erst zur Ruhe kommen, wenn die afrikanische Frage geklärt ist. Die Antwort ist einfach, denn es gibt genug Siedlungsraum auf dieser Welt. Sollen diese Erdmännchen doch dahin gehen, wo sie hergekommen sind. Madagaskar, meinetwegen. Ja, meine Freunde, auch ich rufe euch zu: Weg mit ihnen!«

Rund um den Versammlungsplatz brandet Begeisterung auf. Lautstark stimmen die Waldbewohner dem Drachenbezwinger zu, der die Beifallsbekundungen entgegennimmt und uns dabei einen triumphierenden Blick zuwirft.

König Karl nickt huldvoll, was bedeutet, dass nun wir an der Reihe sind, unsere Sicht der Dinge zu schildern.

Rufus wirkt besorgt. »Wird nicht einfach.«

»Es wäre schön, wenn du als mein Verteidiger etwas mehr Zuversicht ausstrahlen könntest, Rufus.«

»Geht ja gerade nicht nur um dich, wie du gehört hast. Der will den ganzen Clan weghaben. Am besten, wir stellen uns zusammen auf den Baumstumpf und versuchen, einen möglichst vertrauenserweckenden Eindruck zu machen.«

»Ich glaube, das kriege ich hin«, sage ich.

»Und überlass das Reden mir.«

»Sowieso.«

Wenig später sind Rufus und ich auf den abgesägten Stumpf unter der Versammlungseiche geklettert. Rufus wartet, bis Ruhe eingekehrt ist. Dann atmet er einmal tief durch. »Es stimmt, wir sind Erdmännchen. Aber hat ein Erdmännchen nicht Augen?«

Schweigen. Die Tiere haben keinen Schimmer, worauf Rufus hinauswill. Und ich, ehrlich gesagt, auch nicht.

»Hat es nicht Gliedmaßen, Sinne, Neigungen, Leidenschaften? Mit derselben Speise genährt, mit denselben Waffen verletzt, denselben Krankheiten unterworfen? Wenn wir gestochen werden, bluten wir nicht?«

Rufus macht eine Kunstpause, während ich in die entgeisterten und ausdrucksleeren Gesichter der Umstehenden blicke.

»Ich glaube, hier weiß niemand, wovon du sprichst«, flüstere ich.

»Das merke ich auch gerade«, erwidert Rufus leise. »Ich werde es anders versuchen.«

»Okay, aber erzähl ihnen bloß nichts von diesem Traum«, sage ich. »Damit hast du uns alle zu Tode gelangweilt.«

Logisch, Rufus wäre nicht mein nerviger, kleiner Bruder, wenn er es nicht doch täte.

»Ich habe einen Traum!«, ruft er.

Und gleich noch einmal: »Ich habe einen Traum!«

Kunstpause.

»Dass eines Tages alle Tiere, die in diesem Wald leben, ob groß oder klein, nicht nach ihrem Äußeren, sondern nur nach dem Wert ihres Charakters beurteilt werden.«

Immerhin gibt es diesmal eine Publikumsreaktion. Ob es sich aber um zustimmendes Raunen oder genervtes Ausatmen handelt, ist schwer zu beurteilen. Rufus entscheidet sich dafür, dass er das Publikum endlich wachgerüttelt hat.

»Ich habe einen Traum!«, ruft er noch einmal.

»Hast du schon gesagt«, wirft ein vorwitziger Iltis ein.

»Dass eines Tages jedes Tal erhöht und jeder Hügel und jeder Berg erniedrigt wird. Die rauen Orte werden glatt gemacht, und die verwinkelten Orte werden begradigt.«

»Was redet der denn da?«, knurrt einer der Wölfe. Die anderen ziehen ratlos die Schulterblätter hoch.

Ich schaue zu Herrmann, dessen Brust vor Siegesgewissheit gleich zu platzen droht.

»Du musst dir was einfallen lassen, Rufus. Wenn du so weitermachst, dann sind wir geliefert. Denk an Archimedes, denk an den Clan. An Grete.«

Rufus nickt und wendet sich wieder der Menge zu. »Waldbewohner! Wir haben uns heute hier versammelt, um zu entscheiden, ob wir Erdmännchen gegen die Regeln dieser Gemeinschaft verstoßen haben.«

In Erwartung des vermeintlich spannenden Teils der Rede stellen die Tiere nun ihre Lauscher auf.

»Eines möchte ich klarstellen: Emils Frau Grete ist nicht unsere Gefangene. Sie kann jederzeit gehen, wohin sie will. Und das ist gut und richtig so, denn Grete hat entschieden, dass sie von nun an frei sein möchte. Frei von ihrem Mann und frei von den Rechten und Pflichten, die ihre Ehe ihr aufgebürdet hat.«

»Was war denn falsch an unserer Ehe?«, schimpft Emil. »Ist es etwa ein Verbrechen, wenn ein Mann seine Frau auf Händen trägt?«

Lautstarke Zustimmung seitens des Publikums.

König Karl klopft mit seinem Vorderhuf auf einen Baumstumpf, bis Ruhe eingekehrt ist. »Ich bitte den Nebenkläger, den Verteidiger nicht zu unterbrechen. Die Anklage hatte bereits Gelegenheit für ihr Plädoyer.«

Emil macht eine schuldbewusste Verbeugung.

»Danke, Euer Ehren«, sagt Rufus und wird mit einem wohlwollenden Nicken von König Karl belohnt. Immerhin.

»Wir sind heute nicht hier, um über die Ehe von Grete und Emil zu urteilen«, fährt Rufus fort. »Wir sind hier, um zu entscheiden, ob ausgewachsene Tiere sich vorschreiben lassen müssen, wie sie zu leben haben. Es geht also allein um die Frage, ob wir für uns beanspruchen wollen, frei zu sein, und folglich auch um die Frage, ob auch Grete das für sich beanspruchen darf.«

Es bleibt still auf dem Versammlungsplatz. Keine Unmutsbekundungen, keine blöden Zwischenrufe. Das Publikum scheint Rufus zumindest eine Chance geben zu wollen.

»Ich bin sicher, wir alle hier wollen frei sein. Aber die

Freiheit ist unteilbar. Wenn auch nur einer von uns nicht in Freiheit leben kann, dann sind wir alle nicht frei.«

Ich schaue in viele aufmerksame Gesichter und denke: Wow. Scheint tatsächlich, als hätte Rufus das Publikum endlich gepackt. Ein Blick zu Keiler Herrmann bestätigt meine Vermutung. Der Drachenbezwinger blickt sich unruhig um. Es passt ihm ganz und gar nicht, dass die Stimmung zu kippen droht.

»Alle freien Tiere, wo immer sie leben mögen, sind Tiere dieses deutschen Waldes.« Rufus lässt den Satz wirken. »Und deshalb bin auch ich als ein freies Erdmännchen stolz darauf, sagen zu können: Ich bin ein … Berliner!«

Stille.

Tosender Beifall wäre jetzt gut, aber der bleibt leider aus. Stattdessen erklingt das an ein fieses Röcheln erinnernde Lachen von Keiler Herrmann. Prompt röcheln die anderen Keiler mit, dann schwappt diese Woge erniedrigender Heiterkeit auf das Publikum über. Und dann lachen sie alle. Zwischen den Bäumen stehend, in den Ästen hängend und auf den Zweigen sitzend, lachen uns die Tiere des deutschen Waldes aus.

Was für eine Schmach. Energisch klopft König Karl mit dem Vorderhuf auf seinen Baumstumpf, aber das Glucksen, Röhren, Jaulen, Trällern und Japsen ist kaum zu beenden.

Doch urplötzlich wird es still. Ganz still. Es ist, als hätte jemand mit einer riesigen Fernbedienung den Ton weggedrückt. Von einer auf die andere Sekunde könnte man auf der Lichtung eine Tannennadel fallen hören.

»Was ist denn jetzt los?«, frage ich flüsternd.

40

Die plötzliche Stille ist nicht der Autorität des Königs zu verdanken, sondern dem Erscheinen von Grete. Unsicher, aber dennoch anmutig, hoppelt sie zum Erstaunen aller Anwesenden auf den Versammlungsplatz. Sie grüßt Emil mit einem Kopfnicken, vollführt eine tiefe Verbeugung vor Karl und seinem Gefolge, ignoriert Herrmann und seine Rotte. »Ich würde gern etwas sagen, Eure Majestät.«

Karl nickt wohlwollend. »Gut. Sie möge sprechen.«

»Danke.« Unsicher blickt Grete umher. »Freunde, Nachbarn und Mitbewohner unseres Waldes.« Man merkt sofort, sie ist es nicht gewohnt, vor einem großen Publikum zu sprechen.

»Lauter!«, ruft ein Fischotter.

Grete strafft sich. »Was Rufus euch gesagt hat, stimmt. Ich bin freiwillig mit den Erdmännchen mitgegangen. Niemand hat mich entführt, und niemand hat mich zu irgendetwas gezwungen, das ich nicht wollte.«

Ein Raunen geht durch die Reihen. Grete dreht sich zu Emil, der immer noch im Anklage-Kreis hockt und seine Frau fassungslos anstarrt.

»Es tut mir leid, Emil. Ich weiß, dass du mich aufrichtig liebst. Und ich wäre dir gern eine gute Frau gewesen. Mehr noch hätte ich eine gute Mutter für unsere Kinder sein wollen. Aber dazu ist es ja leider nie gekommen. Immerhin weiß ich jetzt, warum wir beide keine Kinder haben.«

Wieder geht ein Raunen durchs Publikum. Hilfesuchend schaut Grete zu Rufus. Der versteht und springt ihr bei.

»Das Problem ist genetischer Natur. Feldhasen haben achtundvierzig Chromosomen, Kaninchen hingegen nur vierundvierzig«, doziert mein Bruder. »Es ist biologisch unmöglich, dass eine Feldhäsin und ein Wildkaninchen gemeinsam Nachkommen zeugen. Deshalb ist das auch niemandes Schuld, sondern lediglich ein Naturgesetz.«

Ein Blick ins Publikum verrät mir, dass die Anwesenden meinen Bruder mit sehr gemischten Gefühlen betrachten. Einerseits finden sie ihn durchaus beeindruckend, andererseits aber auch irgendwie beängstigend und bemitleidenswert. Auch im deutschen Wald hat Rufus jetzt also den Ruf weg, ein armes, schräges Genie zu sein.

Grete schenkt ihm ein dankbares Lächeln, bevor sie sich wieder ihrem Mann zuwendet. »Siehst du, Emil. Wir sind nicht nur charakterlich völlig verschieden, wir sind offenbar auch sonst nicht füreinander bestimmt.« Sie zieht verlegen an ihrem Ohr. »Tut mir leid. Wirklich.«

»Aber was ist mit unserer Ehe?«, fragt Emil ratlos.

»Ich weiß es nicht«, antwortet Grete. »Noch nicht. Ich hab mir überlegt, ich ziehe eine Weile aus, damit wir beide Zeit zum Nachdenken haben.«

Emil sieht sie traurig an, seine Unterlippe beginnt zu beben. Schwer zu sagen, ob er jetzt in Tränen ausbrechen oder einen Wutanfall bekommen wird.

Herrmann mischt sich ein. »Da habt ihr den Beweis! Die Afrikaner wollen unsere Sitten und unser Leben zerstören …«

Karl schlägt mit dem Vorderhuf auf seinen Baumstamm, aber Herrmann scheint das nicht zu bemerken.

»Kaum haben diese Biester sich in unserem schönen Wald breitgemacht, da wird unsere Moral mit Füßen getreten …«

Karls Hufschlag wird lauter. »Herrmann! Es ist gut!«

»Nichts ist gut!«, geifert Herrmann. »Wir sollten diese …«

»Genug jetzt!«, röhrt der König. Seine Stimme lässt die Blätter an der Versammlungseiche erzittern.

Herrmann wirbelt herum und wirft Karl einen hasserfüllten Blick zu. Der König registriert es scheinbar gelassen, dennoch senkt sich sein Geweih herab. Nicht viel, nur ein paar Zentimeter, aber alle Tiere haben die instinktive Reaktion des Herrschers bemerkt.

Für einen winzigen Moment scheint es so, als würde Karl nicht nur einen verbalen, sondern auch einen tätlichen Angriff von Herrmann erwarten. Ungeheuerlich!

Die Tiere halten den Atem an. Niemandem auf der Lichtung ist die Attacke des Keilers gegen seine Majestät entgangen, und das wiederum hat auch Herrmann bemerkt. Der Drachenbezwinger weiß, dass er zu weit gegangen ist. Er senkt den Kopf und sagt: »Verzeiht, mein König. Ich habe mich mitreißen lassen.«

»Allerdings«, erwidert Karl huldvoll und hebt sein Geweih. Ihm ist jedoch anzusehen, dass er um Fassung ringt.

Der Dachs räuspert sich und springt seinem Herrscher bei. »Wünschen Eure Majestät, dass ich jetzt den Rat der Weisen befrage?«

»Nein, das ist nicht nötig, verehrter Hofrat. Ich verfüge hiermit, dass Grete frei entscheiden darf, wo und wie sie leben möchte. In unserem Wald soll jedes Tier nach seiner Façon glücklich werden.« König Karl musste wohl gar nicht erst überlegen, ob er das Orakel benötigt. Er entscheidet sich offensichtlich dafür, ein Exempel zu statuieren. Und zwar an Herrmann.

»Ui, das passt dem Drachenbezwinger aber ganz und gar

nicht«, flüstert Rufus mir zu. »Dem fällt gleich der Unterkiefer auf die Vorderhufe.«

In der Tat ist Herrmann maßlos entsetzt über die Worte des Königs – aber der hat noch mehr auf Lager.

»Was die Erdmännchen betrifft, so genießen sie weiterhin Bleiberecht in unserem Königreich. Ich denke, sie sollten sich in der Wüste ansiedeln, damit es zu keinen weiteren Zwischenfällen mit anderen Waldbewohnern kommt. Bindet den Gefangenen los und gebt den Erdmännchen in meinem Namen freies Geleit. Die Sitzung ist hiermit beendet.«

Dem zutiefst gekränkten Herrmann läuft vor Wut der Geifer aus dem offenen Maul.

Der Dachs tritt vor und verkündet: »Karl, unser gütiger und gerechter König, hat gesprochen. So sei es. Möge der König noch lange sein schützendes Geweih über diesen Wald halten. Es lebe der König!«

»Es lebe der König!«, antworten die Tiere im Chor. Und noch einmal lauter: »Es lebe der König!«

Ich beobachte immer noch Keiler Herrmann, der den Aufbruch des Monarchen samt Hofstaat mit düsteren Blicken verfolgt. Der Drachenbezwinger wünscht seinem Herrscher gerade ganz sicher kein langes Leben – ich würde sagen, eher im Gegenteil.

41

Die Laune im Clan ist bestens, als wir mit Archi und den guten Neuigkeiten zurückkehren. Haarklein muss Rufus' Patensohn erzählen, wie er im nächtlichen Wald die Orientierung verloren hat und am frühen Morgen einer aus Iltissen und Wieseln bestehenden Bürgerwehr in die Hände gefallen ist. Auch den Prozess schildert Archimedes in schillernden Farben und spart dabei nicht mit Lob für Rufus, was dem sichtlich schmeichelt.

Leider sinkt die gute Laune gleich danach wieder beträchtlich, weil alle begreifen, was das Urteil des Königs bedeutet: Wir müssen uns ein neues Zuhause graben. Schon wieder.

»Och nö, Leute. Ich hab noch Schwielen an den Krallen vom letzten Umbau«, motzt Nick.

»Genau! Und schmutzig wird man dabei auch immer«, stimmt Minka ihrem Bruder zu.

»Bringt doch auch nichts. Übermorgen werden wir sowieso wieder rausgeworfen«, unkt Nemo.

Rufus hebt beschwichtigend die Vorderläufe. »Keine Sorge. Der König hat zum zweiten Mal entschieden, dass wir bleiben dürfen. Diesmal wird unsere Arbeit also nicht umsonst sein. Und dieser Platz ist ideal, weil es die großen Tiere nicht wagen, die Wüste zu betreten. Ich wette, hier ist es fast so sicher wie im Zoo.«

»Toll«, ruft Natalie. »Sind wir nicht deshalb hier gelandet, weil es im Zoo gar nicht so sicher war, wie wir gedacht haben?«

»Genau. Und jetzt sollen wir hier leben? Inmitten von Bomben und Sprengzeugs?«, gießt Roxane Öl ins Feuer.

»Ihr müsst das mal so sehen: Der Sprengstoff ist unser Glück«, sagt Rufus. »Wir legen um den neuen Feldherrenhügel herum einen schicken neuen Bau an. Das gefährliche Zeug holen wir aus dem Boden oder graben drum herum, je nachdem, wie gefährlich es ist. Das restliche Gelände bleibt so, wie es ist, und schützt uns vor unliebsamem Besuch.«

»Da ist was dran«, sagt Rocky. »Ihr habt doch gesehen, wie die Keiler letzte Nacht geflitzt sind, als was explodiert ist.«

Rufus und ich drehen synchron die Köpfe zu Rocky. Ist selten, dass er Rufus zuhört. Noch seltener ist, dass er ihm recht gibt.

»Wir haben trotzdem keinen Bock zu graben«, meutert Nemo.

»Gut, graben wir eben nicht …«, mische ich mich ein.

»Genau«, bestätigt Nemo.

»Die Alternative ist dann aber, dass wir von nun an immer unter freiem Himmel schlafen müssen«, sage ich und werfe einen forschenden Blick in die Wolken. »Ist bestimmt nur eine Frage der Zeit, bis die Greifvögel das spitzkriegen.«

Alle Augenpaare richten sich nach oben. Zum Glück ist die Luft rein.

»Guter Schachzug«, raunt Rufus mir zu.

Ich habe die Kleinen tatsächlich ins Grübeln gebracht. So leichtsinnig und irgendwie auch sinnlos wollen sie ihre jungen Leben dann doch nicht wegwerfen.

»Menno«, sagt Konrad kapitulierend.

Rocky lässt zufrieden die Nackenwirbel knacken. »Okay, Leute. Dann legen wir mal los.«

»Ihr könnt beim Graben gleich mal herausfinden, was dieser Boden so an leckeren Käfern hergibt«, setzt Rufus nach. »Ich bin sicher, der Tisch hier ist reichlich gedeckt, weil sich kaum Tiere in diese Wüste getraut haben.«

»Super«, sagt Rocky. »Wir graben, und nebenbei gibt's Snacks.«

Die Arbeiten gehen nur langsam voran. Zum einen liegt das an der mangelnden Motivation unserer jüngeren Geschwister, die problemlos ganze Nächte durchfeiern können, aber schon nach einer halben Stunde Arbeit völlig fix und alle sind.

Zum anderen müssen Unmengen an Fundstücken begutachtet werden, was viel Zeit in Anspruch nimmt. Rufus ist pausenlos unterwegs, um zu entscheiden, ob wir die Sachen ans Tageslicht bringen können oder an Ort und Stelle lassen müssen. Im ersten Fall landen sie auf einem Haufen am Fuß des Feldherrenhügels, wo sich bereits eine beachtliche Menge Krimskrams angesammelt hat. Unmengen leerer, meist total verrosteter Patronen- und Granatenhülsen liegen hier. Außerdem verbogenes Essbesteck, ein paar Orden, ein Zigarettenetui, eine Dose Schuhcreme, zwei Nagelfeilen, ein kaputtes Taschenmesser, eine Menge Stacheldraht und ein Ehering, was Rufus anhand der Inschrift erkannt hat. Wir haben sogar einen Schlüsselbund gefunden, aber Rufus vermutete, dass die Türen, die man damit einmal öffnen konnte, längst nicht mehr existieren. Sie sind ebenso verschwunden wie die Soldaten, ihre Siedlungen und ihre Waffen. Zumindest das meiste davon.

Wenn sich das im Erdboden gefundene Zeug nicht abtransportieren lässt, müssen wir Umgehungsgänge graben, die Sackgassen auffüllen und nicht selten den kompletten Bauplan ändern.

Bei so was blüht Rufus normalerweise auf wie Pfingstrosen im Mai. Ich wette, mein Bruder könnte auf Sex, Schlaf und regelmäßige Mahlzeiten verzichten, nicht aber darauf, möglichst komplizierte Pläne zu schmieden. Umso mehr erstaunt es mich, dass er heute nicht bei der Sache ist.

Als er eine Pause einlegt und sich auf den Feldherrenhügel in die Sonne setzt, geselle ich mich zu ihm.

»Läuft doch ganz gut«, sage ich. »Die Minus-3-Ebene kriegen wir heute vielleicht auch noch hin. Dann steht der Rohbau.«

»Mmmmmmh«, antwortet Rufus gedankenverloren.

»Und weiß du schon, wo du das Headquarter einrichten willst?«

Er zieht gelangweilt die Schultern hoch.

»Weißt du es noch nicht, oder ist es dir egal?«, hake ich nach.

Wieder ein Schulterzucken.

Okay, das ist jetzt ein klarer Fall von depressiver Verstimmtheit. Rufus ohne Headquarter, das ist wie der vierte Wurf ohne Zucker und Koffein – oder wahlweise ohne Alraunen- und Stechapfelzeugs. Also eigentlich undenkbar.

Ich ahne, warum meinem Bruder heute der Feuereifer fehlt. »Es ist wegen Grete, oder?«

Er nickt. »Ich hatte gehofft, sie würde zu uns ziehen. Jetzt sitzt sie allein in ihrem Sommerbau, und vermutlich steht jeden Tag ihr Noch-Ehemann auf der Matte und versucht, sie zurückzugewinnen.«

»Gib ihr Zeit«, sage ich. »Ich weiß ja, dass du gern Pläne machst. Aber den Plan für ihr neues Leben musst du schon Grete allein überlassen.«

»Ich weiß«, sagt Rufus. »Ich würde nur sehr gern in ihrem neuen Leben vorkommen.«

»Schon klar. Du hast Angst, dass sie sich gegen dich entscheiden könnte. Aber wenn du ihr deine Liebe beweisen willst, dann nur, indem du ihr Raum gibst.«

Ich, der zweifache Liebestotalloser, gebe schlaue Ratschläge.

Rufus sieht mich an. »Wie kommst du denn darauf, dass ich sie liebe?«

»Komm schon! Das sieht ein Blinder mit Krückstock. Selbst Pa würde es erkennen, und zwar an einem seiner schlechten Tage.«

Rufus muss grinsen. »Glaubst du, sie liebt mich?«

Ich überlege noch, was ich ihm darauf antworten soll, da ruft Nadja: »Kannst du mal kommen, Rufus? Ich hab 'ne Kiste mit faulen Ananas gefunden. Sieht total ekelig aus. Ich werde diese Dinger jedenfalls ganz sicher nicht anfassen.«

Nadja hat den Fund nur notdürftig freigelegt. Aus Sicherheitsgründen. Das hat Rufus zu Beginn der Arbeiten so angeordnet. Wer was findet, soll es sofort melden.

Die Metallkiste selbst steckt noch im Erdreich fest, aber man kann den Deckel aufklappen und sehen, was drin ist. Und das sind tatsächlich ein paar sehr alte, verschrumpelte schwarze Ananas.

»Das Ding würde einen prima Wandschrank abgeben«, sage ich. »Wir müssen nur das vergammelte Zeug wegwerfen.«

»Könnt ihr gern machen, aber ohne mich. Ich werde diese ekeligen Dinger nicht anrühren.« Nadja verschränkt demonstrativ die Vorderläufe.

Rufus schließt den Metalldeckel des neuen Wandschranks. »Ist schon okay. Wir erledigen das. Du kannst jetzt Pause machen.«

Nadja und ich sind gleichermaßen erstaunt. Rufus gönnt dem Grabungsteam nur selten eine Pause – sonst könnte ja sein wertvoller Zeitplan durcheinanderkommen.

»Okay. Danke.« Unsere jüngere Schwester beeilt sich, wegzukommen, bevor Rufus es sich anders überlegen kann.

Als Rufus die Metallkiste wieder geöffnet hat, schnuppere ich kurz an den verwesten Früchten. »Komisch. Die riechen kein bisschen nach Ananas.«

Rufus nimmt eines der schwarzen Dinger heraus. »Das ist kein Obst, Ray, das sind Handgranaten. Die sehen nur aus wie mumifizierte Ananas.«

»Handgranaten?«, wiederhole ich erstaunt.

Rufus nickt. »Sechs russische F-1. Jedes von diesen Schätzchen hat einen Splitterradius von zweihundert Metern. Diese kleinen Dellen, die an eine Ananas erinnern, sorgen dafür, dass das Gehäuse bei der Detonation in Hunderte winzige Splitter zerbricht. Sollte diese Metallkiste also explodieren, dann war es das mit unserem neuen Bau. Und mit unserem Clan nebenbei auch.«

Rufus lässt den Deckel der Metallkiste zuschnappen. »Deshalb habe ich Nadja weggeschickt. Die Kleinen dürfen nicht wissen, dass hier unten Handgranaten lagern.« Er sieht sich um. »Ich denke, damit haben wir unser Headquarter. Und zwar genau hier. Der Deckel der Kiste gibt eine super Magnettafel ab.«

»Du willst das Zeug *hier* unten lagern?«, frage ich geschockt.

Rufus nickt. »Ja. scheint mir die sicherste Lösung. Außerdem sind die Dinger noch gut in Schuss.« Er öffnet die

Kiste erneut und holt eine der Granaten heraus. Instinktiv weiche ich zurück.

»Keine Sorge«, sagt Rufus. »Die können erst losgehen, wenn du diesen Metallstift an der Seite herausziehst. Danach hast du noch etwa drei Sekunden Zeit, um die Granate zu werfen und dich in Sicherheit zu bringen. Aber keine Sorge, solange der Stift drin ist, passiert überhaupt nichts.«

Er wirft mir die Granate zu, erschrocken fange ich sie auf.

»Siehst du«, sagt Rufus. »Völlig ungefährlich, wenn man weiß, wie man damit umgehen muss.«

42

Unser neues Zuhause ist am späten Abend bezugsfertig. Eigentlich ein Grund zur Freude, aber die Stimmung ist verhalten. Wir alle sind müde, und die meisten wollen sich einfach nur aufs Ohr hauen und diesen langen und anstrengenden Tag abhaken.

Auch ich suche mir einen Schlafplatz und finde eine kleine, gemütliche Kammer unweit des neuen Headquarters. Aber obwohl ich mich völlig erschlagen fühle, will das mit dem Schlafen nicht klappen. Ich vermisse meine Laptoptasche. Die liegt irgendwo in unserem ehemaligen Gehege im Berliner Zoo – sofern es das Gehege überhaupt noch gibt. Vielleicht haben sie es längst eingeebnet und alles, was wir zurückgelassen haben, steckt dort jetzt ebenso im Boden wie hier die Patronen und das ganze andere Zeug. Wir sind ein Stück Vergangenheit, und das fühlt sich verdammt seltsam an. Doch wer weiß, vielleicht buddelt sich jemand eines fernen Tages durch unseren ehemaligen Bau, so wie wir uns durch diese Wüste graben. Und vielleicht findet dieser Jemand dann zufällig meine Laptoptasche und fragt sich, wem sie wohl gehört haben mag und was es damit auf sich hatte. So ähnlich wie wir uns heute Nachmittag gefragt haben, was aus dem Paar geworden ist, dessen Ehering wir gefunden haben: Natascha und Dimitri. Hatten die beiden Kinder? Waren sie glücklich? Was ist aus ihnen geworden?

Das Grübeln lässt mich in einen kurzen, unruhigen Schlaf fallen. Als ich wach werde, fühle ich mich genauso kaputt wie vorher. So bringt das nichts, denke ich und beschließe, ein bisschen frische Luft zu schnappen.

Auf dem Feldherrenhügel treffe ich Rufus. Er sitzt regungslos unter dem Sternenhimmel und sieht aus, als wäre er dort beim Meditieren von seiner Yogaklasse vergessen worden. Hat bestimmt mit Grete zu tun.

Ich setze mich zu ihm. Wir schweigen eine Weile.

»Du hast mir meine Frage noch nicht beantwortet«, sagt er plötzlich.

»Welche von den vielen?«

»Glaubst du, Grete liebt mich?«

Stimmt, die Antwort auf diese Frage bin ich noch schuldig. Die Wahrheit ist, ich weiß nicht, ob Rufus sich Hoffnungen machen sollte. Grete ist gerade dabei, ihre Ehe hinter sich zu lassen, und womöglich ist das Letzte, was sie jetzt gebrauchen kann, eine neue Beziehung. Aber wenn ich das Rufus so sage, dann zieht ihn das nur noch mehr runter. Dabei sind unsere aktuellen Lebensumstände schon deprimierend genug.

»Also nein«, gibt Rufus sich selbst die Antwort.

»Das habe ich doch gar nicht gesagt«, entgegne ich.

»Aber gedacht. Du hast nur überlegt, wie du es mir möglichst schonend beibringst.«

»O Mann, das ist manchmal wirklich nicht leicht, einen so cleveren Bruder wie dich zu haben.«

Er muss grinsen. »Also habe ich recht.«

»Hast du nicht«, lüge ich. »Die Wahrheit ist …«

Ein Knacken im Gebüsch am Rand unserer Wüste lässt uns synchron aufspringen. Ist einer dieser Reflexe, die seit

Millionen von Jahren immer gleich funktionieren. Natur. Echt krass. Da kannst du rein gar nichts gegen machen. Ist egal, ob um dich herum kiloweise Sprengstoff im Boden liegt oder ob du dich in einem sicheren Gehege im Berliner Zoo befindest. Bei Anzeichen einer möglichen Gefahr stellen sich dir die Nackenhaare zu Berge, und deine Sinne springen in den Alarmmodus.

Wieder ein Knacken, dann schwebt langsam ein Geweih aus dem Halbdunkel des Waldes, gefolgt von der imposanten Gestalt des Königs. Mein Oberkörper strafft sich, und auch Rufus nimmt Haltung an. Karls majestätische Erscheinung lässt irgendwie nichts anderes zu. Könnte allerdings auch daran liegen, dass das Mondlicht sein Geweih schimmern lässt, als käme er nicht aus dem Wald, sondern aus einer anderen Welt. Es sieht aus wie in flüssiges Silber getaucht.

Ich erinnere mich, dass Minka und Mitzi den ersten Auftritt des Königs »voll määdschik« fanden. Wenn sie das hier sehen könnten, würden sie ausflippen.

»Glaubst du, der will zu uns?«, frage ich leise.

»Wohl kaum«, flüstert Rufus. »Du weißt doch, wenn er was von uns will, dann schickt er seine Leute.«

Wieder ein Knacken. Keiler Herrmann erscheint hinter Karl.

Der König wendet sich dem Drachenbezwinger zu. »Also gut, Herrmann. Da wären wir. Was ist denn nun so wichtig, dass es nicht bis morgen früh warten kann?«

Herrmann lässt die Nackenmuskeln spielen. »Ich wollte mit Euch noch einmal über die Gerichtsverhandlung reden. Es gab da ja diese Situation, in der ich fast die Beherrschung verloren hätte ...«

»Schon gut. Schwamm drüber«, sagt Karl würdevoll. »Du

hast dich dafür entschuldigt, und ich bin sicher, so etwas wird nie wieder vorkommen. Vergessen wir die Sache.«

»Seht Ihr, da sind wir schon wieder verschiedener Meinung. Ich befürchte, so etwas wird immer wieder vorkommen«, erwidert Herrmann mit gefährlichem Unterton. »Deshalb sollten wir ein für alle Mal klären, wer hier im Wald das Sagen hat ...«

»Mäßige deinen Ton, Herrmann!«, erwidert der König.

»Die deutschen Tiere wollen sich nicht länger dem Willen eines schwachen und altersmilden Königs beugen«, fährt Herrmann ungerührt fort.

»Schweig! Auf der Stelle«, befiehlt Karl dem Keiler energisch.

»Nein! Ich werde nicht länger schweigen. Denn Ihr habt unsere schöne deutsche Heimat den Afrikanern überlassen und uns damit alle in Lebensgefahr gebracht ...«

»Niemand ist in Gefahr«, entgegnet König Karl. »Ich wache über den deutschen Wald, so wie ich es immer getan habe und immer tun werde.«

Herrmann röchelt amüsiert. »Ihr seid alt und weichherzig. Und es gibt niemanden, der Euch auf den Thron folgen könnte. Oder glaubt Ihr im Ernst, Eure zarte Tochter wäre imstande, dieses Königreich zu führen?«

»Genug!«, entscheidet König Karl und versucht, sich durch ein eindrucksvolles Röhren Respekt zu verschaffen. Doch diesmal klingt der König nicht ganz so souverän, wie wir ihn kennengelernt haben, eher etwas beunruhigt. »Ich verbiete dir, so zu reden.«

»Ihr verbietet mir überhaupt nichts mehr«, kontert Herrmann. »Was wollt Ihr schon machen, Ihr alter Bock?«

Der König atmet einmal schnaubend durch. »Ganz einfach, Herrmann, ich könnte dich all deiner Ämter entheben und dich aus meinem Wald verbannen. Dich und deine gesamte Rotte. Also sei vorsichtig, was du sagt.«

Erhobenen Hauptes will Karl an Keiler Herrmann vorbei in den Wald zurückkehren. Doch der Drachenbezwinger stellt sich ihm in den Weg.

»Habt ihr das gehört?«, ruft Herrmann. »So dankt uns König Karl unsere langjährigen Dienste.«

Aus dem Halbdunkel des Waldes schälen sich, einer nach dem anderen, die Leiber der anderen Wildschweine, allen voran Fritz, Herrmanns Sohn. Selbst aus der Ferne fühlt es sich an, als könnte man die von der Rotte ausgehende Gefahr mit Klauen greifen.

»Was hat das zu bedeuten?«, fragt Karl, mit dessen Souveränität es endgültig vorbei ist.

»Das bedeutet, nicht wir, sondern Ihr werdet diesen Wald verlassen«, grunzt Herrmann. »Und nehmt am besten gleich den Weg durch die Wüste. Da könnt Ihr Euch von Euren neuen Freunden verabschieden.«

Der König senkt sein Geweih. »Ich bin immer noch Euer König. Und seid gewiss, ich werde mich nicht kampflos ergeben.«

In einer Geschwindigkeit, die man ihm gar nicht zugetraut hätte, stürmt Karl auf Herrmann zu, um ihm die Enden seines Geweihs in die Flanke zu stoßen. Doch obwohl der Angriff wie aus dem Nichts kommt, ist der Keiler schneller.

Er weicht der Attacke des Königs aus, und als dieser an ihm vorbeistürmt, schlägt Herrmann ihm einen seiner gewaltigen Eckzähne in die Flanke.

Karl röhrt vor Schmerz auf, droht einen Moment zu Boden zu gehen, findet dann aber schwer atmend sein Gleichgewicht wieder. Königliches Blut tropft auf den Waldboden.

Wieder senkt der Rothirsch das Geweih, er schnaubt hustend. Herrmann erwartet den Widersacher mit erhobener Schnauze und überlegenem Blick.

»Überlegt Euch gut, ob Ihr auch die andere Flanke hinhalten wollt, Majestät«, spottet er.

»Tu es nicht, Karl, bitte«, hört man eine flehende Stimme aus dem Dunkel.

Am Waldrand erscheint die Silhouette von Königin Luise.

»Guten Abend, Euer Majestät«, begrüßt sie Herrmann. »Ihr kommt gerade zum rechten Zeitpunkt. Ich glaube, Euer Gemahl wollte sowieso just den Heimweg antreten.«

Königin Luise würdigt den Keiler keines Blickes. Sie stellt sich an die Seite ihres Mannes, ganz nah, um den immer noch blutenden Karl unauffällig zu stützen.

»Ihr solltet auf den Rat Eurer Frau hören«, sagt Herrmann. »Geht heim, ruht Euch aus, und morgen beim ersten Sonnenstrahl wird abgedankt. Ihr übergebt mir offiziell die Krone und verschwindet aus meinem Wald. Im Gegenzug verschone ich Euer beider Leben und das Eurer Tochter. Nehmt meinetwegen auch Eure nichtsnutzigen Getreuen mit. Ich betrachte das als ein großzügiges Entgegenkommen meinerseits.«

Karl sieht seiner Königin in die Augen. Da stirbt gerade eine Dynastie.

»Wir müssen an Sissi denken«, mahnt Luise.

Karls Kopf und Geweih sinken noch ein wenig tiefer. »Ja, das müssen wir wohl.«

Auf zittrigen Beinen und gestützt von seiner Königin verlässt der blutende König das Schlachtfeld.

Die Dunkelheit hat die beiden kaum verschlungen, da umringen die Keiler ihren neuen Herrscher und gratulieren ihm grunzend und quiekend zum gelungenen Staatsstreich.

»Und jetzt werden wir den deutschen Wald mit eisernem Besen auskehren«, frohlockt Herrmann.

Fritz stiert zu uns herüber. »Und diesen afrikanischen Ratten ziehen wir das Fell über die Ohren.«

Obwohl mich haufenweise Sprengstoff vor einem Angriff von Fritz schützt, geht mir sein Blick durch Mark und Bein. Instinktiv weiche ich zurück.

»Schon gut«, sagt Rufus. »Er schaut nur zufällig in unsere Richtung, kann dich aber nicht erkennen. Wildschweine sehen nicht besonders gut.«

»Sag das doch gleich«, erwidere ich, springe auf, strecke Fritz meinen bepelzten Hintern entgegen und lasse ihn kreisen.

»Dafür werde ich dir einen besonders schmerzhaften Tod bereiten, wenn es so weit ist, Erdmännchen«, grunzt Fritz.

»Oh«, sagt Rufus. »Ich glaube, er kann dich doch sehen.«

»Na, danke!«, erwidere ich.

Herrmann mischt sich ein. »Hör mit dem Quatsch auf, Fritz. Um die kümmern wir uns später. Jetzt müssen wir allen Bescheid geben, dass sie morgen beim ersten Sonnenstrahl auf der Lichtung zu erscheinen haben. Ich möchte, dass jeder erfährt, wer der neue Herr im Wald ist.«

Mit erhobenem Kopf trabt Herrmann zurück ins Dickicht, die anderen folgen ihm.

»Sollen wir uns das morgen früh ansehen?«, frage ich.

»Bleibt uns nichts anderes übrig«, erwidert mein Bruder. »Wenn dieser Drachenbezwinger den eisernen Besen rausholt, dann ist bestimmt auch Grete in Gefahr.«

43

Es ist alles andere als leicht, unerkannt auf den Versammlungsplatz zu gelangen. Aber Rufus hat die geniale Idee, dass wir die bei den Grabungsarbeiten entdeckte schwarze Schuhcreme dazu benutzen, unser Fell zu färben und uns als Iltisse zu verkleiden. Das gelingt so gut, dass selbst Grete uns nicht erkennt, als sie uns im Getümmel über den Weg hoppelt.

»Jetzt sind wir echte Schwarze«, sage ich, während wir uns am Versammlungsplatz unters Volk mischen.

Rufus schüttelt verständnislos den Kopf. »Was du da gerade machst, das nennt sich kulturelle Aneignung. Und das ist politisch echt nicht korrekt, Ray.«

»Korrekt.«

»Nein, nicht korrekt.«

Die Verlockung ist einfach zu groß, also füge ich hinzu: »Dass man jetzt nicht mal mehr als Schwarzer Witze über Schwarze machen darf …«

»Auch diese Bemerkung ist völlig unpassend und nicht im mindesten lustig, Ray.«

Ich halte ihm die Klaue hin, aber Rufus lässt sich nicht dazu herab, einzuschlagen. Schätze, es hat sich ausgewitzelt.

Der König erscheint, begleitet von Gattin und Tochter und seinem treuen Hofstaat. Allerdings fehlt die sonst so pompöse Eröffnungszeremonie.

»Liebes Volk«, beginnt er. Seiner Stimme ist die Schmach

der Kapitulation deutlich anzuhören. Die Wunde an seiner Flanke blutet zwar nicht mehr, aber ein großer roter Fleck erinnert an den verlorenen Kampf der letzten Nacht. »Soeben habe ich mein Amt als König des deutschen Waldes niedergelegt. Herrmann, der Drachenbezwinger, wird mein Nachfolger. Ich wünsche euch Glück und Zufriedenheit. Habt Dank für euer Vertrauen …« Er hält kurz inne, will weiterreden, stockt aber, muss schlucken und scheint nun den Faden endgültig verloren zu haben. Vielleicht hat er aber auch nur keine Lust, mehr zu sagen als unbedingt nötig. Wichtig ist ja ohnehin nur, dass er seinen Teil der Abmachung erfüllt und damit das Leben seiner Familie schützt. Ein röhrendes Husten, eher ein Röcheln.

»Lebt wohl, meine Freunde«, schließt er mit leiser Stimme.

Karl wendet sich zum Gehen und schreitet, begleitet von Frau, Tochter und seinem Gefolge, einer ungewissen Zukunft entgegen. Das Birkenwäldchen, in das Karl sich nach seinen öffentlichen Auftritten mit der Familie immer zurückzog, bildet die Bühne für seinen letzten Auftritt. Langsam verliert sich das Geweih seiner Majestät zwischen den Bäumen.

Es ist mucksmäuschenstill auf dem Versammlungsplatz. Niemand traut sich, dem König zu huldigen, ihn gebührend zu verabschieden, denn alle haben offensichtlich Angst vor dem neuen Machthaber. Nur die vorwitzige Seidenschwanzdame, deren Lebensaufgabe es bislang war, Karls Auftritte anzukündigen, fasst sich ein Herz.

Plötzlich erhebt sie sich in die Lüfte und trällert lauthals:

»EslebederKönig!
EslebederKönig!
Eslebeder …!«

Weiter kommt sie nicht, denn ein pfeilschnell dahinschießender Falke, der in einer der umliegenden Baumkronen gelauert haben muss, schnappt sich die Seidenschwanzdame im Flug und lässt sie nach einem eleganten Salto über die Baumwipfel Herrmann direkt vor die Hufe fallen.

Da liegt die Seidenschwanzdame nun. Zu Tode erschrocken und von Falkenkrallen malträtiert, bringt sie keinen Ton heraus.

»Noch jemand, der den König hochleben lassen möchte?«, fragt Herrmann.

Niemand rührt sich.

Der Drachenbezwinger gibt seinem Sohn ein Zeichen, der daraufhin zum Baumstumpf trabt und sich dort in Szene setzt, wie er es vom Vater gelernt hat.

Mit schnarrender Stimme verkündet er: »Der deutsche Wald wird leben, weil Herrmann, der Drachenbezwinger, lebt. Der deutsche Wald *ist* Herrmann! So wie Herrmann der deutsche Wald ist! Aus diesem Grund wird er von nun an seinen Namen tragen. Der …« Fritz macht eine Kunstpause, reckt kämpferisch die Schnauze und ruft: »Herrmannswald!«

Betretenes Schweigen.

»Bravo!«, ruft Jens Spanner und klatscht in seine Gelbhalsmauspfötchen. »Bravo!«

Zögerlich schließen sich weitere Tiere dem Applaus an, während Herrmann und Fritz die Plätze tauschen.

Der Drachenbezwinger wartet geduldig, bis wieder Ruhe eingekehrt ist, dann ruft er: »Der Herrmannswald gehört den deutschen Tieren, und das soll auch in tausend Jahren noch so sein. Deshalb müssen wir verhindern, dass Ausländer uns unseren Siedlungsraum stehlen. Ich, Herrmann der Drachenbezwinger, sage euch, nur ein Wunder in letzter Sekunde kann uns jetzt noch retten. In diesem Moment höchster Not habe ich entschieden, neue Regeln zu erlassen.

Regel Nummer eins: Ab sofort werde ich alle wichtigen Entscheidungen allein treffen. Kritik an mir und meinen Entscheidungen ist verboten. Als meinen Amtssitz wähle ich die Burgruine, die wir Keiler als unser Zuhause betrachten. Der offizielle Name meines Hauptquartiers wird *Keilerschanze* lauten.

Regel Nummer zwei: Meine Keiler und die flinken Wiesel, die ebenfalls zur Herrmann-Rotte zählen, dürfen zu jeder Zeit jeden Bau, jede Höhle und jedes Nest in diesem Wald inspizieren. Verräter, die sich heimlich mit den Ausländern verbünden, werden wir finden und anklagen.

Regel Nummer drei: Allen Anordnungen meiner Rottenmitglieder ist grundsätzlich Folge zu leisten. Mein Sohn Fritz wird der neue Sicherheitschef im deutschen Wald.«

»Bravo!«, ruft Jens Spanner. Diesmal wirkt er allerdings deutlich weniger begeistert. Nur hier und da regt sich weiterer Beifall.

»Lass uns abhauen«, sagt Rufus leise. »Ich hab genug gehört.«

Wir wollen gerade verschwinden, da ertönt plötzlich eine leise Stimme von oben – eigentlich ist es mehr ein Piepsen aus der Eiche: »Der Rat der Weisen protestiert energisch gegen die neuen Gesetze. Wir legen unser Veto ein.«

Die vier Eichhörnchen vom Rat der Weisen haben in der Astgabel dicht an dicht Stellung bezogen. Ihre Köpfe und Unterkiefer zucken nervös.

»Mit zwei zu zwei Stimmen«, hört man jemanden rufen, und einige Tiere lachen.

»Nein. Wir haben diese Entscheidung einstimmig getroffen«, erwidert das Eichhörnchen mit bebender Piepsstimme.

Ein Raunen geht durch die Menge.

»So, so, einstimmig«, erwidert der Drachenbezwinger amüsiert.

»Ja, einstimmig«, bestätigt das vorwitzige Eichhörnchen. »Der Rat der Weisen ist der Ansicht, dass alle Tiere des Waldes gefragt werden müssen, bevor Gesetze von einer solchen Tragweite verabschiedet werden können.« Die neben dem Wortführer sitzenden drei anderen Eichhörnchen des Rats der Weisen nicken kauend.

»Diese Eichhörnchen haben wirklich Nüsse«, flüstere ich.

Rufus nickt. »Wird ihnen nicht viel helfen.«

Mein Bruder liegt wieder richtig. Herrmann macht kurzen Prozess mit dem Rat der Weisen.

»Nehmt sie fest«, befiehlt er lässig, und wenig später zerren ein paar Wiesel, die eben noch in schönster Eintracht neben Herrmanns Keilern standen, die wild protestierenden Eichhörnchen von der Versammlungseiche.

»Was wird uns vorgeworfen?«, piepst der Wortführer aufgeregt.

»Verstoß gegen Regel Nummer eins«, erwidert Herrmann ungerührt: »Kritik an mir und meinen Entscheidungen ist ab sofort verboten und wird mit Haft im Verlies der Keilerschanze bestraft.«

Während die Wiesel die Eichhörnchen in den Wald schleppen, blickt Herrmann in die Runde: »Noch jemand, der es wagt, mir zu widersprechen?«

Schweigen. Niemand will seinen Kopf riskieren.

Herrmann schaut zu Fritz, der mit stolz geschwellter Brust in die Mitte der Arena trabt und lauthals verkündet: »Unser geliebter Führer, er lebe hoch! Er lebe …«

Halbherzig stimmen die verunsicherten Tiere in die Hochrufe ein. Nur Jens Spanner und ein paar andere Hardliner sind begeistert vom neuen Regiment im deutschen Wald und lassen Führer Herrmann frenetisch hochleben.

»Ich muss sofort Grete finden«, sagt Rufus und blickt sich hektisch um. »Hier ist es für sie nicht mehr sicher. Vielleicht kann ich sie ja jetzt dazu überreden, zu uns zu ziehen.«

»Wer sagt, dass nicht auch wir in höchster Gefahr sind?«, frage ich.

»Eins nach dem anderen«, sagt Rufus. »Der Clan ist erst mal sicher, Grete aber noch lange nicht.«

»Okay«, erwidere ich. »Dann schaue ich mal kurz im *Acapulco* vorbei und sage den Waschbären, dass sie weiter auf Tauchstation bleiben sollen, weil die neuen Machthaber offenbar überhaupt keinen Spaß verstehen.«

»Aber so gar keinen«, bestätigt Rufus. »So gar keinen.«

44

Ich stelle mich unter den Wasserfall und wasche mir die Iltis-Farbe vom Pelz. Klebt ganz ordentlich, diese russische Schuhcreme. Aber nach einer ausgiebigen Dusche ist das Zeug endlich ab, und ich fühle mich wieder wohl in meinem Fell.

Erfrischt und fast beschwingt betrete ich das *Acapulco*. Schon am Eingang beschleicht mich jedoch ein ungutes Gefühl. Liegt hier etwa Keilerparfum in der Luft?

Ein Blick in den Club bringt Gewissheit. Was ich dort zu sehen bekomme, lässt mir das Herz in die Hose rutschen – oder eben dahin, wo meine Hose wäre, wenn ich eine hätte. Herrmanns Schläger waren nicht nur hier, sie haben auch ganze Arbeit geleistet.

Die Slackline, die wir über den Dancefloor gespannt hatten, ist zerschnitten worden – ich habe da spontan die messerscharfen Krallen eines Falken in Verdacht –, und die daran befestigten Boxen, Lampen und Spiegel haben den Subwoofer und den CD-Spieler zerdeppert. Danach müssen die wild gewordenen Keiler alles kurz und klein getrampelt haben, was nicht schon durch den Sturz zu Bruch gegangen war. Der Dancefloor liegt unter einer Schicht von Plastikteilchen, Glassplittern und Kabelgewirr. Unsere wunderschöne Veranstaltungstechnik ist nur noch ein Haufen Müll.

»Verdammte Scheiße«, sage ich in die Stille.

Ein Echo ertönt, als würde der Club mir zustimmen.

»Ray? Bist du das?«, höre ich eine schwache Stimme.

»Wer ist denn da?«, antworte ich.

»Shabby«, antwortet die Stimme. »Ich bin hier hinten.«

Shabby, der pummelige Waschbär, ist also noch hier.

»Kannst du das etwas genauer sagen?«, frage ich.

»Ja. Ich bin im ...« Shabby muss husten.

Anhand der Richtung, aus der die Stimme kommt, ahne ich, dass er den Darkroom meinen könnte. Ich laufe in den entsprechenden Gang und stolpere dabei um ein Haar über zwei Waschbärenbeine, die mitten im Weg liegen. Es sind Shabbys Beine. Er sitzt im Gang, den Rücken an die Wand gelehnt, und gibt ein Bild des Elends ab.

Sein linkes Auge schaut mich müde an, mit dem anderen kann er momentan nichts sehen, weil es zugeschwollen und ebenso lädiert ist wie seine komplette rechte Gesichtshälfte.

»Was ist passiert?«, frage ich geschockt.

»Drei Wiesel, drei Keiler und ein Falke sind hier aufgetaucht und haben alles kurz und klein geschlagen. Ohne jede Vorwarnung.«

»Und wann war das?«

»Heute früh. Sehr früh. Würde sagen, kurz vor Sonnenaufgang.«

Herrmann verliert wirklich keine Zeit, seine neue Ordnung durchzusetzen, denke ich. »Haben die dich so zugerichtet?«

Shabby nickt. »Ich wollte nur vernünftig mit denen reden, aber die haben uns einfach über den Haufen gerannt. Und dabei hab ich einen Huf abgekriegt.«

»Weißt du, wo die anderen sind?«

»Ich glaube, ein paar von uns konnten entkommen«, sagt Shabby mit matter Stimme. »Aber die meisten sind verhaftet und abgeführt worden. Ich bin nur noch hier, weil ich mich im Darkroom verkrochen habe. Als du kamst, da wollte ich gerade schauen, ob die Luft rein ist. Aber dann sind mir die Beine weggesackt.«

»Komm, ich helfe dir«, sage ich und schicke mich an, Shabby unter die Vorderläufe zu greifen, um ihn hochzuziehen.

»Lass gut sein, Ray. Ich schaff das schon. Ich muss mich nur kurz ausruhen, dann bin ich wieder topfit.«

»Soll ich dir nicht wenigstens bis zum Wasserfall helfen? Da hast du frische Luft und was zu trinken.«

»Ich brauch nur was zu essen«, erwidert Shabby und schnuppert an mir vorbei in Richtung der großen Halle. »Ich dachte eben, ich hätte da was gerochen.«

Er sieht mich an und fügt hinzu: »Kann nicht weit sein.«

»Ich schau mal nach«, sage ich, trabe den Gang zurück und finde gleich hinter der nächsten Ecke einen fiesen Fleck auf dem Boden, der mal eine Pizza Calzone gewesen sein könnte. Vielleicht war es auch Enchilada, aufgrund mehrerer Wildschweinhufabdrucke ist das schwer zu sagen.

»Hier klebt was …«, rufe ich Shabby zu und will ihm gerade eine ungefähre Beschreibung des ekeligen Bodenbelags geben, da kommt der Waschbär auf allen vieren um die Ecke gekrochen.

»Wusste ich es doch«, sagt er freudig und beginnt damit, den Gammel vom Boden abzuziehen und in sich reinzustopfen.

Wow. Diese Waschbären sind echt hart im Nehmen.

»Du brauchst wirklich keine Hilfe?«, frage ich leicht angewidert.

»Nö«, antwortet Shabby kauend. »Alles bestens. Kümmere du dich mal lieber um deine Leute. Scheint so, als würde es in diesem Wald jetzt ungemütlich werden.«

45

Als ich in Gretes provisorischer Bleibe erscheine, ist Rufus gerade dabei, seiner geliebten Häsin schöne Augen zu machen und mit ihr Pfötchen zu halten. Ich wäre nicht überrascht, wenn er gleich niederknien und ihr einen Heiratsantrag machen würde.

»Sorry, dass ich hier so reinplatze«, sage ich. »Aber wir müssen sofort verschwinden. Ich fürchte, Herrmanns Hilfspolizei wird jeden Moment hier aufkreuzen.«

Rufus ahnt, warum ich so angespannt bin. »Was ist los? Warst du im *Acapulco*?«

»Ja, und sie sind bereits dort gewesen.«

»Und?«

»Der Club ist Geschichte, und fast alle Waschbären sitzen im Gefängnis. Herrmanns eiserner Besen kehrt schnell.«

»Da hörst du es«, sagt Rufus zu Grete. »Ich bitte dich inständig: Komm mit uns. Noch ist es nicht zu spät.«

Grete lächelt milde und schüttelt den Kopf. »Rufus, du verstehst das nicht. Ich bin hier geboren. Ich kenne alle Tiere in diesem Wald, und alle Tiere kennen mich. Außerdem würde Emil es nie zulassen, dass ich im Gefängnis lande.«

Würde er vielleicht doch, denke ich, schweige aber.

Rufus scheint den gleichen Gedanken zu haben, denn er sagt: »Es soll vorkommen, dass Meinungen sich ändern. Du selbst bist dafür das beste Beispiel. Außerdem scheint niemand in diesem Wald den wahren Charakter von Herrmann erkannt zu haben.«

Grete winkt mit ihrer samtweichen Pfote ab. »Ach, der Herrmann. Der ist doch nur ein Hitzkopf. Ich wette, schon sehr bald wird es ihm leidtun, was er angerichtet hat. Und dann holt er unseren König zurück, und alles wird wieder wie früher.«

»Ich wünschte, du hättest recht, Grete. Aber falls du dich irren solltest, wärst du bei uns in Sicherheit«, kontert Rufus.

»Keine Sorge, ich weiß, was ich tue«, erwidert sie unbefangen. »Glaubt mir, der Spuk ist bald vorbei.«

Von draußen hört man wildes Getrampel, dann die Stimme von Fritz: »Hier spricht der Waldschutzleiter! Grete, ich habe Order, dich entweder zu deinem Ehegatten Emil oder im Falle deiner Weigerung ins Gefängnis zu bringen, wo du so lange bleiben wirst, bis du Vernunft angenommen hast.«

»Offenbar fängt der Spuk gerade erst an«, flüstere ich.

»Genau. Da hörst du es«, flüstert Rufus zurück. »Komm mit uns, Grete. Bitte!«

Die Häsin wirkt verunsichert.

»Rufus hat recht«, springe ich meinem Bruder bei. »Wenn du den Club gesehen hättest, dann wüsstest du, dass mit diesen Keilern nicht zu spaßen ist.«

»Grete? Wir warten!«, grunzt Fritz. »Flucht ist sowieso zwecklos, meine Keiler haben den Bau umstellt.«

»Er blufft«, sagt Rufus mit leiser Verzweiflung. »Und selbst wenn, wir graben einfach einen Fluchtweg.«

Grete überlegt kurz, dann legt sie Rufus beschwichtigend eine Pfote auf die Schulter. »Ich werde jetzt da rausgehen, Rufus. Mach dir bitte keine Sorgen, es wird alles gut ...?«

»Grete?«, schnarrt es von draußen. Wieder Fritz, diesmal klingt er noch ungeduldiger.

»Ja doch! Moment noch, Fritz. Ich komme gleich!«, ruft Grete.

»Gut. Aber wir warten nicht mehr lange«, droht Fritz.

»Du machst einen Fehler«, flüstert Rufus.

Grete schüttelt den Kopf, als würde sie sich darüber amüsieren, was für Flausen wir Erdmännchen im Kopf haben. Dann nimmt sie uns beide in ihre Pfoten, zieht uns an sich und drückt unsere Nasen in ihr megaflauschiges Häsinnenbrustfell. »Danke für alles, ihr beide seid wirklich süß. Aber das hier werde ich allein regeln, vertraut mir.«

Bevor Rufus und ich, volltrunken von ihrem Parfum und völlig geflasht von der ultimativen Flauschigkeit ihres Felles, etwas erwidern können, ist sie bereits verschwunden.

46

Clanversammlung. Der einzige Tagesordnungspunkt ist die Klärung der Frage, wie wir damit umgehen, dass der neue Herrscher des deutschen Waldes Ausländer hasst. Also uns – auch wenn wir waschechte Berliner sind.

»Ich werde nicht schon wieder graben!«, gibt Nick zu Protokoll, bevor Rufus überhaupt erklären kann, worum es geht.

»Ich auch nicht«, schließt Nemo sich an.

»Wir alle wollen nicht schon wieder graben und erst recht nicht schon wieder umziehen«, fasst Natalie die Situation zusammen.

»Das steht doch auch gar nicht zur Debatte«, versucht Rufus, die Gemüter zu beruhigen. »Ich bin sicher, dass wir hierbleiben können, zumindest vorerst …«

»Vorerst!«, ruft Kato rebellisch. »Da hört ihr es! Gestern haben wir einen neuen Bau gegraben, und heute heißt es, *vorerst* können wir hierbleiben. Am Ende müssen wir also doch wieder umziehen.«

Rufus sieht sich hilfesuchend zu mir um, aber ich kann den anderen nur zustimmen. »Da hat er leider recht, Rufus.«

»Die wichtigste Frage ist doch eine andere …«, krächzt Pa dazwischen. Mehr ist von ihm erst einmal nicht zu hören, weil ihm ein epischer Hustenanfall dazwischenkommt.

Da Pa neben Ma und Rocky eine der wenigen Respektspersonen im Clan ist, warten alle brav ab, bis unser alter Herr weitersprechen kann.

»Die wichtigste Frage lautet«, wiederholt er und hält kurz inne, um abzuwarten, ob ein weiterer Hustenanfall folgt. »Die wichtigste Frage lautet, wann wir endlich wieder in den Zoo zurückdürfen. Kann mir das mal jemand sagen?«

Betretenes Schweigen. Niemand will unserem alten Herrn die Illusion nehmen, dass wir eines Tages wieder in unsere Heimat zurückkehren können. Erst recht nicht an einem dieser Tage, wo sich in seinem Kopf Wunsch und Wirklichkeit zu einem undurchdringlichen Nebel vermischen.

Dennoch geht seine Frage uns nahe. Jeder hier wünscht sich, dass all das hier nur ein seltsamer Traum ist – so seltsam wie die Vorstellung, dass wir nie wieder im Berliner Zoo von nervigen Schulklassen geweckt werden.

Zur allgemeinen Überraschung ergreift unser Anführer die Initiative. »Wir arbeiten dran, Pa.«

Rocky klopft unserem Vater freundschaftlich auf die Schulter. Pa geht unter dem Gewicht von Rockys Pranke ein wenig in die Knie, aber die Geste scheint ihn zu beruhigen. Er lächelt zufrieden. Dann schweift sein Blick wieder ab, was bedeutet, dass sein Geist einen ausgedehnten Spaziergang in einer anderen Welt macht.

Ich nicke Rocky anerkennend zu. Als Clanführer ist er oft eine Zumutung, aber als Kumpel scheint er echt in Ordnung zu sein.

Rufus kommt zurück zur Tagesordnung. »Ich schlage vor, dass wir von jetzt an und bis auf Weiteres die Wüste nicht mehr verlassen. Solange wir uns hier aufhalten, sind wir vor Herrmann und seinen Keilern sicher. Und wer weiß: Wenn wir ihm keine Schwierigkeiten machen, lässt er uns vielleicht sogar in Ruhe. Also, die neue erste und einzige Regel lautet: Keiner verlässt das Gehege. Unter gar keinen Umständen.«

Klingt machbar. Rufus erntet zustimmendes Nicken.

»Aber zum Wasserfall dürfen wir schon, oder?«, fragt Nick.

»Au ja! Das Schwimmbecken ist soooo cool«, springt Mitzi ihrem Bruder bei.

»Und dürfen wir dann auch ringsum im Wald Fangen spielen?«, will Marcia wissen.

Rufus seufzt. »Da der Wasserfall mit den dazugehörigen Becken sowie der angrenzende Wald bekanntlich *nicht* Teil dieser Wüstenlandschaft sind, gilt das Verbot selbstverständlich auch für alle diese Plätze. Der ganze Clan bleibt genau *hier*. Hier in der Savanne. Das ist die Regel.«

Rufus hat Mühe, den Protest, besonders den des vierten und fünften Wurfs, zu übertönen.

»Es ist zu unser aller Sicherheit«, ruft er. »Sobald sich die Lage im Wald beruhigt hat, können wir das Verbot gern aufheben.«

Es hilft nichts, der Aufstand der Jüngeren will nicht abreißen.

Archi mischt sich ein, indem er die Vorderläufe hebt, was bei seinen Geschwistern erstaunlich schnell für Ruhe sorgt.

Rufus registriert mit Stolz, welche Autorität sein Sohn unter seinesgleichen genießt.

»Lasst gut sein, Leute«, ruft er. »Ihr habt gehört, was die Älteren beschlossen haben, und ihr kennt jetzt diese neue Regel. Es ist nicht die erste Regel, die wir befolgen sollen, und es wird auch nicht die letzte sein. Aber ich bin überzeugt davon, wir werden auch diesmal einen Weg finden, damit … umzugehen.«

Fehlt eigentlich nur noch, dass Archi den anderen bedeutungsvoll zuzwinkert. Ich bemerke, dass die Message im Publikum angekommen ist, denn dort werden nun vielsagende Blicke getauscht. Den Teufelsbraten aus dem vierten und fünften Wurf ist mit Hilfe des lieben Archi just ein Licht aufgegangen: Regeln sind eine Sache, ob man sich daran hält, eine andere.

Dass Rocky den Wink mit dem Zaunpfahl nicht versteht, war klar. Aber Rufus hätte das Manöver durchschauen müssen. Leider ist er gerade so begeistert von den rhetorischen Fähigkeiten seines Sohnes, dass er die nur schlecht versteckte Botschaft überhört hat.

Als ich ihn nach der Versammlung darauf ansprechen will, treffe ich meinen Bruder im Headquarter, wo er sich gerade an seinem Klettgurt zu schaffen macht.

»Kann ich kurz mit dir reden?«, frage ich.

»Ist gerade suboptimal. Ich bin auf dem Sprung.«

»Was soll denn das heißen? Wo willst du hin?«

»Zu Grete. Ich muss sie aus der Gewalt der Keiler befreien.«

»Du willst den Bau verlassen?«, frage ich entgeistert.

»Ja. Und?«, antwortet Rufus.

»Du hast doch eben noch getönt, dass es unter allen Umständen verboten ist, eine Klaue in den Wald zu setzen, und jetzt tust du es selbst?«

Rufus pustet spöttisch Luft durch die Zähne. »Willst ausgerechnet du mir jetzt moralisch kommen, Ray?«

»Nein, natürlich nicht. Du bist der Moraltrompeter«, antworte ich. »Genau deshalb wundert es mich ja, dass ausgerechnet du gegen eine Regel verstößt.«

Rufus bindet sich seinen rosafarbenen Klettgurt um. Die Werkzeuge schlackern ihm um den Leib wie ein bekloptes

Mobile. »Eben! Dich wundert es, wenn ich gegen Regeln verstoße, während du das andauernd tust. Wenn es um deinen Spaß geht und um deine Abenteuer, dann ignorierst du mit Freuden jede Regel. Aber wenn ich Regeln breche, weil ich um die Liebe meines Lebens kämpfen muss, dann kommst du mir mit Moral. Das nennt man bigott, Ray.«

»Biwatt?«

»Bigott. Scheinheilig.«

»Und die Lösung ist, dass du jetzt auch bigott wirst?«, frage ich.

»Bei mir geht es immerhin um ein höheres Ziel, während du nur auf den nächsten Kick aus bist«, antwortet Rufus.

»Aber ich dachte, diese Rollenverteilung wäre okay für dich. Ich bin der coole, gutaussehende Typ, der sich mit Spaß ins nächste Abenteuer stürzt, während du der verliebte Idiot bist, der mit einem rosa Klettgürtel überm Hintern in sein Verderben wackelt.«

Leider versteht er heute keinen Spaß.

»Auf dieses Niveau werde ich mich nicht hinabbegeben, Ray.« Er marschiert an mir vorbei, ohne mich eines Blickes zu würdigen.

»Schon okay«, sage ich. »Keine Sorge, ich helfe dir trotzdem.«

»Darauf kann ich liebend gerne verzichten«, erwidert Rufus im Rausgehen.

»Ohne meine Hilfe wirst du sterben«, unke ich.

»Das werden wir ja sehen.«

»Mannomann«, sage ich, während ich ihm hinterherlaufe. »Du bist aber heute wirklich eine harte Nuss …«

47

Es gibt nur zwei Möglichkeiten, wo Grete sein könnte. Die eine ist, sie hat sich dem Druck der Keiler gebeugt und ist zu ihrem Mann zurückgekehrt. Die andere, wahrscheinlichere, lautet: Sie hat sich Fritz widersetzt und wird nun in der Keilerschanze festgehalten – wie all die anderen Tiere, die nicht in Herrmanns neue Waldordnung passen.

Rufus und ich schleichen zum Wasserfall, bewegen uns von dort aus vorsichtig weiter flussaufwärts und gelangen so in einem großen Bogen auf eine der nördlich vom Wald gelegenen Wiesen.

Als ich sehe, dass wir nicht allein sind, zerre ich Rufus eilig hinter den nächstbesten Busch. Mein kleiner Bruder sieht mich mal wieder so an, als sei ich der Depp hier.

»Wir haben Besuch«, erkläre ich.

Rufus will einen Blick riskieren, aber ich halte ihn zurück. »Tu das lieber nicht.«

»Wieso nicht? Wer ist denn da?«

»Unwichtig«, sage ich. »Lass uns einfach abwarten, bis die Luft rein ist.«

Habe ich schon erwähnt, dass mein nerviger kleiner Bruder meistens das Gegenteil von dem tut, was ich sage?

Bevor ich ihn davon abhalten kann, hat Rufus einen Blick über den Busch riskiert. Ebenso blitzschnell geht er wieder in Deckung. Er kann nicht glauben, was er gesehen hat.

»Das ist der vierte Wurf«, stellt er verdattert fest und muss gleich noch einen zweiten Blick riskieren. »Und Archimedes ist dabei!«

Ich ziehe ihn tiefer hinter das schützende Blattwerk. »Lass uns später darüber reden.«

»Aber die brechen *jetzt* die Regeln«, ereifert sich Rufus.

»Genau wie wir.«

»Aber wir haben gute Gründe. Außerdem kommt mir die ganze Sache komisch vor.«

»Wieso das denn?«

»Ich frage mich, was die ausgerechnet hier wollen. Ich meine, der Wasserfall ist doch ziemlich weit weg.«

»Vielleicht waren sie schon schwimmen und wollen hier jetzt ein bisschen chillen«, versuche ich, seine Skepsis zu zerstreuen. Der Plan misslingt.

Rufus' Blick fällt auf die weißen Blüten der neben unserem Busch wachsenden Pflanze. Er sieht mich an.

»Was?«

»*Daturia stramonium*«, flüstert Rufus.

»Äh ... ja?«, versuche ich, den Unschuldigen zu spielen. Aber auch dieser Versuch misslingt.

»Der gemeine Stechapfel. Auch bekannt als weißer Stechapfel«, doziert Rufus. »Diese Pflanze ist hochgiftig. Jemand, der über das nötige Wissen verfügt, kann daraus ein sehr effizientes Rauschmittel herstellen.«

»Interessant«, sage ich beiläufig. »Wieder was gelernt.«

»Sag mir auf der Stelle, dass du unsere jüngeren Geschwister nicht für deine Drogendeals missbrauchst, Ray.«

Da es sich genau anders herum verhält, weil ja die Jüngeren meinen Club als Umschlagplatz missbraucht haben, antworte ich reinen Gewissens: »Rufus, ich schwöre dir, ich habe nichts damit zu tun.«

Er stutzt. »Aber was machen die dann hier?«

Bevor ich Gelegenheit habe, mir eine gute Notlüge auszudenken, gibt er sich die Antwort selbst: »Soll das etwa heißen, die stellen das Zeug ganz allein her?«

Mein Schweigen ist ihm Bestätigung genug.

»Und sie haben es in *deinem* Club vertickt?«

»*Unserem* Club ...«

Rufus schüttelt den Kopf. »Mein Sohn ist ein ... Drogendealer?«

Vermutlich sogar der begabteste, den die Tierwelt je hervorgebracht hat, denke ich, erwidere aber: »So würde ich das jetzt nicht sagen.«

»Hast du das gewusst?«

»Nicht direkt«, lüge ich. »Eher ... gewissermaßen.«

»Gewissermaßen?«

»Na, gut. Ich gebe es zu, ich habe es gewusst.«

»Und warum hast du mir dann nichts gesagt?«

»Weil du mit Grete beschäftigt warst. Aber mach dir keine Sorgen, als treusorgender Onkel habe ich selbstverständlich versucht, Archi ins Gewissen zu reden. Nur ist dein Sohn kein Kind mehr. Er trifft seine eigenen Entscheidungen.«

»Du sagst es: Mein Sohn!«, erwidert Rufus. »Und ich werde ganz sicher nicht zulassen, dass er sein Leben wegwirft.«

Wenn ich das Gespräch mit Archi richtig in Erinnerung habe, dann vertritt dieser die Ansicht, dass es eher Rufus ist, der sein Leben wegwirft.

»Ihr solltet das später diskutieren«, schlage ich vor.

»O nein! Wir beide gehen jetzt da rüber und werden diesen Rotznasen die Leviten lesen«, ordnet Rufus an.

»Ich halte das für keine gute Idee.«

»Dann mach ich es eben allein.« Bockig springt Rufus auf und marschiert über die Wiese.

Ich lege mich auf den Rücken, verschränke die Vorderläufe hinter dem Kopf, schaue in die Wolken, spüre meinem schlechten Gewissen nach und stelle fest: Ich hab keins. Wenn mein kluger Bruder ausnahmsweise mal nicht klug sein möchte, dann ist das ganz allein seine Sache.

»Hey! Ihr da!«, höre ich Rufus rufen.

»Was machst 'n du hier?«, fragt Nemo erstaunt.

»Das würde *ich* gerne von *euch* wissen«, bellt Rufus.

»Du willst von *uns* wissen, was *du* hier machst?«, erwidert Nemo.

»Wir haben nix gemacht«, sagt Nadja.

»Genau«, bestätigt Natalie. »Wir wollten nur noch mal raus, bevor wir für wer weiß wie lange Zeit im Gehege eingesperrt werden.«

»Runde schwimmen und so«, ergänzt Nino.

»Yo. Und 'n bisschen chillen«, nuschelt Nick.

»Ihr glaubt wohl, ihr könnt mich für dumm verkaufen«, tönt Rufus. »Ihr seid hier, um Stechapfel zu ernten, damit euch in den kommenden Tagen und Wochen nicht die Drogen ausgehen.«

O Mann! Als Familientherapeut wäre mein Bruder ein Totalausfall. Gerade klingt er wie einer von Herrmanns Hilfspolizisten.

»Chill, Meister«, nuschelt Nick.

»Genau, entspann dich«, übersetzt Archi, der nun auch endlich etwas sagt. »Wir haben hier alles im Griff, okay?«

»Alles im Griff? Ihr sammelt giftige Pflanzen, um Drogen daraus herzustellen«, schimpft Rufus. »Das ist ... inakzeptabel!«

»Kann schon sein, aber im Griff haben wir trotzdem alles«, erwidert Archi.

»Das klingt, als wärst du auch noch stolz darauf, neuerdings unter die Drogendealer gegangen zu sein!«

»Lass gut sein, Rufus«, erwidert Archi, dem längst klar ist, dass seine schnoddrige Reaktion nicht nur seinen Vater vollends auf die Palme bringen, sondern ihn auch zum coolsten Dude von ganz Brandenburg machen wird. Man kann förmlich spüren, wie Archi bei seinen Geschwistern im Ansehen steigt, während sein Vater gerade auf dem Soziallevel eines Mistkäfers herumkrabbelt.

»Okay. Es reicht!«, entscheidet Rufus wütend. »Ihr werdet sofort dieses Zeug wegwerfen und mitkommen.«

»Wir werfen überhaupt nichts weg«, entscheidet Archi.

Schweigen.

»Ihr werft jetzt das verdammte Zeug weg!« Rufus' Stimme überschlägt sich. »Ist? Das? Klar?«

Archi lässt ein paar Sekunden verstreichen. Dann serviert er Rufus den ultimativen Teenager-Killersatz: »Das hast du überhaupt nicht zu entscheiden.«

Ich höre Rufus schnappatmen.

»Du hältst dich doch selbst nicht an deine Regeln.« Der kam von Nemo.

»Ich habe unseren Bau nur verlassen, um nach euch zu suchen«, lügt Rufus mehr schlecht als recht.

»Vielleicht hätten wir gar keinen neuen Bau gebraucht, wenn du und Grete euch an die Regeln gehalten hättet«, kontert Archi.

Autsch. War klar, dass Rufus die Affäre mit Grete eines Tages auf die Füße fallen würde. Aber einen solchen Dolchstoß von seinem eigenen Sohn versetzt zu bekommen, das schmerzt doppelt. Entsprechend geschockt schweigt Rufus.

Ich spiele mit dem Gedanken, mich einzumischen. Am Ende werde ich sowieso zwischen den beiden vermitteln müssen. Gerade will ich mein Versteck verlassen, da lässt das durchdringende Organ von Fritz mich innehalten.

»Halt! Keiner rührt sich!« Die schnarrende Stimme des neuen Sicherheitschefs hallt über die Wiese. »Flucht ist zwecklos. Wer es dennoch versucht, wird mit den Krallen unseres Jagdfliegers Ritter von Schleich Bekanntschaft machen.«

Jagdflieger? Reflexhaft ziehe ich die Hinterpfoten ein und rolle mich unter dem Busch zusammen. Keine Sekunde zu spät, denn im nächsten Moment saust der Schatten jenes Falken an mir vorbei, dessen Flugkünste ich schon bei der Abdankung von König Karl bewundern konnte. Das also ist Ritter von Schleich – des Führers Jagdflieger. Verdammt. Was Herrmann in diesem Wald abzieht, ist nicht nur äußerst unsympathisch, sondern leider auch sehr wirkungsvoll.

Ich spähe vorsichtig durchs Laubwerk. Fritz, begleitet von zwei Keilern und einer Bande Wiesel, lässt Rufus, Archi und den vierten Wurf fesseln. Danach werden alle mit einem langen Seil aneinandergebunden. Aufgereiht wie auf einer Perlenkette werden sie quer durch den Wald in Richtung Keilerschanze getrieben.

Ich warte, bis Ritter von Schleich seine Aufklärungsrunde geflogen hat und Kurs auf die Keilerschanze nimmt. Dann husche ich in den Wald, um im Schutz des Dickichts den Gefangenen zu folgen.

Das Aufsehen, das die Prozession unter Führung von Fritz erregt, ist durchaus beabsichtigt. Jedes Tier, das neugierig nachfragt, warum meine Familie offenbar unter die Schwerverbrecher gegangen ist, bekommt ausführlich erzählt, dass es sich bei unseren jüngeren Geschwistern um skrupellose Drogendealer handele, die man auf frischer Tat ertappt habe. Rufus sei eine Art afrikanischer Mafiapate, der nicht nur Minderjährige in den Sumpf des Verbrechens ziehe, sondern obendrein deutsche Häsinnen entehre. Fritz schließt stets mit frommen Wünschen für Grete: Nur gut, dass sie sich bereits in Schutzhaft befinde, hoffentlich noch rechtzeitig, um sie wieder zur Vernunft zu bringen.

Rufus, der beim ersten Mal gewagt hat, Fritz ins Wort zu fallen, um sich gegen dessen Lügen zur Wehr zu setzen, ist inzwischen geknebelt, damit er dem Sicherheitschef nicht länger auf die Borsten geht.

Wir haben noch nicht einmal den halben Wald durchquert, da eilt uns bereits der Ruf voraus, den Fritz uns mit seinen Geschichten eingebrockt hat.

»Ah! Da kommen die Drogendealer und ihr Bandenchef«, ruft ein eifriger Uhu. »Leute, das müsst ihr euch ansehen!«

Rasch füllen sich die Bäume und der umliegende Wald mit neugierigen Tieren, und Fritz marschiert mit stolz geschwellter Brust durch die Gasse der Schaulustigen.

»Keine Sorge!«, ruft er. »Wir werden diese Verbrecher aus dem Verkehr ziehen. Der deutsche Wald ist sicher!«

Ich habe genug gesehen und gehört, und so langsam schlägt mir Fritz' miese Propaganda dann auch auf den Magen. Also verdrücke ich mich ins Unterholz und trete den Rückzug an.

48

Dann greifen wir jetzt die Keilerschanze an, treten den Wildschweinen in den Arsch und befreien unsere Brüder und Schwestern«, sagt Rocky, nachdem ich ihm erzählt habe, dass ein beträchtlicher Teil unseres Clans im Gefängnis sitzt.

Wir stehen auf dem Feldherrenhügel, wo Pa, auf seinen brandneuen Stock gestützt, die Abendsonne genießt und dabei vermutlich fremde Galaxien durchstreift.

Ich bin gespannt auf Rockys Plan.

»Was guckst 'n so?«, fragt er.

So wie Rufus meistens das Gegenteil dessen tut, was man ihm sagt, so tut Rocky gern das, was das Gegenteil von klug ist. Planlos eine von wilden Keilern bewachte Burgruine angreifen, beispielsweise.

»Ich dachte, du erklärst mir jetzt die Einzelheiten deines Plans«, sage ich diplomatisch.

»Häh? Welche Einzelheiten denn? Wir schleichen zu dieser Burg, der Rest ergibt sich dann.«

Ich nicke kurz und tue so, als müsste ich tatsächlich darüber nachdenken, ob es irgendetwas an seinem Plan gibt, das nicht komplett schwachsinnig ist. Das mache ich nur, um ihm nicht das Gefühl zu geben, dass ich seine Idee für dummes Zeug halte. Rufus kassiert bei solchen Gelegenheiten immer Kopfnüsse, das würde ich mir gern ersparen.

»Irgendwas unklar?«, fragt Rocky.

»Na ja …« Ich versuche, nachdenklich rüberzukommen. »Ich finde, wir sollten Kleinigkeiten daran verbessern, damit auch wirklich nichts schiefgehen kann.«

Rocky sieht mich an. »Dann schieß mal los.«

»Zunächst einmal würde mich interessieren, wen du meinst, wenn du von *wir* sprichst. Weil du eben gesagt hast: *Wir* greifen die Keilerschanze an.«

»Na du und ich«, antwortet Rocky.

Sein Plan ist doch schlimmer, als ich befürchtet hatte. »Sind wir beide nicht ein klitzekleines bisschen in der Unterzahl gegen so viele Keiler?«

Rocky überlegt. Lange.

»Stimmt«, sagt er dann. »Wir nehmen Colin mit. Und Kato. Und Kim und Konrad. Und Pa. Also eigentlich alle Jungs, die nicht im Knast sitzen.«

»Pa?«, frage ich.

»Was ist mit mir?«, will unser alter Herr wissen.

Na toll! Wie der Zufall es will, ist er ausgerechnet jetzt ansprechbar. An anderen Tagen kann man ihm Vorträge halten, ohne auch nur eine einzige Regung an ihm wahrzunehmen.

»Die Keiler haben Rufus und den vierten Wurf einkassiert«, erklärt Rocky. »Ray und ich wollen die Jungs und Mädels raushauen. Bist du dabei?«

»Und ob ich dabei bin!« Pa reckt zur Bestätigung seinen Stock in die Höhe. Er hustet trocken, dann ruft er den Berg hinunter: »Ich komm heut nicht zum Essen, Liebes. Ich muss Rocky helfen, den Keilern Manieren beizubringen.« Er ringt nach Luft. Das waren zwei verdammt lange Sätze, die außerdem noch gerufen werden wollten.

Ich öffne den Mund, um Rocky und Pa ihren Wahnsinnsplan auszureden, da erscheint Ma am Fuß des Feldherrenhügels. Schon anhand der dynamischen Art, wie sie zu uns hinaufmarschiert, kann ich erkennen, dass sie gewisse Vorbehalte gegen die Absichten ihres Gatten hat.

»Was hast du vor?«, blafft sie Pa an. »Mit Keilern raufen? Und das statt Abendessen? – Kommt gar nicht in die Tüte.«

»Und ob ich mitgehe«, erwidert Pa kämpferisch. »Wer sich mit einem von uns anlegt, kriegt es mit uns allen zu tun.«

»Aber nicht mit dir«, erwidert Ma barsch. »Du ruhst dich aus. Nach der letzten Flucht konntest du drei Tage kaum gehen.«

»Wenn die Pflicht ruft, greift ein Erdmann von Ehre zu den Waffen!«, erwidert Pa trotzig.

»Noch so eine Sache«, sage ich zu Rocky, während Ma und Pa ihren Disput austragen. »Wir haben keine Waffen, um es mit den Keilern aufzunehmen.«

Rocky nickt und überlegt. Lange. Sehr lange.

»Wir könnten was von diesem Sprengzeugs ausbuddeln«, sagt Rocky.

»Verdammt«, sage ich. »Da hätte ich auch selber draufkommen können.«

49

Rockys Plan, die Keilerschanze mit bloßen Klauen anzugreifen, klang so, als würde ich den heutigen Tag nicht überleben. Jetzt gibt es immerhin sechs gute Gründe dafür, dass es klappen könnte.

Trotz großer Bedenken habe ich Rocky gerade den im Headquarter versteckten Koffer mit den russischen F-1 gezeigt. Mit der Krallenspitze lasse ich den Deckel aufschnappen. »Das sind Handgranaten. Rufus hat sie für den Notfall hier versteckt. Wir könnten versuchen, mit einer davon ein Loch in die Gefängnismauer zu sprengen.«

Rocky grinst zufrieden. »Die Dinger kenn ich. Ich weiß sogar, wie sie funktionieren.«

»Im Ernst?«

»Von den Kids im Zoo«, antwortet Rocky. »Wenn denen langweilig war, haben die Kriegsspiele gedaddelt. Und da hab ich manchmal zugeschaut.«

Rufus würde diesen Lernerfolg zwar als Bildung auf Volkshochschulniveau bezeichnen, aber ich bin beeindruckt, dass Rocky überhaupt in der Lage ist, sich irgendeine Art von Wissen anzueignen. Bislang war ich fest davon überzeugt, dass er ohne jeglichen geistigen Input durchs Leben kommt.

Er greift in die Metallkiste und holt eine Handgranate heraus.

»Du musst diesen Stift abziehen«, sagt er und tut es.

»Was machst du da?«, frage ich entsetzt.

»Keine Sorge«, erwidert Rocky. »Erst wenn man den Bügel an der Seite loslässt, geht das Ding in die Luft.«

»Und jetzt? Willst du die so bis zur Keilerschanze tragen? Was ist, wenn du stolperst oder einen Krampf bekommst?«

Rocky überlegt, dann sagt er: »Ich geh mal kurz raus und werf die weg. Wir haben ja noch genug davon.«

»Wirf sie bloß weit genug weg!«

Wenig später lässt die Detonation der Granate den Bau erzittern. Inmitten der Aufregung, die nun durch die Gänge schießt, höre ich Roxane schimpfen: »Sag mal, spinnst du, hier so einen Krach zu machen? Da fällt ja der Dreck von den Wänden!«

»'tschuldigung, Schatz«, erwidert Rocky. »Ich wollte nur was ausprobieren. Ray und ich haben heute noch was vor.«

Er klingt, als würden wir mal kurz an der Ecke ein Bierchen zischen und 'ne Runde Dart spielen.

»Und dafür müsst ihr unseren Bau zum Einsturz bringen?«

»Mach dir keine Sorgen, Liebes«, erwidert Rocky. »Ist keine große Sache. Dauert auch nicht lange.«

»Sollen wir mit dem Abendessen auf dich warten?«

»Nicht nötig«, antwortet Rocky. »Ich hol mir unterwegs ein paar Käfer oder so.«

»Wird's spät?«

»Kommt drauf an. Warte nicht auf mich.«

Irgendwie gespenstisch, wie sehr Roxane und Rocky Ma und Pa ähneln, denke ich, nehme vorsichtig eine Granate aus dem Metallkoffer und verschließe ihn sorgfältig.

Rocky kommt zurück. Er hat sich einen alten Patronengürtel um den imposanten Brustkorb gebunden.

»Lag bei dem Müll, den wir ausgegraben haben«, erklärt er.

»Und was willst du damit?«, frage ich.

Er nimmt mir die Granate aus der Hand und befestigt sie an seinem Patronengürtel, indem er den Ring des Stiftes dort einhakt. »Das macht man so, damit man sie schneller abziehen und sofort werfen kann.«

Rocky scheint bei den Kriegsspielen sehr genau hingesehen zu haben. »Und du bist sicher, die löst sich nicht von selbst?«

»Bin ich«, antwortet Rocky. »Der Stift sitzt bombenfest.«

Bombenfest klingt nicht sehr vertrauenserweckend, aber Rocky scheint zu wissen, was er tut. »Okay, wollen wir dann los?«

»Moment noch.«

Rocky öffnet den Metalldeckel und beginnt, sich auch die anderen Granaten an den Gürtel zu hängen.

»Findest du nicht, dass eine genug ist?«, frage ich.

Rocky schüttelt den Kopf. »Handgranaten kann man nie genug haben.«

50

Wenig später sind Rocky und ich auf dem Weg zur Keilerschanze.

Er hat dann doch entschieden, dass wir den Job allein machen, jetzt wo wir genug Handgranaten im Gepäck haben. Wir umgehen die dichter besiedelten Gegenden des Herrmannswaldes großräumig und schleichen uns im Schutz des Dickichts in Richtung Bach.

Leider haben wir die Rechnung ohne Herrn Spanner gemacht. Der Ordnungshüter hockt auf seiner Lieblingswurzel vor seinem Bau und damit vor unserem ehemaligen Zuhause – für ihn wohl so etwas wie für uns der Feldherrenhügel – und scannt den abendlichen Wald nach verdächtigen Bewegungen ab. Darauf muss man auch erst mal kommen: Für nichts und niemanden als für sich selbst Wache zu stehen. Ich bin sicher, die Gelbhalsmaus wäre liebend gern so mächtig wie der neue Sicherheitschef. Und bestimmt beneidet Spanner den jungen Fritz auch um seine tatkräftige Eingreiftruppe. Leute wie Spanner blühen auf, wenn ihre völlige Bedeutungslosigkeit dadurch kaschiert wird, dass sie Macht über jemanden ausüben können. Wäre Fritz klug, würde er Spanner zumindest einen Untergebenen zuweisen und aus dem einfachen Ordnungshüter einen Haupt- oder Oberordnungshüter machen. Die Dankbarkeit der Gelbhalsmaus wäre grenzenlos.

»Halt! Wer da!«, ruft Spanner zackig.

Rocky, der keine Lust hat, vor einem Nager zu kuschen, der ihm nicht mal bis zur Hüfte reicht, tritt aus dem Unterholz. Die Handgranaten baumeln an seinem Oberkörper wie Kugeln am Weihnachtsbaum. »Hallööööchen.«

»Hab ich es doch geahnt«, frohlockt Spanner. »Wenn es Nacht wird, dann kommen die Parasiten aus ihren Löchern gekrochen.«

Die Gelbhalsmaus mit der großen Klappe huscht sicherheitshalber zum Hintereingang ihres Baus, um rasch darin verschwinden zu können, falls Rocky handgreiflich werden sollte.

Ich folge dem Beispiel meines Bruders und trete ins Mondlicht. »Hallo, Herr Spanner. Lange nicht gesehen. Wie fühlen Sie sich denn so ganz allein? Ich meine, ohne uns als Nachbarn.«

»Bestens. Ich bin gern allein«, antwortet Spanner. »Gibt keinen Ärger.«

Rocky sieht mich an, während er mit der Krallenspitze auf Spanner zeigt. »Das hab ich gar nicht mitbekommen. Wohnt der Winzling ganz allein in diesem riesigen Bau?«

»Allerdings«, antwortet Spanner stolz. »Neun Zimmer, sieben Ausgänge. Hier haben früher alteingesessene Füchse gewohnt. Aber danach kam eine zugezogene Fuchsfamilie, und die war verschlagen und hinterhältig. Also haben wir sie zum Teufel gejagt.« Nach einer Kunstpause fügt er hinzu: »Und genau das werden wir auch mit allen anderen Schmarotzern und Waldschädlingen machen.«

»Das klingt, als hätten wir irgendwie keine echte Chance auf gute Nachbarschaft gehabt«, sage ich.

Spanner grinst hämisch. »Spielt sowieso keine Rolle mehr. Ihr Afrikaner seid erledigt. Ihr solltet lieber heute als morgen wieder dahin gehen, wo ihr hergekommen seid. Sonst geht's euch nämlich dreckig.«

»Danke für den Tipp«, sagt Rocky. »Wir denken drüber nach. Und falls wir uns nicht mehr sehen, geb ich dir schon mal mein Abschiedsgeschenk.« Lässig pflückt er eine Handgranate von seinem Gürtel und lässt sie durch einen der sieben Eingänge in Spanners Bau kullern. Ich halte mir schon mal die Klauen auf die Ohren

»Was soll das?«

Dem Ordnungshüter bleiben noch drei Sekunden, sich zu empören, dann zerreißt die Explosion die nächtliche Stille, die Erde bebt, Spanner macht einen ungewollten Rückwärtssalto, und die Reste seiner feschen Fuchshöhle regnen auf uns herab.

Rocky hat nicht einmal mit der Wimper gezuckt. Ich hingegen bin ein bisschen zittrig auf den Beinen. Ich muss aber zugeben, dass mir Rockys Präsent für Herrn Spanner sehr gefallen hat.

Die Gelbhalsmaus ist derweil zum Salzsäulchen erstarrt. Sie sieht blass aus. Selbst der gelbe Streifen an ihrem Hals, dem ihre Spezies den Namen verdankt, ist gerade schlohweiß geworden.

Wir müssen den halben Wald aufgeweckt haben, denn urplötzlich fühle ich mich von Hunderten Augenpaaren beobachtet. Aber obwohl alle hellwach sind, ist kein Mucks zu hören. Kein Tier rührt sich. Bestimmt sind alle ähnlich geschockt von Rockys Waffenarsenal wie der hiesige Hilfspolizist.

»So, Herr Spanner. Wir müssen dann mal wieder. Wir haben heute noch einiges vor«, sagt Rocky und wendet sich zum Gehen.

»Jetzt können wir eigentlich auch den direkten Weg nehmen«, sage ich. »Wissen doch sowieso alle, dass wir hier sind.«

»Gute Idee.« Rocky marschiert an mir vorbei, so beschwingt, dass seine Handgranaten klimpern.

Unbehelligt gelangen wir zum Versammlungsplatz. Von hier aus kann man die Keilerschanze schon sehen. Im Mondlicht erinnert sie an einen dieser düsteren alten Schuppen, wie man sie aus Horrorstreifen kennt: Wer sich hineintraut, bezahlt das immer mit dem Leben. Ich hoffe, für uns geht die Sache anders aus.

Als Rocky den Baumstumpf unter der Eiche entdeckt, der bei den Versammlungen als Podest dient, kann er sich nicht verkneifen, hinaufzuklettern und sich kurz mal als Chef des deutschen Waldes zu fühlen.

Ich denke an Ritter von Schleich und fürchte, dass er uns entdecken könnte. Da wir außerdem auf diesem fast leeren Platz prima Zielscheiben abgeben, will ich lieber kein Risiko eingehen.

»Komm. Lass uns weitergehen«, dränge ich.

»Alles klar«, erwidert Rocky und hüpft behände vom Baumstumpf. Ein leises *Pling!* ist zu hören.

Rocky schaut verdutzt an sich herab und realisiert im gleichen Moment, dass ihm eine Granate fehlt. Ich wiederum sehe, dass diese Granate in einem Astloch der Eiche hängen geblieben ist.

»Laaaaauf!«, brüllen wir synchron. Und dann sprinten wir los.

Drei Sekunden sind nicht sehr lang, aber wenn man in Panik ist, dann kann man durchaus was draus machen. Wir schaffen es fast bis zum Rand der Lichtung. Dann fetzt die Granate die Blätter der Versammlungseiche von den Ästen, und die Druckwelle katapultiert uns ins Dickicht hinter einen Erdwall. Wir holen uns zwar Schrammen und Beulen, haben aber trotzdem Glück im Unglück, denn wie durch ein Wunder bekommen wir sonst nichts ab.

Gerade rappeln wir uns hoch, da hört man das Jaulen des alten Eichenholzes: Der von der Granate schwer beschädigte Stamm kann die Last der Krone nicht länger tragen und zerbricht knirschend und splitternd.

Leider fällt der Baum genau in unsere Richtung. Vor dem Abendhimmel sieht die Silhouette wie eine riesige Fliegenklatsche aus, die es auf mich und Rocky abgesehen hat.

Die Krone verfehlt uns um eine Klauenbreite. Der Windstoß, den das herabstürzende Blätterdach verursacht, fegt uns aber gleich noch mal von den Beinen.

Und schon hat der Wald wieder tausend Augen. Alle sind vor Schreck weit aufgerissen.

»Hoppla«, sagt Rocky, als hätte er gerade aus Versehen jemanden angerempelt und nicht das ehrwürdige und steinalte Wahrzeichen des deutschen Waldes in die Luft gejagt. »War keine Absicht.« Und dann: »Das ist jetzt natürlich Gift für die Stimmung!«

»Na ja«, sage ich. »Sie hassen uns ja sowieso. Jetzt hast du ihnen wenigstens einen Grund dafür gegeben.«

»Stimmt«, sagt Rocky. »Und wir haben nicht mit dem Scheiß angefangen. Das waren diese Deutschen.«

»Wir sind auch Deutsche«, wende ich ein.

»Wir sind Zoodeutsche«, kontert Rocky. »Hat Rufus gesagt.«

Schade, dass der jetzt nicht hier ist, denke ich. Der hätte dazu bestimmt einen interessanten Vortrag auf Lager.

51

Die Keilerschanze ist eine Ruine, die in vielen, also, sehr vielen Jahren mit dem Wald verwachsen ist. Moose, Farne und Büsche haben die einst stolze Burg unter sich begraben. Nur die Reste von zwei Wehrmauern, auf denen Herrmanns Keiler patrouillieren, sowie ein abgebrochener Turm, auf dem der Führer selbst Posten bezogen hat, stehen noch. Von dort oben kann Oberkeiler Herrmann sein gesamtes Reich überblicken.

Ich vermute, dass die Gefangenen im Kellergeschoss festgehalten werden. Die Fenster des Kerkers liegen ebenerdig, sind aber mit so engmaschigen Gittern gesichert, dass nicht einmal die Eichhörnchen sich durchquetschen könnten. Man hat das Verlies einst in den Berg geschlagen, auf dem die Burg errichtet wurde. Selbst Handgranaten dürften diesen Felswänden kaum etwas anhaben.

»Das wird kniffig«, sage ich leise.

Wir haben uns den dicht bewachsenen Nordhang hochgearbeitet und kauern hinter den Resten einer kleinen Mauer, die den Abschluss der ehemals gepflasterten Außenanlage bildet.

Der Clanführer schüttelt den Kopf. »Wieso denn? Ich lasse einfach eine Handgranate gegen das Gitter rollen, es macht *Ka-Bumm,* und schon sind alle frei.«

»Und manche außerdem tot«, ergänze ich. »Nämlich alle, die zufällig in der Nähe des Fensters standen.«

Rocky verzieht das Gesicht. »Stimmt. Daran hab ich jetzt gar nicht gedacht. Aber was dann?«

»Einer von uns muss die Wachen auf unserer Seite ablenken, damit der andere zum Fenster laufen kann, um die Gefangenen zu warnen«, schlage ich vor.

»Gute Idee«, sagt Rocky. »Ich lenke die Wachen ab.« Er zieht eine Granate von seinem Gürtel und wirft sie in hohem Bogen über die Ruine hinweg in den Wald auf der anderen Seite.

»Was war das denn?«, frage ich.

»Na, ich lenke sie ab«, antwortet Rocky.

»Indem du schon wieder was in die Luft sprengst?«

»Ja. Genau.«

Der Donnerhall der Explosion lässt einen großen Vogelschwarm in den Nachthimmel flattern. Die nicht minder aufgeregten Keiler, die auf der Wehrmauer über uns patrouillieren, stürzen grunzend zur anderen Seite der Ruine, um den dortigen Wachen zur Hilfe zu eilen.

»Siehst du? Funktioniert doch primstens«, sagt Rocky.

»Ach egal, bin gleich wieder da«, sage ich und sprinte zum nächstbesten Kerkerfenster. »Rufus? Hörst du mich? Seid ihr da unten?«

Das Gesicht unseres Genies erscheint im Halbdunkel hinter dem Gitter. Ich muss zugeben, ich war selten froher, meinen kleinen, nervigen Bruder zu sehen.

»Sind das meine Handgranaten, die du da kreuz und quer durch den Wald hochgehen lässt?«

»Ist eigentlich eher Rockys neues Hobby«, antworte ich.

Der Clanchef gesellt sich zu uns. »Geht da drinnen mal alle ein bisschen zur Seite. Ich spreng jetzt das Gitter.«

»Bloß nicht!« Bei Rufus schrillen die Alarmglocken. »Das ist viel zu gefährlich!«

Rocky zieht eine Granate von seinem Gürtel.

»Keine Sorge, passt schon«, sagt er, legt sie vor das Gitter und sprintet zurück zum Abhang, um hinter der Mauer Deckung zu suchen. Mir bleibt nichts anderes übrig, als ihm hektisch hinterher zu stolpern, dann bin auch ich in Sicherheit.

»Das kam jetzt etwas überraschend«, sage ich.

»Wir sind ja auch ein bisschen in Eile«, erwidert Rocky.

Drei Sekunden vergehen, dann noch drei. Dann weitere drei.

Nichts passiert.

»Was ist los?«, hallt Rufus' Stimme aus dem Kerker.

»Scheint ein Blindgänger zu sein«, antworte ich.

»Zum Glück«, erwidert Rufus. »Ihr hättet uns alle umgebracht.«

Rocky tippt mir auf die Schulter und deutet nach oben.

Die beiden Wachen sind zurück und nehmen wieder ihre Posten auf der Wehrmauer ein. Sieht aus, als hätten sie sehr schlechte Laune.

An Rockys Brustgurt baumelt nur noch eine einzige Granate. Was auch immer wir damit anfangen, es muss gelingen, sonst sind wir geliefert.

»Was habt ihr jetzt vor?«, flüstert Rufus unheilvoll.

»Ruhe da unten!«, brüllt einer der Keiler über uns.

Rocky und ich sehen uns an. Ich ahne, was er im Schilde führt.

»Du willst es noch mal versuchen?«, frage ich flüsternd.

Rocky nickt, rupft entschlossen die letzte Granate vom Gürtel und ruft: »Bleibt in Deckung!«

»Nein!« Rufus klingt panisch. »Das gibt eine Kettenreaktion, und dann werden wir alle …«

Mehr kann ich nicht verstehen, weil die Wachen nun

Rocky entdeckt haben und aufgeregt grunzen: »Feind in Sicht! Alle hierher! Feind in Sicht!«

Ich versuche, Rocky zu helfen, indem ich die beiden Keiler mit allem, was mir in die Krallen kommt, bewerfe. Hauptsächlich sind das Steinchen, die überall auf dem Plateau herumliegen. Viel kann ich gegen die Fettschwarten nicht ausrichten, aber immerhin lenkt es sie ab.

Hochkonzentriert und mit viel Gefühl kegelt Rocky die Granate vor das Gitter. Dann hechten wir beide wieder in Deckung.

Was Rufus gemeint hat, als er eben von einer Kettenreaktion sprach, wird uns drei Sekunden später klar. Die letzte Granate explodiert nicht nur, sie zündet zugleich auch den Blindgänger. Das Ergebnis ist in jeder Hinsicht ... nachhaltig. Die Wucht der Explosion hinterlässt nicht nur ein großes Loch, wo sich zuvor das vergitterte Fenster befand, sie bläst auch ein ordentliches Stück der Wehrmauer weg – und zwar mitsamt den sich darauf befindenden Keilern. Der erste wird in unsere Richtung katapultiert. Nachdem er Rocky und mich nur knapp verfehlt hat, schießt er den Hang hinunter wie ein Abfahrtsläufer beim Hahnenkammrennen – wobei er mehrere Dornenbüsche mit sich reißt, was schmerzhaft aussieht.

Den zweiten Keiler hat die Explosion wie eine Rakete in den Nachthimmel gejagt. Rocky und ich müssen den Kopf in den Nacken legen, um dem kleiner werdenden Punkt zu folgen. Kurz verschwindet der Flugkeiler aus unserem Blickfeld, um gleich darauf in die Krone einer Eiche zu krachen, wo sich das Schwein hoffnungslos in einer Astgabel verklemmt. Wild zappelnd hängt es nun dort, und wenn ich seine Kieferbewegungen richtig deute, dann flucht und zetert es, was das Zeug hält. Verstehen kann ich leider nichts, denn seit der Explosion übertönt ein lautes Fiepen in meinem Kopf alle Umgebungsgeräusche.

Rufus, Grete, der Rest meiner Familie sowie sämtliche anderen Gefangenen, darunter nicht nur die Waschbären und der Rat der Eichhörnchen, sondern zu meinem Erstaunen auch ein Mandarinenten-Paar, verlassen die rauchenden Trümmer des Kerkers. Alle sind rußgeschwärzt und sehen ziemlich fertig aus. Archimedes hat ein lebloses Eichhörnchen geschultert, die übrigen Mitglieder des Rates der Weisen reden auf ihren Kumpel ein, als würden sie ihn davon überzeugen wollen, noch nicht den Löffel abzugeben. Wegen des Pfeifens im Ohr kann ich weder verstehen, was die Eichhörnchen sagen, noch begreife ich, was Rufus von mir will, der gestikulierend und offensichtlich stinksauer auf mich einredet.

Unser Clanchef ergreift die Initiative, indem er die Vorderpfoten hebt und allen bedeutet, ihm sofort zu folgen. Trotz Pfeifen im Ohr leuchtet mir ein, dass es eine gute Idee ist, sich aus dem Staub zu machen, solange die Keiler noch damit beschäftigt sind, ihre Panik und das allgemeine Chaos unter Kontrolle zu kriegen.

52

Halb laufend, halb stolpernd hetzen wir den Hügel hinab. Im Fall der Mandarinenten sogar: halb segelnd. Immer wieder heben die beiden ab, werden aber von den Bäumen und Büschen, die uns im Weg stehen, regelmäßig zu kurzen Zwischenlandungen gezwungen. Selbst die Waschbären, die es ja sonst gemächlich angehen lassen, rennen wie die Hasen, und das wortwörtlich. Verwundert sehe ich, wie der pummelige Freddie die gertenschlanke Grete überholt. Die Angst vor unseren Verfolgern mobilisiert bei allen ungeahnte Reserven.

Erst als wir König Karls Birkenwäldchen erreichen, wagen wir eine Verschnaufpause. Alle lauschen konzentriert in die Nacht.

Zu meiner Freude stelle ich fest, dass meine Trommelfelle die Explosion überlebt haben. Ich höre wieder Umgebungsgeräusche, und das Ohrenpfeifen hat merklich nachgelassen.

Das von Archi gerettete Eichhörnchen hat ebenfalls Glück gehabt. Es hustet, als Rufus' Sohn es behutsam auf dem Waldboden ablegt. Sofort sind die anderen Nager zur Stelle und kümmern sich um ihren angeschlagenen Kumpel.

Rufus klopft Archi auf die Schulter. »Das war sehr nobel von dir, dass du dich uneigennützig um einen anderen Waldbewohner gekümmert hast. Ich bin stolz auf dich, mein Sohn … also ich meine … mein Patensohn.«

»Kein Ding«, erwidert Archi. Er bemüht sich, lässig rüberzukommen, kann aber nicht verhehlen, dass das Lob seines Vaters ihn bauchpinselt. Nadja und Natalie finden Archimedes' Heldenmut ähnlich beeindruckend. Wenn ich ihre Blicke richtig deute, dann sind sie allerdings weniger stolz und mehr scharf auf ihn. Ich kann mich nicht entsinnen, dass Rufus jemals eine ähnliche Art von Begeisterung hervorgerufen hätte. Archis Sorge, dass er so werden könnte wie sein Vater, scheint fürs Erste gebannt.

»Glaubt ihr, sie haben aufgegeben?«, überlegt Rocky.

»Möglich, dass sie sich erst gar nicht die Mühe machen«, erwidert Rufus. »Sie wissen ja, wo wir zu finden sind. Warum also eine Verfolgungsjagd veranstalten, wenn sie die meisten von uns bei Tagesanbruch bequem wieder einsammeln können? Außerdem haben sie gerade andere Sorgen.«

Von der Keilerschanze wehen Stimmen und Geräusche zu uns herüber. Vielleicht hat Rufus recht, und Herrmann und seine Keiler stehen noch unter Schock oder sind damit beschäftigt, ihren Kollegen aus der Baumkrone zu befreien. Jedenfalls scheinen sie es nicht eilig zu haben.

»Uns werden sie morgen hier nicht mehr finden.« Freddie sagt es mit Tränen in den Augen. »Leider.«

»Ja, aber geht nicht anders. Wir müssen abhauen«, ergänzt Bernie. »Wir sammeln Shabby ein und verschwinden über den Bach in Richtung Norden. Noch heute Nacht.«

Die anderen Waschbären nicken zustimmend.

»Ihr könntet zu uns in die Wüste kommen«, schlage ich vor. »Da ist noch jede Menge Platz. Und wir würden euch helfen, ein eigenes Gehege zu bauen.«

Bernie schüttelt den Kopf. »Lass gut sein, Ray, aber wir heißen nicht umsonst Waschbären. In eurer Wüste würden wir eingehen wie die Primeln.«

Rufus mischt sich ein. »Ihr wollt euren geliebten Wasserfall einfach so im Stich lassen?«

»Nicht einfach so«, seufzt Freddie. »Aber dieses verrückte Wildschwein lässt uns einfach keine andere Wahl.«

Bernie versucht, seinen Freund aufzumuntern. »Ist schade um unseren Wasserfall, aber in Richtung Berlin soll es ein paar schöne Seen geben, was ja auch nicht zu verachten ist.«

»Gegen die Keiler kann man eben nichts machen«, fasst Freddie die Situation zusammen.

»Tut mir leid«, sage ich.

»Ist ja nicht eure Schuld«, erwidert Bernie.

»In gewisser Weise ist es schon die Schuld von denen da«, mischt sich der Mandarinerpel ein. »Bevor die zu uns in den Wald kamen, waren meine Frau und ich angesehene Mitglieder der Gesellschaft. Jetzt sind wir plötzlich chinesische Listen-Enten.«

»Er meint chinesische Dissidenten«, erklärt Rufus und rollt genervt mit den Augen. »Das sind übrigens Herr und Frau Wang.«

»Wir sind beide in diesem Wald geboren«, erklärt Frau Wang. »Und jetzt gilt das plötzlich alles nichts mehr, nur weil unsere Urururururgroßeltern Chinesen waren.«

Freddie schüttelt den Kopf. »Habt ihr es denn immer noch nicht kapiert? Rufus hat es uns doch lang und breit erklärt. Alle Tiere sind Einwanderer, man muss nur lang genug zurückgehen, dann findet man immer einen Vorfahren, der nicht in diesem Wald geboren ist. Das gilt sogar für die Wildschweine.«

»Sehr gut aufgepasst, Freddie«, lobt Rufus.

Freddie lächelt stolz über das Lob vom Klassenlehrer.

»Na und?«, ereifert sich Frau Wang. »Selbst wenn wir im

Recht sind, was hilft es uns? Wir müssen trotzdem den Wald verlassen, wenn wir nicht wieder im Gefängnis landen wollen.«

Betretenes Schweigen.

»Und das heißt, wir haben keine andere Wahl, als nach Cottbus zu ziehen«, erklärt Herr Wang. »Zu den Schwiegereltern.« Klingt wie: Lieber würde ich mich im nächsten Chinaimbiss am Grillspieß drehen.

»Aber das ist nicht die Schuld der Erdmännchen«, sagt Bernie.

»Genau. War uns doch allen klar, dass es eines Tages so weit kommen würde«, fügt Freddie hinzu. »Herrmann hat Karl immer für zu weich gehalten und nur auf eine Gelegenheit gewartet, um ihn zu stürzen. Aber niemand von uns hat was dagegen unternommen.«

»Vielleicht ist es noch nicht zu spät, um sich zu wehren«, wirft Archi ein.

»Was sollen wir schon ausrichten?«, fragt Frau Wang.

»Gute Frage«, sagt Freddie.

»So, jetzt ist mal Ende der Diskussion«, verkündet Rocky. »Meine Granaten sind alle. Falls die Keiler es sich anders überlegen, wäre ich gern im Bau.«

Die Mandarinenten sehen sich an, dann schütteln beide die Köpfe.

»Macht's gut, Leute«, sagt Bernie niedergeschlagen. »Falls sich hier was ändern sollte, könnt ihr uns ja einen Kurier schicken.«

Grete, die bislang im Abseits stand, tritt zwei Schritt vor. »Also, wenn euer Angebot auch für mich gilt, dann würde ich es sehr gern annehmen.«

»Es wäre uns eine Ehre«, sagt Rufus mit bebender Stimme.

Bei Gelegenheit muss ich ihn schon noch mal fragen, was er da für eine Offizier-und-Gentleman-Nummer mit Grete laufen hat.

»Was ist mit euch Nussknackern?«, fragt Rocky.

Der Rat der Weisen – auch das vierte Eichhörnchen ist inzwischen wieder halbwegs auf den Beinen – stellt sich in einer Reihe auf. Der Wortführer verkündet piepsend: »Wir haben beschlossen zu bleiben und zu kämpfen. Wir werden einen Partisanenkrieg führen. Nieder mit den Wildschweinen! Es lebe der König!«

»Reizend«, sagt Rocky. »Können wir dann mal?«

53

Ich schlafe miserabel. Was zum einen daran liegt, dass Rufus und Grete sich zwei Kammern weiter die halbe Nacht lang flüsternd unterhalten. Zum anderen habe ich Albträume, in denen ich ständig vor entsicherten Handgranaten weglaufen muss. Und dann verfolgt mich noch die Frage, was die Keiler im Schilde führen. Letzte Nacht sind wir unbehelligt in den Bau gelangt. Dabei wäre es nur logisch gewesen, wenn Herrmann ein paar seiner Keiler zur Wüste geschickt hätte, um uns dort aufzulauern.

Als ich erwache, fühle ich mich wie gerädert. Vielleicht sollte ich den Tag damit verbringen, in meiner Kammer trübselig vor mich hin zu dösen. Zu tun gibt es momentan sowieso nichts. Und das wird vorerst auch so bleiben. Wir hängen in dieser Wüste fest, einerseits zwar vor Herrmann und seinen Keilern geschützt, andererseits aber auch zu grenzenloser Langeweile verdammt. Rufus hat mir mal von einem antiken Typen mit einem ähnlichen Schicksal erzählt.

»Hi.« Rufus steht in der Tür. »Schon wach?«

»Halb.«

»Der Tag ist ja auch schon halb rum«, feixt Rufus.

Schlechte Witze vorm Frühstück. Das ist doch sonst meine Disziplin. »Sag mal, du hast mir doch von diesem Typen erzählt, der in einem Teich steht, aber nicht trinken kann, weil immer, wenn er sich bückt, ist das Wasser weg.«

»Hab ich.«

»Und über ihm wachsen saftige Früchte, aber sobald er danach greifen will, weht ein Sturm die Zweige in den Himmel.«

»Genau.«

»Wie hieß der Kerl noch gleich?«

»Tantalos. Wie kommst du da drauf?«

»Ich dachte gerade, dass es uns so ähnlich geht. Wir haben den Wasserfall vor der Nase und könnten in einem der besten Clubs jenseits von Berlin abhängen und jeden Tag Spaß haben. Stattdessen sitzen wir in diesem Sandloch fest und dürfen uns nicht von der Stelle bewegen, weil wir sonst von fanatischen Keilern oder halb vergammeltem Sprengstoff gekillt werden.«

»Hast du einen schlechten Tag?«, fragt Rufus.

»Möglich«, antworte ich. »Was willst du?«

»Ich weiß jetzt, was die Keiler im Schilde führen.« Kunstpause.

»Und ich soll dich jetzt bitten, es mir zu sagen.«

»Nö. Komm einfach mit, dann zeige ich es dir.«

Auf dem Feldherrenhügel treffen wir Rocky und Roxane. Die beiden beobachten ein seltsames Schauspiel, das sich am Wasserfall zuträgt. Dort sind die Wildschweine damit beschäftigt, den Wald zu roden. Eifrige Biber helfen dabei, die Bäume um die Wiese herum zu fällen. Herrmann steht auf einem Felsen oberhalb des Wasserfalls und koordiniert die Arbeiten. Ist voll sein Ding: den Überblick haben und dabei bedeutungsvoll aussehen.

»Die Biber sind also auch auf Herrmanns Seite«, stelle ich fest.

Rufus schüttelt den Kopf. »Wenn du mich fragst, dann helfen die ihm nicht freiwillig.«

»Und was machen die da?«, frage ich.

»Das will ich von dir wissen«, antwortet Rufus mit einem spitzbübischen Lächeln. »Bislang ist noch niemand draufgekommen. Also niemand außer mir, versteht sich.«

Logisch. Mein nerviger Bruder kennt längst des Rätsels Lösung, aber statt sie uns zu verraten, macht er wieder einmal einen auf Oberschlaumeier.

»Was soll das werden? Ein Kreuzworträtsel?«

»Gute Idee«, sagt Rufus begeistert. »Die Lösung hat vier Buchstaben.«

Roxane dreht sich zu uns um. »Also ich glaub ja, die bauen 'ne Brücke.«

Rufus strafft sich, wie er es gern tut, wenn er etwas erklären darf. »Denk doch mal nach, Roxy. Das Wort ›Brücke‹ hat sieben Buchstaben. Selbst wenn man den Umlaut nicht auflöst, sind es immer noch …«

»Lass gut sein, Rufus«, grätsche ich dazwischen. »Außer dir kann hier sowieso niemand lesen …«

»Aber man könnte es lernen«, erwidert Rufus. »Archimedes hat auch eine Weile gebraucht, aber inzwischen …«

Rocky unterbricht ihn.

»Wird das ein Zaun?«, fragt er. »Ein Zaun um den Bach?«

»Nein, das wird 'ne Brücke«, beharrt Roxane.

»Wozu denn eine Brücke?«, frage ich. »Es gibt genug seichte Stellen, an denen man über den Bach kommt.«

»Und wenn die nicht nass werden wollen?«

»Deswegen der Zaun«, sagt Rocky. »Damit keiner mehr in den Bach fällt.«

»Aaaaahhh«, sagt Roxane. »Krass.«

Rocky dreht sich zu uns um. »Und, hab ich recht, oder hab ich recht?«

Rufus und ich machen Pokerfaces. Wenn wir jetzt lachen, dann setzt es Kopfnüsse.

»Zaun«, antwortet Rufus sachlich, »ist leider nicht die richtige Antwort – obwohl das Wort vier Buchstaben hat.«

»Da!«, ruft Roxane. »Die rollen die Baumstämme in den Bach.«

Angestrengt späht sie zum Wasserfall. »Ich hab's! Die wollen ein Boot bauen.«

Meinen Einwand, dass der Bach an manchen Stellen so seicht ist, dass man hindurchwaten kann, scheint sie vergessen zu haben.

»Boot«, antwortet Rufus, »ist leider auch die falsche Antwort, obwohl es sich ebenfalls um ein Wort mit vier Buchstaben handelt. Alle Achtung!«

Obwohl Roxane weder lesen noch bis vier zählen kann, wirkt sie geschmeichelt.

»Hütte?«, fragt Rocky.

Rufus schüttelt den Kopf.

»Baumhaus?« Das war jetzt wieder unsere Schwester, die dumme Nuss. Was zur Hölle sollen Keiler mit einem Baumhaus anfangen?

Rufus kann mit Kopfschütteln weitermachen. »Ich muss gestehen, es ist aber auch wirklich knifflig.«

Archi gesellt sich zu uns. »Morgen. Was geht ab?«

Er sieht, dass alle in die Ferne schauen, und tut es ebenfalls.

»Ach du Scheiße«, sagt er nach zwei Sekunden.

Alle Köpfe drehen sich zu ihm.

»Die bauen einen Damm. Die wollen den Bach so umleiten, dass er unser Gehege flutet.«

Stille. Alle schauen zuerst noch einmal zum Wasserfall, dann zu Archi und anschließend zu Rufus.

»Das ist mein … Patensohn«, sagt Rufus. »Absolut richtig. Die Lösung lautet tatsächlich: Damm.«

»Die wollen unser Gehege fluten?«, fragt Rocky verdattert.

»Ja, allerdings wird es eine Weile dauern, bis es so weit ist«, antwortet Rufus. »Möglich, dass sie es überhaupt nicht hinkriegen. Ist nicht ganz einfach, einen Bach umzuleiten.«

»Immerhin scheinen sie einen funktionierenden Plan zu haben«, sagt Archi mit Blick zum Wasserfall, wo gerade der Bach über die Ufer tritt und sich als schmales Rinnsal einen Weg durch den Wald bahnt, genau in Richtung unseres Wüstenstreifens.

»Oh«, sagt Rufus, »das ist in der Tat suboptimal.«

54

Clanversammlung. Einziger Tagesordnungspunkt diesmal: Wir werden alle sterben. Rufus kann erklären, wann und warum.

Wie üblich genießt er, dass wir an seinen Lippen hängen. Heute umso mehr, da Grete in der ersten Reihe steht und ihn anhimmelt. Ich hätte nie gedacht, dass mein kleiner Bruder mal ein weibliches Wesen finden würde, das er allein mit seiner Intelligenz wuschig machen kann. Grete allerdings scheint ein Superhirn mit einem pinkfarbenen Klettgurt tatsächlich erotisch zu finden.

»Angesichts der komplexen Problemstellung und der Kürze der Zeit, die mir gewährt wurde, um eine Prognose abzugeben, kann ich selbstredend keine verbindlichen Aussagen treffen«, erklärt Rufus, während er mit einem Stöckchen eine Skizze unseres Geheges in die Wand kratzt. »Aber wenn man die Fließgeschwindigkeit des umgelenkten Baches und die sich daraus ergebende Wassermenge in Relation zur Größe unserer Savanne setzt, dann kann man mit an Sicherheit grenzender Wahrscheinlichkeit sagen, dass unser Gehege am morgigen Nachmittag überflutet werden wird. Mit etwas Glück und gezielten Gegenmaßnahmen könnten wir die Flut zwar ein paar Stunden aufhalten, aber spätestens im Laufe der kommenden Nacht wird die Savanne trotzdem absaufen.«

»Was denn für Gegenmaßnahmen?«, fragt Rocky.

»Sehr gute Frage. Dazu wollte ich gerade kommen. Wir könnten eine Minus-4-Ebene graben und …«

»Ich grabe nicht mehr!«, fällt Nick ihm ins Wort. »Da saufe ich lieber ab!«

»Ich auch nicht«, sagen Nemo und Nadja wie aus einem Maul.

»Wir streiken!«, ruft Natalie kämpferisch, und schon schnattert der ganze Clan aufgeregt durcheinander.

Rocky hebt die Vorderläufe, um für Ruhe zu sorgen. Als niemand reagiert, verpasst er Kato und Magnus, die zufällig in seiner Nähe stehen, Kopfnüsse. Das wirkt.

»Lasst Rufus zu Ende erklären«, sagt er. »Dann könnt ihr immer noch meckern.«

»Warum warten wir nicht einfach auf dem Feldherrenhügel, bis das Wasser versickert ist?«, fragt Chantal.

»Gute Idee, Schatz!«, lobt Roxane.

»Da wird leider nichts versickern«, erklärt Rufus. »Der Bach liefert ununterbrochen neues Wasser. Da wir uns in einer Senke befinden, wird aus dieser Wüste ein See werden, meinen Berechnungen zufolge ist selbst der Feldherrenhügel nicht hoch genug, um über Wasser zu bleiben.«

»Dann müssen wir ihn eben höher machen«, findet Rocky.

»Genau deshalb wollte ich vorschlagen, dass wir eine Minus-4-Ebene graben und den Sand auf den Feldherrenhügel schaffen«, sagt Rufus. »Leider wird ihn das trotzdem nicht davor bewahren, überschwemmt zu werden. Er müsste fast doppelt so hoch sein, um nicht unterzugehen, aber das ist in der Kürze der Zeit nicht zu schaffen.«

»Aber es ist einen Versuch wert, oder?«, fragt Rocky. Wenn es um Herkulesaufgaben geht, ist unser großer Bruder immer gern dabei.

»Ist das nicht total Banane?«, motzt Mads. »Wir sollen uns ein Stockwerk tiefer buddeln und den ganzen Sand auf den Berg schleppen, nur damit dann doch alles absäuft? Wie blöd ist das denn?«

Jetzt kriegt auch Mads von Rocky eine Kopfnuss verpasst.

»Au! Wofür war das denn?«

»Ich geb dir gleich blöd, du Hosenscheißer«, sagt der Clanchef, was wohl heißen soll, dass er mit etwas mehr Respekt behandelt werden möchte.

»Es stimmt, die Savanne wird so oder so überflutet werden«, erklärt Rufus. »Aber jede Stunde, die wir gewinnen, gibt uns etwas mehr Zeit für einen Plan B.«

»Und wie sieht der aus?«, fragt Roxane.

Rufus zieht ratlos die Schultern hoch. »Ich weiß es selbst noch nicht. Wenn nicht ein Wunder geschieht, dann werden wir uns wohl noch einmal eine neue Heimat suchen müssen.«

Stille. Die Aussicht darauf, schon wieder von vorn anfangen zu müssen, verschlägt allen die Sprache. Fast allen.

»Die wichtigste Frage ist doch eine andere …«, krächzt Pa und hustet ausführlich.

Wir warten geduldig, bis unser alter Herr weitersprechen kann.

»Die wichtigste Frage lautet, wann wir endlich wieder in den Zoo zurückdürfen. Kann mir das mal jemand sagen?«

Betretenes Schweigen macht sich breit.

»Ich finde, der Gedanke ist gar nicht so falsch«, meldet sich schließlich Ma zu Wort. »Vielleicht haben die im Zoo es sich ja inzwischen anders überlegt.«

Ihr Satz bringt Bewegung in die Versammlung.

»Das stimmt!«, ruft Mitzi. »Wir waren da doch immer

voll die Stars. Die vermissen uns bestimmt schon wie Hölle.«

»Ja. Vielleicht suchen die längst nach uns«, sagt Natalie.

»Genau. Aber hier am Arsch der Welt findet uns natürlich niemand«, ergänzt Minka.

»Wir würden es nicht mal erfahren, oder?«, überlegt Nadja.

Alle Augen richten sich auf Rufus.

»Stimmt«, muss der zugeben. »Theoretisch liegt das durchaus im Bereich des Möglichen.«

»Aber dann müssen wir das rausfinden«, sagt Roxane. »Und zwar schnell.«

Die Krallenspitze von Rockys rechter Klaue zeigt abwechselnd auf Rufus und auf mich. »Ihr beide macht das.«

»Wieso denn ausgerechnet wir?«, frage ich.

»Weil ich das sage«, erwidert Rocky. »Ich kümmere mich mit den anderen inzwischen um den Feldherrenhügel. Wir bauen ihn so hoch, wie es geht. Irgendwelche Einwände?«

Rocky lässt seine Krallen knacken, bereit, dem Erstbesten eine Kopfnuss zu verpassen, der ihm widerspricht. Aber es regt sich kein Widerstand.

Rufus sieht mich an. »Ich gebe es wirklich nur ungern zu, aber der Plan ist gar nicht so dumm.«

»Ich hatte befürchtet, dass du das sagst«, erwidere ich.

»Ihr solltet euch beeilen«, sagt Ma und zeigt zur Decke, wo es gerade zu tropfen begonnen hat.

55

Wir folgen dem kleinen Kompass, den Rufus an seinem Klettgürtel trägt, und verlassen den Wald in nördlicher Richtung.

»Wissen wir, wie wir in die Stadt kommen?«, frage ich.

»Wir improvisieren«, antwortet Rufus.

»DU willst improvisieren?«, erwidere ich. »Ich war überzeugt davon, dass du nicht mal pinkeln gehst, ohne dir vorher einen Plan zu machen.«

»Man kann im Leben eben nicht alles planen«, sagt Rufus.

Oha. Das sind ja ganz neue Töne. Wenn die mal nichts mit Grete zu tun haben, denke ich, bohre aber nicht nach.

»Okay. Kein Problem«, sage ich stattdessen. »Dann eben planlos.«

»Völlig planlos sind wir nun auch wieder nicht. Ich dachte, wir halten uns Richtung Norden, bis wir auf eine Straße treffen. Der folgen wir bis zur nächsten Tankstelle. Und da finden wir hoffentlich eine passende Mitfahrgelegenheit.«

»Na, geht doch. Das klingt schon eher nach dir. Wir haben also einen Plan.«

»Nenn es, wie du willst. Hauptsache, wir kommen nach Berlin.«

Berlin. Das Wort elektrisiert mich. Berlin, ach Berlin! Wenn ich den Namen nur höre, wird mir schon ganz warm ums Herz. Er klingt so vertraut und heimelig. Ist unsere Flucht doch nur ein Albtraum, der vorbei ist, sobald wir wieder nach Hausc kommen?

Wie ich so über unsere Heimat nachdenke, habe ich plötzlich das Gefühl, sie riechen zu können. Rufus scheint es ähnlich gehen, denn er bleibt stehen und hält die Nase in den Wind.

»Findest du auch, dass es nach Zuhause riecht?«, frage ich.

Er muss grinsen. »Das ist der Geruch von Benzin und Autoabgasen. Bis zur Straße kann es nicht mehr weit sein.«

Wir verlassen den Wald und passieren dabei ein Hinweisschild.

Rufus liest vor: »*Wege nicht verlassen und Hunde anleinen! Dieses Gebiet ist aufgrund seiner historischen Nutzung mit Munition und weiteren Kampfmitteln belastet.*«

»Gut, dass wir es jetzt wissen«, sage ich.

Rufus nickt. »Was ich immer sage: Tiere, die lesen können, sind ganz klar im Vorteil.«

Wenig später kann man die Landstraße nicht nur riechen, sondern auch sehen. Während wir weiter darauf zu marschieren, entdecke ich in der Ferne eine Art Turm, der sich zu Rufus' Freude als Tankstellenmast entpuppt.

Wir strecken unsere Köpfe durch die Hecke, die das Tankstellengelände umgibt, und halten Ausschau nach einer passenden Mitfahrgelegenheit.

»Jackpot«, sagt Rufus, nachdem wir eine Weile gewartet haben.

»Der Traktor mit dem Kartoffelanhänger?«, frage ich.

Mein Bruder schüttelt den Kopf. »Der drahtige Best Ager mit grauem Stoppelbart, der gerade seine Harley Davidson geparkt hat und im Verkaufsraum verschwunden ist. Wir klettern in die Seitentasche, und ab geht's.«

»Woher weißt du, dass er nach Berlin will?«, frage ich.

»Berliner Nummernschild«, antwortet Rufus. »Außerdem ist das eine burgunderfarbene Harley Davidson Road King. Der Fahrer ist also garantiert in der Midlifecrisis und wohnt höchstwahrscheinlich in Charlottenburg.«

Die Satteltasche ist so geräumig, dass man sie beinahe wohnlich nennen könnte. Rufus setzt sich auf eine Butterbrotdose, ich mache es mir auf einem Ringelpulli bequem. Es dauert nicht lange, und der Motor startet, dann beschleunigen wir rasant.

Eine Weile dösen wir schweigend vor uns hin. Dann wird mir langweilig.

»Wie läuft's eigentlich mit Grete?«, frage ich beiläufig.

»Mmmh.«

»Mmmh-gut oder mmmh-schlecht?«

»Mmmh-geht so«, erwidert Rufus maulfaul.

»Und das heißt?«

Rufus seufzt. »Das heißt, wir haben letzte Nacht lange geredet, und dabei ist mir klar geworden, dass wir keine Zukunft haben. Ist schade, aber leider kann man da nichts machen.«

»Siehst du das nicht etwas zu dramatisch? Ich meine, Gretes Leben ist in den letzten Tagen komplett auf den Kopf gestellt worden. Das muss sie erst mal verdauen. Gib ihr Zeit.«

»Würde ich ja gern«, erwidert Rufus. »Aber das ist es nicht.«

»Sondern?«

»Sie wünscht sich eine Familie. Aber mit mir hat sie das gleiche Problem wie mit Emil. Auch ein Erdmännchen und eine Häsin können keinen Nachwuchs bekommen.«

»Vielleicht ist ihr eine Familie nicht so wichtig wie eine Beziehung mit dir«, sage ich. »Außerdem könntet ihr über eine Adoption nachdenken. Es gibt bestimmt eine Menge Kleinsäuger ohne Eltern, die liebend gern von einem verkopften Erdmännchen und einer warmherzigen Häsin adoptiert werden würden.«

Rufus nickt nachdenklich. »Ja, darüber habe ich auch schon nachgedacht. Aber ich glaube, Gretes Wunsch ist es, eigenen Nachwuchs zu haben. Ich bin also nicht das, was sie sucht.« Rufus zieht traurig die Schultern hoch. »So ist das eben.«

Ich nicke beeindruckt. »Du hast ganz schön Glück, dass du so ein schlauer Kerl bist. Andere wären da bestimmt erst nach vielen Jahren draufgekommen.«

»Das stimmt«, sagt Rufus. »Aber die hätten in der Zwischenzeit wenigstens ihren Spaß gehabt. Hat also auch Nachteile, wenn man schlau ist.«

Da ist definitiv was dran, denke ich und muss an das Gespräch mit Archimedes denken. Ich erspare es uns, Rufus davon zu erzählen. Wenn mein Bruder wirklich so clever ist, wie er glaubt, dann wird er selbst erkennen, dass es manchmal richtig sein kann, eine Dummheit zu begehen. Gerade in Liebesdingen kann das echt klug sein.

Ein kurzes Ruckeln reißt mich aus meinen philosophischen Betrachtungen. Der Motor erstirbt, und die Schritte unseres Fahrers entfernen sich.

»Bin gespannt, wo wir gelandet sind«, sagt Rufus und hebt vorsichtig den Deckel der Satteltasche an.

»Und?«

»Du wirst es nicht glauben«, sagt mein Bruder.

»Cottbus?«

»Nein. Der Typ hat ein Date im *Schleusenkrug*. Wir sind

im Tiergarten! Wenn wir uns beeilen, dann wirst du in fünf Minuten wissen, wie unser Gehege jetzt aussieht.«

»Ist nicht wahr.«

»Und ob das wahr ist.«

56

Das kann nicht sein«, sage ich geschockt. »Das ist ein Irrtum.«

Da, wo unser Gehege sein sollte, befindet sich ein Wasserspielplatz mit zwei Pumpen und einem System aus hölzernen Rinnen und Tischen, die von den anwesenden Kids hingebungsvoll so lange mit Sand und Matsche zugekleistert werden, bis das Pumpenwasser alles wieder wegspült. Dann beginnt das Ganze von vorn.

Rufus und ich haben uns an der Uferböschung des Vierwaldstätter Sees versteckt und betrachten das Treiben auf der anderen Seite des Rundwegs.

»Das war alles längst geplant«, sagt Rufus zerknirscht. »Ich wette, kaum hatten wir den Bau verlassen, da waren schon der Bagger und die Handwerker in unserem Gehege.«

»Hast du nicht gesagt, so schnell schießen die Preußen nicht?«

»Habe ich, aber manchmal tun sie es offenbar doch.«

»Aber es klang, als wärst du dir in dieser Sache ganz sicher.«

»War ich ja auch, aber … worauf willst du eigentlich hinaus, Ray?«

»Hab ich doch eben gesagt: Das muss ein Irrtum sein.«

»Und worin soll dieser Irrtum bestehen?«, fragt Rufus.

»Keine Ahnung. Vielleicht ist das hier gar nicht der Vierwaldstätter See …«

»Was redest du denn da?« Unwirsch schüttelt Rufus den Kopf.

»Ja. Genau. Ich glaube, das hier ist der Waldschenkenteich.«

»Aha. Und warum stehen da vorn dann die Flamingos?«

»Die haben ein neues Gehege bekommen«, improvisiere ich.

»Am Waldschenkenteich?«

»Genau.«

»Und das *Waldorf Astoria* haben die Leute vom Zoo gleich mit versetzt, oder wie?« Rufus deutet mit der Krallenspitze auf den sandfarbenen Hotelkomplex, der sich hinter dem Zoopalast erhebt. Er lag immer ziemlich genau in einer Linie mit unserem Gehege. Nun liegt er ziemlich genau in einer Linie mit dem Wasserspielplatz.

Ich schweige ratlos.

»Die Beweislage ist erdrückend«, stellt Rufus fest.

»Ich kann einfach nicht fassen, dass die aus unserem Zuhause einen Wasserspielplatz gemacht haben.«

»Ist aber so«, sagt Rufus. »Und die Idee scheint, nebenbei bemerkt, sehr gut anzukommen.«

Im Zuge dessen, dass er sich von einer gemeinsamen Zukunft mit Grete verabschieden musste, scheint mein Bruder eine neue Seite an sich entdeckt zu haben. »Macht dir das gar nichts aus?«

»Doch«, antwortet Rufus. »Aber ich glaube, je eher wir uns damit abfinden, desto besser. Außerdem kriegt unsere Familie nasse Füße, wenn wir uns zu lange damit aufhalten, der Vergangenheit nachzutrauern.«

»Ich muss trotzdem wissen, ob die uns schon völlig vergessen haben. Wenn das einer weiß, dann Kong. Gib mir zehn Minuten, okay?«

Rufus nickt, rollt sich auf den Rücken und dreht das Gesicht in die Sonne. »Beeil dich. Ich warte.«

Kong hat eine neue Bleibe ins Gehege gestellt bekommen. Nicht sehr groß, dafür sehr schick. Eine Art Gartenhaus, könnte man sagen. Die Gittertür steht offen, drinnen fläzt sich der Pate auf dem mit Stroh ausgelegten Holzfußboden. Einen Arm hat er hinter den Kopf gelegt. Sein riesiger Schädel ruht auf zwei Strohballen. Zwei weitere liegen am Eingang des Häuschens. Trifft sich gut, denn sie schützen mich vor neugierigen Blicken der Zoobesucher.

»Nett. Ist das dein Sommerhäuschen?«, frage ich.

Er dreht den Kopf minimal in meine Richtung, was so aussieht, als würde ein großer, dunkler Felsen auf mich zurollen. »Ray.«

»Hallo, Kong.« Ich würde ihm gern sagen, dass ich mich freue, ihn zu sehen, aber er mag keine Sentimentalitäten.

»Was machst denn du hier?«, rasselt er. »Heimweh?«

»Ist nicht mehr viel übrig von meinem Heim«, gebe ich zurück.

Kong schnalzt mit der Zunge. »Wem sagst du das. Mir scheint, die wollen in kürzester Zeit den ganzen Zoo umkrempeln. Hat sich jedenfalls einiges verändert, seitdem ihr abgehauen seid.«

»Hab ich gesehen«, sage ich. »Hätte ich mir auch nicht träumen lassen, dass wir mal durch einen Wasserspielplatz ersetzt werden.«

»Tja, das Leben ist Veränderung«, philosophiert Kong. Sein Blick geht in die Ferne. »Das betrifft wohl uns alle.«

»Aber es haben sich doch bestimmt einige Besucher nach uns erkundigt, oder? Gab es keine Proteste? Oder wenigstens Beschwerden? Stand was über uns in der Zeitung?«

»Nicht, dass ich wüsste«, antwortet Kong.

»Heißt das etwa, keiner hier hat uns auch nur eine einzige Träne nachgeweint? Nicht mal Silvio?«

»Der Pfleger? Ist nicht mehr hier. Fristlos entlassen, weil er beim Dealen erwischt worden ist. Er hat das Zeug, was sie manchen von uns unters Futter mischen, für sich abgezweigt.«

»Was ist mit allen anderen? Ich meine, so lange sind wir doch noch gar nicht weg.«

Kong überlegt, dann lässt er seinen Kopf auf den Strohballen langsam hin und her rollen. »Tut mir leid, Ray. Aber ich glaube, wir müssen der Tatsache ins Auge sehen, dass wir alle ersetzbar sind. Das gilt für dich ebenso wie für mich.«

»In meinem Fall ist das offensichtlich«, entgegne ich. »Aber an deiner Stelle würde ich mir keine Sorgen um meine Zukunft machen. Ich meine, du bist immerhin so eine Art Legende.«

»Danke für die Blumen, Ray. Aber mein ganz persönlicher Wasserspielplatz ist auch schon beschlossene Sache.«

»Dein ... was soll das heißen?« Ich bin verwirrt.

»Dieses Ding hier, das du für mein neues Sommerhäuschen hältst, ist ein Käfig, um mich nach Übersee zu verfrachten. Die haben mir das Ding ins Gehege gestellt, damit ich mich schon mal daran gewöhne.«

»Übersee?« Was redet Kong denn da?

»Die bringen mich nach Sidney, Ray. In den Taronga Zoo.«

»Sidney?«

»Du musst nicht alles wiederholen, was ich sage«, knarzt Kong.

»Ist das nicht verdammt weit weg?«

»Es ist ziemlich genau auf der anderen Seite der Welt. Aber vielleicht hab ich ja Glück, und das Schiff geht unter. Wenn nicht, dann werde ich in Zukunft Tag und Nacht Besucher am Hals haben. Touristen können im Taronga-Zoo übernachten, in Safarizelten. Stell dir das mal vor. Es gibt keinen Ruhetag und keine Schließzeiten. Ich glaub, selbst im Zirkus könnte ich eine ruhigere Kugel schieben.« Kong winkt ab. »Egal. Hauptsache der Zoo kriegt Platz für eine neue Frittenbude.«

»Die bauen hier einen Imbiss?«

Kong nickt. »Ein Café-Restaurant mit multikultureller Crossover-Küche. Also für jeden was dabei – so hat es zumindest der Architekt dem Zoodirektor erklärt, als die beiden sich gestern mein Gehege angesehen haben. Und jetzt sitze ich in meinem Überseecontainer und warte darauf, nach Sidney entsorgt zu werden. Du siehst also, wir alle sind ersetzbar.« Er atmet tief durch, aber es klingt wie ein langes Seufzen.

Ich muss trocken schlucken. Kong so enttäuscht und traurig zu sehen, das treibt mir die Tränen in die Augen.

»Wird schon nicht so schlimm werden«, versuche ich, ihn zu trösten.

»Schon gut, Ray. Mach dir mal um mich keine Sorgen.«

»Danke für alles, Kong«, sage ich mit zitternder Stimme.

Kong nickt. »Wir beide hatten eine gute Zeit.«

»Ja, die hatten wir«, sage ich.

Schweigend hängen wir unseren Erinnerungen nach.

»Gute Reise, Kong.«

»Halt die Ohren steif, kleiner Mann.«

Mit tränenverschleiertem Blick laufe ich im Schutz der Rabatten zurück zum See. Ich bemerke erst, dass ich mich verlaufen habe, als mich jemand von der Seite anzischt: »Ray! Hey, Ray! Bist du das?«

Die Stimme kommt mir bekannt vor. Verstohlen wische ich die Tränen weg und sehe, dass ich am Pinguinfelsen gelandet bin.

Vor mir steht einer der neuen Stars des Zoos. »Hallo, Ping.«

»Ich bin Skipper«, antwortet er. »Ping ist da hinten.«

Skipper zeigt auf seinen Geliebten, der mit vor der Brust verschränkten Flossen in der äußersten Ecke des Königspinguin-Geheges steht und ganz offensichtlich schwer beleidigt ist.

»Entschuldigung, ihr seid ...«

»... schwer auseinanderzuhalten, ich weiß«, vollendet Skipper den Satz. »Warum bist du hier? Ich dachte, ihr Erdmännchen wärt längst über alle Berge.«

»Ist auch so«, antworte ich. »Aber Pa hatte kurz mal überlegt, wieder zurückzukommen. Ein sicherer Arbeitsplatz, geregelte Mahlzeiten und eine gute medizinische Versorgung sind ja auch nicht zu verachten.«

»Stimmt. Aber der Preis dafür ist hoch«, erwidert Skipper mit unruhigem Blick. »Ping und ich müssen ständig präsent sein, dauernd stehen wir im Licht der Öffentlichkeit. Ich habe Angst, dass unsere Beziehung darüber zerbrechen könnte.«

Solche Sorgen möchte ich haben, denke ich.

»Zerbrechen ...«, ruft Ping theatralisch aus der hintersten Ecke des Geheges, »... wird unsere Beziehung wohl eher, weil der unpräzise Herr Skipper dauernd seine Einsätze verpasst und sich nicht an die von uns einstudierte Choreografie hält.«

»Was denn für eine Choreografie?«, will ich wissen.

»Wir haben eine Musical-Nummer erfunden«, winkt Skipper ab.

»Ich habe sie erfunden«, korrigiert Ping.

»Und ich habe noch nie meinen Einsatz verpasst«, kontert Skipper.

»Hast du doch«, beharrt Ping. »Und das passiert dauernd.«

»Tut es nicht«, erwidert Skipper.

»Tut es doch«, sagt Ping schnippisch und dreht uns den Rücken zu.

»Tja, ich geh dann mal. Ihr habt ja sicher noch einiges zu besprechen.«

Skipper ignoriert meinen Versuch, mich freundlich aus dem Staub zu machen. »Wie ist es denn so im deutschen Wald?«

»Du, der Wald selbst ist ganz cool, frische Luft, viel Platz, keine nervigen Schulklassen, aber wir haben ein paar Probleme mit den Nachbarn.«

»Tell me about it«, erwidert Skipper. »Neid und Missgunst, es ist überall das Gleiche.«

»Genau«, sage ich. »Aber so langsam sollte ich mich dann wohl wieder …«

»Meinst du, euer Wald wäre auch was für uns?«, raunt Skipper mir zu. »Wo liegt er denn überhaupt?«

Ich versuche mir vorzustellen, wie Herrmann auf schwule Pinguine in seinem deutschen Wald reagieren würde. Vermutlich bekäme er zuerst Schnappatmung und dann einen Tobsuchtsanfall – oder umgekehrt.

»Südlich von Berlin«, antworte ich. »Rufus sagt, es ist ein ehemaliger Truppenübungsplatz. Aber wieso wollt ihr denn überhaupt hier weg? Ihr habt doch ein tolles Zuhause, bekommt jeden Tag frischen Fisch serviert, und die Leute lieben euch.«

»Es war schon immer Pings Traum, aufs Land zu ziehen«, erwidert Skipper, und dann flüstert er mir zu: »Ich würde ihm diesen Traum gerne erfüllen, bevor unsere Beziehung in dem ganzen Trubel hier auf der Strecke bleibt.«

Ping hat offensichtlich gelauscht, denn er dreht sich nun zu uns um und lässt die vor der Brust verschränkten Flossen sinken. »Du würdest *meinetwegen* aufs Land ziehen?«

»Was denkst du denn?«, antwortet Skipper. »Ich liebe dich. Ich würde alles für dich tun.«

Gerührt kommt Ping angewatschelt. »Wirklich?«

Skipper nickt.

»Oh, Schatz, es tut mir leid, was ich eben gesagt habe. Ich bin einfach völlig mit den Nerven runter«, sagt Ping.

»Ich weiß.« Skipper legt ihm eine Flosse auf die Schulter. »Ich kenne dich doch, Ping.«

Ping nickt. »Ja, du kennst mich wirklich.«

Versöhnlich reiben die beiden die Bäuche aneinander. Offenbar ist ihnen entfallen, dass ich immer noch an ihrem Gehege stehe und alles mitanhören und -sehen muss.

»Okay, Leute. Ich muss jetzt wirklich los«, sage ich. »Sollte es euch mal in den deutschen Wald verschlagen, dann könnt ihr ja bei uns vorbeischauen.«

Einerseits bin ich sicher, das wird nie passieren. Andererseits hören die beiden mir sowieso nicht zu, weil sie viel zu sehr mit ihrer Versöhnung beschäftigt sind. Ich befürchte sogar, dass hier gleich Versöhnungssex anstehen könnte, weshalb ich mich schleunigst aus dem Staub mache.

Als ich um die Ecke biege, höre ich Skipper seufzen: »Ping, oh, Ping, was machst du denn da mit mir?«.

57

Rufus hat die Zeit genutzt, um sich Gedanken darüber zu machen, wie wir in den Herrmannswald zurückkommen.

»Und?«

Er hält einen Fahrplan hoch. »Mit dem Bus.«

»Da fährt ein Bus hin?«, frage ich erstaunt.

»Ja und Nein«, antwortet Rufus. »Man kann mit den Öffentlichen hinkommen, allerdings müssen wir viermal umsteigen.«

»Vier Mal? Wie sollen wir das anstellen, ohne aufzufallen?«

»Auch darüber habe ich nachgedacht und deshalb das hier besorgt«, erwidert Rufus und hält einen Fetzen Stoff in die Höhe.

»Ein schmutziger Lappen? Was sollen wir damit?«

»Das war mal ein Stofftier«, erklärt er. »Ich habe die Füllung und die Knopfaugen schon entfernt und das Fell ein bisschen dreckig gemacht. Ich glaube, es sollte einen afrikanischen Wildhund darstellen, aber man könnte es auch locker für einen räudigen Pinscher oder Terrier halten.«

»Woher hast du das?«

»Eben im Souvenir-Shop geklaut.«

»Und was wollen wir damit?«

»Erinnerst du dich an die beiden Typen, die sich für den Kindergeburtstag im letzten Sommer als Lama verkleidet haben?«

»Ja. Und?«

»So machen wir es auch«, sagt Rufus. »Nur mit dem Unterschied, dass wir kein Lama, sondern einen Hund spielen.«

»Du willst in dieses Fell kriechen und als Hund durch die Stadt laufen?«

»Nein, ich will, dass *wir* in dieses Fell kriechen und als Hund durch die Stadt laufen.«

»Ist das ein …? Nein, kein Witz.«

»Korrekt.«

»Weißt du, Rufus: Wenn Menschen so was Erniedrigendes tun, dann finde ich das völlig okay. Aber warum sollen wir das machen?«

»Denk nach, Ray.«

»Weil es ist die perfekte Tarnung ist?«

»Na bitte, geht doch«, antwortet Rufus. »Hunde gehören zum Stadtbild. Deshalb fallen sie nicht weiter auf.«

Ich muss leider zugeben, das klingt einleuchtend. »Okay, ich nehme den vorderen Teil.«

»Netter Versuch«, sagt Rufus. »Dummerweise kannst du weder lesen, noch bist du mit der Organisationsstruktur des öffentlichen Nahverkehrs vertraut. Deshalb werde ich den vorderen Teil unseres Hundes spielen.«

»Ich soll den ganzen Heimweg hinter dir herwackeln?«

»Du kannst dich an meinem Klettgurt festhalten«, entgegnet mein Bruder ungerührt.

»Und wenn wir einem anderen Hund begegnen?«

»Was soll dann sein?«

»Er könnte an meinem Hintern schnuppern – oder noch Schlimmeres mit mir anstellen.«

»Das wird nicht passieren«, sagt Rufus. »Die Menschen halten uns für einen Hund, aber Hunde können riechen, dass wir Erdmännchen sind.«

Ich gebe es nur ungern zu, aber auch das leuchtet ein.

»Na gut«, sage ich seufzend. »Dann also … nach dir.«

Rufus' Plan geht zwar auf, aber die Rückfahrt ist eine echte Geduldsprobe – vor allem für jemanden, der im hinteren Teil eines Hundekostüms steckt und nicht die leiseste Ahnung davon hat, was sich vorn abspielt. Gefühlt zuckeln wir nicht nur stundenlang kreuz und quer durch Berlin, sondern verbringen mindestens ebenso viel Zeit damit, durch die weitläufigen Bahn- und Busbahnhöfe der Stadt zu flitzen, um unsere Anschlüsse zu kriegen. Dabei werden wir von einem Rollator angefahren, von einem Kind mit Limo bespritzt, von einem streunenden Hund gejagt und von einem genervten Pendler getreten. Da er unserem Hund in den Hintern tritt, erwischt der Mann natürlich meinen Hintern.

Rufus hat mir eingebläut, mich ruhig zu verhalten, damit wir nicht die Aufmerksamkeit der Passanten und Fahrgäste auf uns ziehen.

»Gleich haben wir es geschafft«, höre ich ihn endlich raunen. »Noch fünf Stationen.«

»Und dann komme ich endlich aus diesem Kostüm raus?«, flüstere ich nach vorne.

»Ja, wobei … das können wir auch jetzt schon ausziehen. Wir sind sowieso die Einzigen.«

Wenig später liegen wir lang ausgestreckt und völlig fertig unter den Sitzen der vorletzten Reihe eines Busses. So müssen sich die Studenten fühlen, die manchmal vor dem Zoo bei schönstem Wetter in Bärenkostümen Werbung verteilen. Nicht einmal auf der Munus-3-Ebene ist die Luft so schlecht wie in einem Sack aus Polyester. Aber was tut man nicht alles für die Familie.

»Sollen wir ihnen eigentlich die Wahrheit sagen?«, frage ich.

»Wenn wir es nicht tun, dann wird da immer die Hoffnung sein, dass wir eines Tages doch noch zurückkehren können«, antwortet Rufus.

Ich muss an Kong denken, der ohne irgendwen ans Ende der Welt ziehen wird. »Immerhin sind wir nicht allein. Wir haben einander.«

Rufus nickt. »Das hat zwar nicht immer nur Vorteile, aber natürlich: Sozialer Zusammenhalt ist der Nährboden für unsere Seele.«

Armer Kong.

»Glaubst du, wir finden eine neue Heimat?«, frage ich.

Rufus zuckt mit den Schultern. »Warum nicht?«

»Eine, die so schön ist wie die, die wir hatten?«

»Nicht ausgeschlossen«, antwortet Rufus.

»Klingt nicht sehr überzeugend.«

»Ist ein großes Wort – Heimat. Ich bin zuversichtlich, dass wir einen Ort finden werden, an dem wir bleiben können. Aber ob uns der so gefallen wird wie unser Gehege in Berlin … Vielleicht gibt es nur ein Paradies, und das ist das verlorene.«

Ich nicke anerkennend.

»Ist nicht von mir«, sagt Rufus.

»Von wem dann?«

»Kennst du nicht.«

»Vielleicht ja doch.«

»Marcel Proust.«

»Kenn ich nicht.«

»Sag ich ja.«

»Auch ein Flüchtling?«

Rufus überlegt kurz, dann antwortet er: »Gewissermaßen«.

58

Die Savanne hat sich während unserer Abwesenheit in einen matschigen Tümpel verwandelt, aus dem der inzwischen sichtlich vergrößerte Feldherrenhügel herausragt. Der gesamte Clan hat sich auf diesem sandigen Tafelberg versammelt. Sieht so aus, als würde das luftige Gebilde jeden Moment unter der Last zusammenbrechen.

Wir waten vorsichtig auf den Hinterbeinen durch die trübe Brühe, die einmal unsere Savanne war. Das Wasser reicht uns bis zur Brust, und mit jedem Schritt versinken wir knietief im matschigen Grund. Selbst der Wasserspielplatz im Zoo ist trockener. Vielleicht sollten wir uns tagsüber im Tiergarten herumtreiben und nachts auf dem Spielplatz pennen, denke ich. Wäre besser als das hier. Zwei Sekunden später fällt mir auf, wie beknackt dieser Gedanke ist. Verrückt, was man alles auf sich nehmen würde, nur um sich die Illusion einer Heimat zu erhalten, die es nicht mehr gibt.

Die Stimmung auf dem Feldherrenhügel ist unterirdisch. Albernes Wortspiel, ich weiß. Alle warten mit gesenkten Köpfen darauf, dass wir ihnen erzählen, was sie längst ahnen: Es gibt kein Zurück, der Zoo ist Geschichte.

Rufus räuspert sich, als Rocky ihm dazwischenkommt: »Besprechung unter vier Augen.«

Ich sehe Rufus an, dass er dem Impuls widerstehen muss, Rocky zu erklären, dass *jeder* von uns zwei Augen hat, was bei drei Erdmännchen in Summe sechs ergibt. Stattdessen rutschen seine Schultern nach unten. Er ist zu müde für Belehrungsversuche.

Rocky nimmt uns zur Seite.

Rufus wirft einen fragenden Blick zu Grete, die traurig zu Boden schaut.

»Was gibt's?«, fragt er unheilvoll.

Rocky nickt. »Pa ist von uns gegangen.«

O nein. Mein Herz setzt aus, also wirklich. Hört kurz auf zu schlagen. Pa ist schon lange nur noch wie ein alter Windjammer ab und zu am Clan vorbeigesegelt, aber irgendwie, merke ich jetzt, hat er dennoch alles zusammengehalten. Dass er jetzt tot sein soll, fühlt sich an, als sei mit ihm auch die Hoffnung auf eine bessere Zukunft gestorben.

Rufus scheint es ähnlich zu gehen wie mir: »Aber …«, stammelt er. »Ich meine … Und … wann?«

»Kurz, bevor ihr gekommen seid«, antwortet Rocky.

Rufus und ich lassen die Köpfe hängen. Es war klar, dass dieser Moment eines Tages kommen würde, aber jetzt, wo er da ist, können wir es trotzdem nicht fassen.

»Wo ist er?«, frage ich leise und spüre, dass mir zum zweiten Mal am heutigen Tag die Tränen kommen.

»Er ist in den Wald gegangen.«

Rufus merkt auf. »Moment mal. Er ist noch gar nicht tot?«

»Äh … Vielleicht nicht.«

»Aber du hast doch gerade gesagt, er ist von uns gegangen.«

»Ja. In den Wald. Er ist in den Wald gegangen, weil er gespürt hat, dass seine Zeit gekommen ist.«

»Weil er gespürt hat, dass seine Zeit gekommen ist?«, wiederholt Rufus ungläubig.

»Und ihr habt ihn einfach so gehen lassen?«, frage ich verzweifelt. »Pa weiß nicht mal sicher, dass er pinkeln muss. Wie soll er da wissen, wann seine Zeit gekommen ist?«

»Erdmännchen spüren so etwas«, mischt Roxane sich ein.

»Definitiv nicht«, antwortet Rufus. »Man unterstellt Elefanten, dass sie spüren, wann es mit ihnen zu Ende geht, aber wahrscheinlich ist selbst das ein Irrtum.«

»Egal jetzt«, unterbreche ich die Diskussion. »In welche Richtung ist Pa gegangen?«

Rocky zeigt in Richtung Keilerschanze. »Da so.«

Wir finden Pa nur wenige Steinwürfe von der Savanne entfernt. Einer seiner berühmten Hustenanfälle weist uns den Weg. Mit Erleichterung stellen wir fest, dass es ihm offenbar nicht besser oder schlechter geht als sonst. Beunruhigend ist hingegen, dass er in luftiger Höhe auf einem Ast sitzt. Immerhin hat er seinen Freisitz clever gewählt, denn der Baum ist so schief gewachsen, dass selbst ein Erdmännchen mühelos den Stamm hinaufspazieren kann.

Rufus und ich setzen uns links und rechts neben ihn.

»Falls ihr gekommen seid, um mich umzustimmen, dann vergesst es«, sagt Pa. »Ich komme nicht mit.«

Er scheint zu wissen, dass wir da sind. So gut ging es ihm schon lange nicht mehr.

»Ich bin relativ sicher, dass du heute nicht sterben wirst, Pa«, sagt Rufus mit sanfter Stimme. »Deine Vorahnung in Ehren, aber …«

»Selbstverständlich werde ich heute nicht sterben«, grätscht Pa ihm dazwischen. »Das habe ich lediglich gesagt, damit die mich gehen lassen.«

»Aber warum bist du dann hier?«, frage ich.

Pa hebt den Kopf und schaut in den Himmel. Die Sonne

sickert durch die Ritzen des Blätterdaches und blendet ihn ein bisschen, weshalb er blinzeln muss. »Tyrannenmord.«

»Was?«

»Tyrannenmord«, wiederholt Pa und hustet.

»Pa, ich habe gehört, was du gesagt hast, ich habe es nur nicht verstanden.«

»Nicht ich werde heute sterben, sondern dieser Keiler Herbert. Denn der wird heute von mir ins Jenseits befördert.« Pa hebt kämpferisch seinen Stock. »Möge der Himmel seiner dunklen Schweineseele gnädig sein.«

Unauffällig tippt Rufus sich hinter Pas Rücken mit der Krallenspitze gegen die Stirn. So ist das mit Pa. Er ist gleichzeitig anwesend und abwesend.

Ein Knacken im Unterholz. Pa beginnt, sich ächzend an seinem Stock hochzuziehen. »Geht los ...«

Rufus und ich springen auf.

»Mach langsam, Pa, sonst fällst du uns noch runter«, sage ich. »Hier geht gar nichts lo...«

In diesem Moment taucht Keiler Herrmann auf. Gemütlich trabt er unter unserem Ast hindurch.

Ich frage mich noch, woher Pa wissen konnte, dass Keiler Herrmann ausgerechnet jetzt ausgerechnet hier auftauchen würde, da ... stößt Pa einen Kampfschrei aus und springt.

Zum Glück bekomme ich ihn geistesgegenwärtig am linken Vorderlauf zu fassen, während Herrmann unter uns innehält und sich fragt, woher das Geräusch kam.

»Tod dem Tyrannen!« Pa haut mir mit seinem Stock dermaßen hart auf die Klaue, dass ich ihn loslassen muss.

Geschockt beobachten Rufus und ich, wie er durch die Luft segelt – ich meine, ihn lächeln zu sehen – und dem monströsen Keiler geradewegs zwischen die Schulterblätter plumpst. Pa gräbt seine Hinterbeine in die Borsten und beginnt, wie wild mit seinem Gehstöckchen auf Herrmann einzudreschen.

»Tod dem Tyrannen!«, ruft er hustend.

Herrmann, den Pas Schläge so sehr stören, wie eine Kuh von den Fliegen auf ihrem Hintern gestört wird, schüttelt sich kurz, was dazu führt, dass unser alter Herr ihm zwischen die Ohren rutscht.

Rufus und ich blicken einander an. Keiner von uns hat eine Idee, was jetzt zu tun ist. Derweil krallt sich Pa schwer atmend an einem von Herrmanns Ohren fest. Der bemerkt jetzt, dass da was sitzt, was da nicht hingehört. Er reißt die Augen auf, dreht sie nach oben und versucht, zwischen seine Ohren zu blicken. Pa, der an dem Ohr hängt wie ein Cowboy an einem Rodeo-Pferd, genießt einen triumphalen Moment – Auge in Auge mit dem überraschten Keiler –, stößt einen Kampfschrei aus, der bis zu diesem Moment nur in Pas Fantasie existiert haben kann, und rammt dem Keiler seine Gehhilfe ins Auge.

»Autsch«, sagen Rufus und ich wie aus einem Maul.

Herrmann brüllt vor Schmerz, bockt wie besagtes Rodeo-Pferd, und Pa fällt zu Boden, wo er zwischen den Hufen des Keilers landet. Der versucht, den in seinem Augapfel steckenden Zahnstocher loszuwerden, weshalb er wie wild geworden den Kopf hin und her wirft und dabei auf der Stelle trampelt. Er verfehlt Pa einige Male nur haarscharf. Geatmet haben Rufus und ich schon länger nicht mehr. Schließlich gelingt es Herrmann, das Stöckchen abzuschütteln. Er schnauft und grunzt und schnauft. Und grunzt.

Pa versucht, sich aus der Gefahrenzone zu bringen, allerdings eher so in Zeitlupe, und das ist der Moment, in dem bei Rufus und mir wieder die Atmung einsetzt und uns einfällt, dass er dringend Hilfe gebrauchen könnte.

Um Herrmann abzulenken, rufe ich: »Ich hab schon immer geahnt, dass diese Führernummer irgendwann ins Auge gehen würde!«

Herrmann verdreht den Kopf, schaut zu mir hoch und kneift sein verletztes Auge zusammen.

»Wart ihr das?«, schnaubt er.

»Sieht du hier noch jemanden, der dich nicht leiden kann?«, erwidere ich und sehe, dass Pa erst die halbe Strecke bis zur nächsten Baumwurzel geschafft hat.

»Du hast eine große Klappe für jemanden, der bald genauso tot sein wird wie sein ganzer Clan«, faucht Herrmann.

»Immerhin muss ich keine Augenklappe tragen und als Piratenschwein durch den Wald laufen«, erwidere ich.

Herrmanns gesundes Auge funkelt wütend. »Ihr Ratten hattet eure Chance. Ich hätte euch vielleicht lebend aus dieser Sache rauskommen lassen. Aber dafür ist es jetzt zu spät. Ich verurteile eure Sippe zum Tod durch Ersaufen. Und der gesamte Wald wird dabei zusehen.«

»Wie lautet die Anklage?«, fragt Rufus. »Und wann findet der Prozess statt?«

»Die Anklage lautet auf Hochverrat, und das Urteil ist bereits gesprochen.«

»Ich gebe zu Protokoll, dass ich gegen dieses Vorgehen Einspruch einlege«, sagt Rufus.

»Einspruch abgelehnt«, erwidert Herrmann. »Das Urteil wird bei Sonnenaufgang vollstreckt.« Er macht auf dem Huf kehrt und verschwindet im Unterholz.

»Meint er das ernst?«, frage ich.

»Dass er uns alle töten will?«, erwidert Rufus. »Klar. Du hast ihn schließlich verdammt wütend gemacht.«

»Ich? Wenn ihn einer wütend gemacht hat, dann war das ja wohl Pa, oder?«

»Tod dem Tyrannen«, hören wir Pa ächzen, der sich offenbar hinter die Baumwurzel retten konnte. Auf dem Pfad jedenfalls ist er nicht mehr zu sehen.

»Ist nicht kriegsentscheidend«, sagt Rufus. »Lass uns Pa zurückbringen. Und dann sollten wir schnellstmöglich aus diesem Wald verschwinden.«

59

Pa ist zwar zu schwach, um sich auf den Beinen zu halten, aber fit genug, um Loblieder auf seinen Heldenmut zu singen. Während Rufus und ich ihn zurück zum Bau schleppen, wird er nicht müde, uns unter die Nase zu reiben, was er für ein Teufelskerl ist.

»Ich fühle mich zwanzig Jahre jünger«, ruft er begeistert.

»Wieso ausgerechnet zwanzig?«, frage ich keuchend. Rufus und ich legen ein ordentliches Tempo vor, während Pa nicht einmal den Versuch macht, seine Beine zu bewegen.

»Keine Ahnung. Sagt man so«, erwidert Pa.

»*Menschen* sagen das«, ächzt Rufus. »Bei denen ergibt es aber auch Sinn. Erdmännchen werden keine zwanzig Jahre alt. Du müsstest dich also fühlen wie lange vor deiner Geburt.«

»Jedenfalls komme ich mir vor wie ein junger Hüpfer«, protzt unser greiser Vater. »Ich sage euch: Bei einem Kampf auf Leben und Tod werden ungeahnte Kräfte freigesetzt.«

»Hm-m«, erwidert Rufus nur.

»Ich hatte das Schwein schon im Würgegriff«, fantasiert Pa. »Um ein Haar hätte ich es zu Boden gerungen. Und ich schwöre euch, dann …«

Ein erneuter Hustenanfall erspart uns das Bild vom strahlenden Sieg unseres alten Herrn über den gefürchtetsten Keiler des deutschen Waldes.

Zum Glück gelangen wir an das Ufer des Savannentümpels, bevor Pa erneut zu einem Loblied ansetzen kann. Der Pegel ist weiter gestiegen, unser Clan harrt nach wie vor auf dem Feldherrenhügel aus.

»Hey!« Rufus winkt mit dem freien Vorderlauf, bis Rocky auf uns aufmerksam wird.

Unser Clanchef formt die Klauen zu einem Trichter. »Ich kann euch sehen!«

Rufus und ich wechseln einen Blick. »Wenn man Rockys Intelligenzquotienten bedenkt«, sagt mein kleiner Bruder, »sind wir weiter gekommen, als man hätte annehmen dürfen.«

»Wir müssen schleunigst abhauen!«, rufe ich zum Hügel hinüber.

Rufus deutet nach Norden. »Wir gehen da lang. Macht euch auf den Weg! Ray und ich tragen Pa um den See herum. Wir treffen uns auf der anderen Seite.«

»Die Idee hatten wir auch schon«, antwortet Rocky. »Aber der Falke meint, dass er jeden von uns killt, der es versucht.«

»Welcher Falke denn?«, rufe ich.

»Der hinter euch!«

Rufus und ich wirbeln herum. Weil wir Pa geschultert haben, wirbelt der gleich mit.

Vor uns, auf einem Stück Totholz, das einmal der Stamm einer Eiche war, sitzt Ritter von Schleich, Herrmanns Jagdflieger.

»Es tut mir leid, aber der Führer hat mich angewiesen, jedes Erdmännchen zu zerfleischen, das versucht, die Savanne zu verlassen«, näselt der Greifvogel. »Bitte begeben Sie sich jetzt augenblicklich auf den Hügel zu den anderen … ähm … Verurteilten.«

Ritter von Schleich plustert sein Gefieder. Sieht nicht so aus, als würde er mit sich reden lassen. Sehr imposant, wie er da über uns hockt. Als wäre er in Bronze gegossen oder so. Rufus und ich beginnen damit, unseren alten Vater durch die trübe Brühe zum Feldherrenhügel zu schleppen.

Pa bekommt einen warmen Empfang. Alle sind froh, dass er noch nicht das Zeitliche gesegnet hat. Obendrein findet Rocky, dass Pa mit seinem versuchten Tyrannenmord eine wahre Heldentat vollbracht hat. Ma ist da völlig anderer Meinung. Unser Held muss sich deshalb eine Gardinenpredigt anhören.

Während Ma damit beschäftigt ist, ihn als alten Narren zu beschimpfen, nimmt Rocky Rufus und mich erneut zur Seite.

»Also? Was machen wir jetzt? Wie ist der Plan?«

Rufus zieht die Schultern hoch. »Ehrlich gesagt, habe ich nicht die leiseste Ahnung.«

»Kein Plan?«

»Nö.«

»Dann mach einen. Und zwar fix. Wozu haben wir sonst so einen Schlaumeier im Clan?«

»Danke für die Blumen«, sagt Rufus. »Leider hat Herrmann unseren Handlungsspielraum auf null eingeschränkt. Außerdem haben wir in diesem Wald keinen einzigen Verbündeten. Und das Attentat wird Herrmann zum Anlass nehmen, um an uns ein Exempel zu statuieren.«

Rocky sieht ihn fragend an.

»Was?«, fragt Rufus.

»Willste 'ne Kopfnuss? Ist mir Rille, was Herrmann an uns studieren will. Du sollst mit 'nem Plan um die Ecke kommen.«

»Ein *Exempel* statuieren«, erklärt Rufus und erhöht

seine Chancen auf eine Kopfnuss gerade beträchtlich, »bedeutet, dass Herrmann uns besonders hart bestrafen wird, um allen zu zeigen, wer der Herr im Wald ist.«

»Soll heißen?«

»Er wird uns alle umbringen.«

»Nee.«

»Doch. Zumindest hat er das vor.«

»Und worauf warten wir jetzt?«, fragt Rocky.

»Ein Wunder?«, schlage ich vor.

Rocky hebt den Kopf. Etwas am Ufer hat seine Aufmerksamkeit erregt. Rufus und ich folgen seinem Blick und sehen Herrmann, der allein in der Abendsonne steht und sehr zufrieden mit dem zu sein scheint, was er angerichtet hat. Auch die anderen Clanmitglieder haben den Keiler entdeckt.

»Stimmt das?«, ruft Rocky. »Willst du armes Schwein uns wirklich absaufen lassen?«

Der Keiler dreht sich so ins Sonnenlicht, dass man sein triefendes Auge erkennen kann. Es ist trüb geworden und hat eine milchige Farbe angenommen.

»Ihhh«, ruft Minka. »Ist ja ekelig.«

»Das werdet ihr büßen«, grunzt Herrmann. Er deutet mit der Schnauze Richtung Bach. »Die Biber bauen einen Damm weiter bachaufwärts. Morgen früh, wenn das Publikum die Plätze eingenommen hat, werde ich ihn einreißen lassen. Dann kommt der Tsunami, und danach seid ihr nur noch ein Haufen toter Wasserratten. Und alle im Herrmannswald wissen, dass der Führer hart, aber gerecht ist.«

»Ihr habt doch angefangen mit dem Scheiß!«, ruft Rocky. »Gerecht am Arsch!«

»Was gerecht ist, bestimme ich«, erwidert Herrmann.

»Und was ist mit Grete?«, fragt Rufus. »Nur weil sie

ihren Mann verlassen hat, ist das noch lange kein Grund, sie zum Tode zu verurteilen.«

»Gut, dass du das ansprichst«, erwidert Herrmann. »Ich bin nämlich auch hier, um Grete zu begnadigen. Vorausgesetzt, sie nimmt wieder den ihr zugedachten Platz in unserer schönen Waldordnung ein, nämlich an der Seite ihres Gatten Emil«

Rufus schaut zu Grete, aber die schüttelt den Kopf.

»Das kann ich nicht«, haucht sie.

»Das kannst du sehr wohl«, erwidert Rufus leise, aber bestimmt. »Wenn du eines Tages Kinder haben willst, dann musst du am Leben bleiben. Geh zurück, und wenn die Gelegenheit günstig ist, haust du ab und fängst irgendwo noch einmal ganz von vorn an.«

Grete steht stumm da. Sie weiß, dass Rufus recht hat. Ihre Augen füllen sich mit Tränen. »Ich ...«

»Schon gut«, sagt Rufus. »Es ist alles gut. Geh mit ihm. Wirf dein Leben nicht weg. Bitte.«

»Ich werde dich nie vergessen«, schluchzt Grete unter Tränen. »Euch alle werde ich nie vergessen.«

Rufus muss trocken schlucken, aber er schafft es, nicht ebenfalls loszuheulen. »Ich werde dich auch nie vergessen, Grete.«

Als die Häsin sich in die Fluten gleiten lässt, ruft Herrmann: »Das ist eine sehr weise Entscheidung, Gretchen. Ich habe immer gewusst, dass du im Zweifelsfall das Richtige tun würdest.«

Ich klopfe Rufus auf die Schulter. »Das war sehr nobel von dir.«

Rufus schüttelt den Kopf. »Nein. Es ist nur logisch, mehr nicht.«

Grete erreicht das Ufer und hoppelt, ohne sich noch einmal umzusehen, mit hängendem Kopf an Herrmann vorbei in den Wald. Der Keiler nutzt die Abendsonne, um sich in Pose zu werfen. Das Zurschaustellen seiner Macht und Überlegenheit geht nicht nur mir auf die Nerven.

»Jetzt hau endlich ab, Schweineschwarte!«, ruft Nino und pfeffert Herrmann ein Steinchen gegen das Hinterteil. Der Führer ist kurz verärgert, dann gibt er sich amüsiert.

Nino will ein zweites Steinchen riskieren, und auch einige unserer Geschwister bücken sich nach geeigneten Wurfgeschossen, Rufus aber geht dazwischen: »Nicht! Wir brauchen jedes kleine Steinchen auf diesem Hügel. Je länger er dem Wasser standhält, desto länger leben wir.«

Alle überlegen kurz, dann lassen sie die Steinchen fallen.

Herrmann lacht röchelnd. »Euer Superklugscheißer hat recht. Verschwendet nicht zu viel Zeit vom Rest eures Lebens. Lange wird es nicht mehr dauern.« Herrmann will sich abwenden, hält aber noch einmal inne. »Ach ja, falls ihr heute Nacht an Flucht denken solltet, schlagt euch das aus dem Kopf. Der See wird streng bewacht. Alle haben Order, keine Gefangenen zu machen. Also schön artig sein, ich möchte den ganzen Clan morgen kerngesund bei der Hinrichtung sehen.«

60

Die Nacht scheint nicht enden zu wollen. Bei Anbruch der Dunkelheit legen wir uns hin, eng aneinandergeschmiegt, aber niemand findet Ruhe – niemand außer Pa, der sich laut schnarchend von seinem Anschlag auf den Führer erholen muss. Alle anderen schauen in die Sterne und denken über das Leben und den Tod nach. Hier und da hört man knurrende Mägen und leises Flüstern.

»Woran denkst du?«, frage ich Rufus, der mit mir Kopf an Kopf neben Natalie und Nemo liegt, die vor sich hindösen.

»Ich dachte gerade, wenn morgen diese Monsterwelle kommt, dann werden vielleicht einige von uns ans Ufer gespült und können entkommen. Das wäre doch immerhin etwas, oder?«

»Das wäre schrecklich«, sage ich. »Für alle Beteiligten.«

»Wieso?«

»Weil beides scheiße ist: Wenn du bei den Toten bist, dann bist du tot. Und wenn du bei den Lebenden bist, dann werden dir die Toten schrecklich fehlen.«

»Du musst das anders sehen«, sagt Rufus. »Nicht das Leben des Einzelnen ist entscheidend, sondern das Überleben des Clans.«

»Sagt wer?«

»Das ist ein Naturgesetz.«

»Jeder von uns für sich gesehen ist der Natur also schnuppe?«

»In gewissem Sinne schon. Die Natur kann sich nicht um ein einzelnes Erdmännchen kümmern. Ihr geht es immer um das Prinzip, um den ewigen Kreislauf aus Leben und Vergehen.«

»Wenn ich morgen ins Gras beißen muss, wird mich das kein bisschen trösten«, erwidere ich.

»Mich auch nicht«, sagt Nemo aus heiterem Himmel.

»Mir ist es sowieso am liebsten, wenn wir alle zusammen sterben«, sagt Natalie. »Erstens muss dann niemand sein Leben lang traurig sein, und zweitens kommen wir dann alle gemeinsam in den Himmel.«

»Es gibt keinen Himmel«, sagt Nemo. »Wenn du tot bist, bist du tot. Und damit basta.«

»Stimmt das, Rufus?«, fragt Natalie.

»Nun ja, wissenschaftlich gesehen ist weder bewiesen, dass es den Himmel gibt, noch dass es ihn nicht gibt.«

»Siehste!«, sagt Natalie.

»Wieso denn siehste?«, erwidert Nemo. »Wir haben eine Fifty-fifty-Chance, mehr isses nicht.«

»Aber auch nicht weniger«, beharrt Natalie.

Ich merke, dass mein Hinterteil kalt und feucht wird.

»Spürt ihr das auch?«, frage ich.

»Das Wasser hat den Gipfel erreicht«, stellt Rufus sachlich fest. »Wir bekommen nasse Füße. Oder besser gesagt, erst mal einen nassen Hintern.«

»Ist doch egal, morgen is' eh Schicht«, sagt Nemo.

»Wir sollten enger zusammenrücken, um unser Gewicht auf die Mitte zu konzentrieren«, sagt Rufus. »Der Hügel wird sonst instabil, sobald das Wasser die Ränder ausgewaschen hat.«

»Spielt das jetzt noch eine Rolle?« Nemo kann's nicht lassen.

»Tut, was er sagt«, mischt Rocky sich ein. »Wir geben nicht einfach klein bei.«

»Das ist mein Junge!«, krächzt Pa begeistert, der beim Schnappatmen aufgewacht ist.

Zuerst klettern die ganz Jungen auf die Bäuche der Älteren. Auf Rockys breiter Brust tummelt sich beinahe seine ganze Familie: Colin, Celina, Cindy und Chantal.

Je höher das Wasser steigt, desto mehr werden wir zu einem Knäuel aus Erdmännchen. Dann hilft auch diese Taktik nichts mehr, und wir müssen stehen, um nicht zu ertrinken.

Als es dämmert, reicht uns das Wasser bis zum Hals. Die Kleinsten haben längst den Boden unter den Füßen verloren und halten sich über Wasser, indem sie sich an die Größeren klammern. Wir sind müde, und uns ist kalt. Außerdem haben wir Hunger.

Mit den ersten Sonnenstrahlen kommen die Tiere.

»Das Kolosseum füllt sich«, kommentiert Rufus.

Ich stehe mit dem Rücken zum Südufer und kann nicht sehen, was sich in seiner Richtung abspielt. »Ich soll dich fragen, was das Kolosseum ist, richtig?«

»Ein Theater im antiken Rom, in dem grausame Spiele veranstaltet wurden, zum Beispiel Gladiatorenkämpfe.«

»Ich soll dich fragen, was Gladiatorenkämpfe sind, richtig?«

»Vergiss es«, erwidert Rufus. »Ich wollte eigentlich nur sagen, dass ziemlich viele Tiere interessiert daran sind, wie wir den Löffel abgeben.«

Ich verdrehe so lange den Kopf, bis ich sehe, was Rufus sieht. Dann verstehe ich, was er meint. War der Prozess gegen uns eines der Topevents auf der großen Lichtung, so scheint unsere Hinrichtung das kulturelle Highlight des ganzes Jahres zu sein, vielleicht sogar des Jahrzehnts.

Praktisch die gesamte heimische Fauna ist anwesend: Füchse, Wölfe, Luchse, Hasen, Igel, Dachse, Echsen, Marder und so weiter und so weiter. Dazu Hunderte von Vögeln. Ach was, Tausende! Oder sind es gar Millionen? Sehr, sehr viele jedenfalls. Der Himmel wird jedes Mal schwarz, wenn wieder ein neuer Schwarm eintrifft.

Als uns das Wasser bis zum Kinn steht, taucht endlich Herrmann auf, begleitet von seinem Sohn Fritz und drei weiteren Keilern. Der Rest der Rotte ist immer noch rund um den See verteilt, damit nur ja keinem von uns die Flucht gelingt.

Die Seidenschwanzdame des Königs flattert Herrmanns Abordnung voraus. Zackig ruft sie:

»Platzda!/MachtPlatz!/Hierkommt Herrmann!/
DerDrachenbezwinger!/DerFührerdesdeutschen
Waldvolkes./DerBewahrerdesHerrmannswaldes!«

Zu Karls Zeiten klang der Lobgesang irgendwie poetischer. Herrmann will sich in jeder Hinsicht von dem vertriebenen Monarchen unterscheiden. Statt gemächlich zu schreiten, trabt der Keiler federnd am Waldvolk vorbei. Dann stellt er sich für alle gut sichtbar auf einen Felsen und überlässt seinem Sohn das Reden.

»Deutsches Waldvolk!«, ruft Fritz schnarrend. »In den Abendstunden des gestrigen Tages ist unser geliebter Führer Opfer eines heimtückischen Anschlags geworden. Der Clan der Erdmännchen hat sich geschlossen auf den Drachenbezwinger gestürzt und versucht, mit Messern und Dolchen dem uns allen teuersten Leben, das wir in diesem Wald kennen, ein Ende zu setzen.«

Aufgeregtes Raunen.

»Propagandalüge!«, empört sich Rufus.

»Ich bin sicher, keiner von denen weiß, was das ist«, gebe ich zu bedenken. »Ich übrigens auch nicht.«

Ungerührt fährt Fritz fort: »Der feige Angriff erfolgte, als der Führer allein unterwegs war. Fest entschlossen und mit unbändigem Willen wehrte Herrmann sich gegen die vielen unzähligen Angreifer, doch leider fand eine feindliche Klinge den Weg in den Augapfel unseres verehrten Drachenbezwingers.«

Entsetzen macht sich breit. Nicht ohne Stolz dreht Herrmann sich ins Licht und präsentiert dem geneigten Publikum sein trübes Auge.

»In der vergangenen Nacht hat ein Standgericht die Verschwörer zum Tod durch Ertrinken verurteilt, und zwar alle ohne Ausnahme.« Fritz grunzt zufrieden. »Heute ist somit der Tag gekommen, an dem wir unseren geliebten Wald ein für alle Mal von der afrikanischen Plage befreien werden. Wir danken der Vorsehung, dass sie den Führer und damit uns alle beschützt hat. Es lebe Herrmann, es lebe der deutsche Wald!«

Die Tiere wiederholen den Schlachtruf der neuen Machthaber drei Mal und mit wachsender Begeisterung.

»Es lebe Herrmann, es lebe der deutsche Wald!«, schallt es durch denselben.

Dann wendet Herrmann sich in Richtung Bach und ruft: »Öffnet den Damm!«

Der Befehl pflanzt sich fort wie ein Echo. Herrmanns im Wald verteilte Gehilfen tragen ihn bachaufwärts zu den Bibern.

»Haltet euch aneinander fest«, sagt Rufus. »Wenn wir alle zusammen ans Ufer gespült werden, ist die Chance am größten, dass einige von uns durchkommen.«

Rufus und ich tauschen Blicke.

»Propagandalüge?«, rate ich leise.

Rufus verzieht das Gesicht und bleibt die Antwort schuldig.

Ein paar der Kleinsten fangen an zu weinen.

»Ich liebe dich«, höre ich Roxane zu Rocky sagen.

»Ich dich auch«, flüstert unser Clanführer.

»Wir schaffen das!«, krächzt Pa. Dann muss er husten, weil er Wasser in den Mund bekommen hat.

»O Scheiße«, sagt Rufus.

Wieder muss ich den Kopf verdrehen, um zu sehen, was er sieht.

Es ist die Welle. Sie kommt auf uns zugerollt, und es handelt sich definitiv um die Monsterwelle, von der Herrmann gesprochen hat. Meinem ersten Eindruck nach zu urteilen, ist sie höher als die Baumwipfel. Ich hoffe, es ist nur eine Sinnestäuschung, geboren aus Angst und Panik.

Das Publikum ist begeistert von der einherrauschenden Wassermasse. Ein anschwellendes »Ohhhhhhhhhhh« geht durch die Reihen.

Die Welle saust an den Rängen vorbei, passiert den Stein, auf dem Herrmann steht, und schießt mit Macht in unseren Savannentümpel.

Ich überlege noch, ob ich die Augen schließen soll, aber es ist bereits zu spät für diese Entscheidung. Wie eine Wand steht das Wasser plötzlich vor uns. Ich umklammere die Pfoten von Natalie und Rufus, während Marcia sich an meinen Hals krallt und mir panisch ins Ohr brüllt. »Maaaaamaaaaa!«

61

Nur noch Sekunden, dann wird uns die Monsterwelle treffen. Ich nehme an, sie wird mir die Knochen brechen, den Atem nehmen und mich dann aufs Land spucken wie einen toten Fisch – nur eben als totes Erdmännchen.

Jetzt.

Ich kann die Gischt schon spüren.

Den nahenden Aufprall.

Jetzt.

Nein. Doch noch nicht. Der Schlag bleibt aus.

Jetzt?

Immer noch nicht.

Was geht hier vor?

Ein schmatzendes Geräusch aus nordwestlicher Richtung. Dann sehe ich, wie sich dort ein Krater auftut, der den Wasserspiegel abrupt sinken lässt. Während ich noch darüber nachdenke, wie das möglich ist, bröselt uns allen der Feldherrenhügel unter den Füßen weg, und wir rutschen ins Bodenlose – allerdings nur kurz. Unser gemeinsamer Sturz dauert kaum einen Atemzug, dann wird er unsanft beendet. Ich erinnere mich daran, dass Rufus von einem Bunker unter dem Feldherrenhügel gesprochen hat. Die Betondecke fängt nun zwar unseren Sturz ab, beschert uns aber auch Verstauchungen und blaue Flecken. Egal. Hauptsache, wir leben noch.

Ich höre den Aufschrei des Publikums. Am Rande der

Savanne herrscht große Aufregung angesichts dessen, was hier gerade passiert.

»Ist das ein Wunder?«, lalle ich benommen.

»Nein«, erwidert Rufus quietschfidel.

Der Sturz muss auch ihn hart getroffen haben, aber wahrscheinlich wird sein Gehirn gerade von Adrenalin geflutet, weshalb er den Schmerz nicht spürt.

»Vermutlich ein unterirdisches Bunkersystem. Durch den Druck der Welle ist ein Zugang geöffnet worden, durch den das Wasser abfließen kann.«

Klingt einleuchtend, denn aus unserem See ist gerade wieder ein Tümpel geworden.

»Verletzte?«, fragt Rocky.

»Ich hab mir den Fuß verstaucht«, klagt Archi.

»Und ich mir den Hintern«, sagt Roxane.

»Oh, lass mal sehen, Schatz«, erwidert Rocky und macht sich an Roxanes Hintern zu schaffen.

Das Publikum verstummt. Als wir zu ihnen schauen, sehen wir, dass sie uns anstarren, als wären wir Außerirdische oder so was.

»Was haben die denn?«, fragt Rocky an Roxanes Hintern.

»Was ist los? Warum glotzen die so?«, will jetzt auch Nemo wissen.

»Ich nehme an, die sind in Panik«, vermutet Rufus.

Fritz liefert ein Indiz dafür, dass diese Theorie stimmen könnte.

»D… D… D… D… D… Der … Der … Der …« stammelt Herrmanns Sohn, aber es will ihm nicht gelingen, das folgende Wort herauszubringen.

Dann klappt es doch: »Der … Der … Der … Drache!«

»Der Drache!«, hallt es vom Ufer und von den Bäumen wider.

Rufus und ich schauen uns verdutzt an, dann drehen wir uns um, so wie es jetzt auch die meisten unserer Geschwister tun. Aber da ist kein Drache.

Allerdings verraten uns die ebenfalls entsetzten Gesichter der auf der anderen Seeseite patrouillierenden Keiler, dass irgendwo ein Drache sein muss. Nur wo?

»Was ist denn das für ein komisches Zeichen?«, fragt Nino und fegt mit seinem Hinterlauf den Boden frei. Ein roter Stern kommt zum Vorschein.

Rufus betrachtet das Zeichen, dann sieht er mich an, dann blickt er hinüber zu Herrmann, der zwar immer noch auf seinem Stein steht, aber aussieht, als hätte man ihm gerade in die Weichteile getreten.

»Der Drache«, sagt Rufus. »Das also ist der Drache!«

»Wo ist ein Drache?«, frage ich.

»Wir stehen drauf«, antwortet Rufus.

»Auf einem Drachen?«, quietscht Minka hysterisch.

»Nicht direkt«, antwortet Rufus.

»Was denn jetzt?«, geht Rocky dazwischen und lässt Roxanes Hintern los.

»Mach weiter, Schatz«, ruft Roxi. »Das tut total gut, wo du gerade massierst.«

»Wir stehen auf einem ...«, Rufus blickt sich um, »... T-72, wie es den Anschein hat. Ein sowjetischer Panzer, der vermutlich in dieser Savanne bei einer Militärübung abgesoffen ist.«

»Und was ist mit dem Drachen?«, frage ich.

»Das ist er! Die Tiere hier halten das Ding für einen Drachen.«

»Hier ist 'ne Klappe«, sagt Rocky und zerrt, dass ihm der Bizeps schwillt. Mit lautem Quietschen öffnet sich eine Luke.

»Bloß nichts anfassen«, warnt Rufus, aber da ist Rocky schon im Inneren des Panzers verschwunden.

»Cool!«, hört man ihn rufen, was dazu führt, dass einige unserer jüngeren Geschwister ihm hinterherklettern. Die anderen strecken neugierig ihre Köpfe in die Luke.

»Verstehst du nicht, Ray?«, fährt Rufus fort. »Unser Drachenbezwinger hat den Abzug der sowjetischen Truppen als sein persönliches Verdienst dargestellt.«

»Weil die Tiere die Panzer für Drachen gehalten haben?«, frage ich.

»Genau. Und das ist ja auch absolut nachvollziehbar«, erwidert Rufus. »Das Ding ist riesig, es ist laut und kann Feuer spucken.«

»Ihr müsst keine Angst haben«, ruft Herrmann den versammelten Waldtieren zu. Er bemüht sich, souverän zu wirken, aber seine Stimme zittert ein wenig. »Der Drache ist längst tot. Ich selbst habe ihn bezwungen.«

»Da könnte er recht haben«, sagt Rufus. »Würde mich wundern, wenn da noch Saft in der Batterie wäre …«

Ein Surren, dann hebt sich langsam das Kanonenrohr des Panzers aus dem Wasser. Matschiger Sand tropft herunter.

»Passiert da was?«, hört man Rocky von unten rufen, zugleich macht sich in Herrmanns Publikum Panik breit.

»Keine Sorge«, versucht der Führer, sein Waldvolk zu beruhigen. »Der Drache kann sich nicht mehr bewegen. Das ist nur ein letztes … ähm … Zucken.«

»Ich hab doch gesagt, du sollst da unten nichts anfassen«, meckert Rufus.

»Das war ich auch nicht, das war Colin«, erwidert Rocky.

»Darf ich auf den roten Knopf drücken?«, hört man Colin fragen.

Jetzt steckt auch Rufus den Kopf in die Luke, und ich höre

ihn dumpf schimpfen: »Auf gar keinen Fall drückst du auf irgendeinen roten Knopf, Colin! Hast du das verstanden?«

»Ach komm, nur ein einziges Mal«, sagt Colin.

Rufus erwidert auch diesmal etwas, aber das höre ich nicht, weil in diesem Moment ein Donnerschlag die Luft zerreißt.

Das Kanonenrohr zuckt, ein riesiger Feuerball schießt heraus. Die Explosion lässt den ganzen Panzer erzittern und kegelt die meisten von uns ins Wasser. Während ich selbst noch durch die Luft segele, sehe ich, wie die Waldtiere panisch flüchten und sich der Himmel schwarz färbt, weil in der gleichen Sekunde Millionen von Vögeln davonflattern. Jedenfalls toppt dieses Feuerwerk die Wucht unserer Handgranaten um ein Vielfaches.

Ich lande in der Drecksbrühe, spüre den Sand in den Augen und zwischen den Zähnen. Als ich wieder auftauche, weht dichter Qualm über den Savannentümpel, und ich habe wieder dieses nervige Fiepen im Ohr.

Alle, die durch die Druckwelle ins Wasser gepustet worden sind, klettern zurück auf den Panzer. Soweit ich das überblicken kann, gibt es keine Verletzten.

Rufus bedeutet mir, dass auch er gerade nichts hört. Er zeigt mit der Krallenspitze ans Ufer.

Durch den sich verflüchtigenden Rauch sehen wir Herrmann, den einstigen Drachenbezwinger, der momentan den Eindruck macht, selbst restlos bezwungen worden zu sein. Er steht immer noch auf seinem Felsen, schaut aber nicht zu uns, sondern in Richtung der Keilerschanze – oder besser gesagt dorthin, wo einmal die Keilerschanze war. Von der Ruine ist kaum noch was übrig. Herrmanns Turm ist komplett verschwunden, die ohnehin dürftigen Außenmauern sehen noch instabiler aus als vorher.

Rocky kommt aus dem Inneren des Panzers geklettert. Zufrieden mit der Situation lässt er den Blick zu Herrmann wandern, der nicht fassen kann, was gerade passiert ist.

»Okay, Schweinebacke. Wie wär's, wenn du erst mal das Wasser abdrehst? Wir kriegen hier nämlich bald Schwimmhäute. Und beeil dich, sonst müssen wir leider auch den Rest von deinem schönen Wald ausradieren.« Rocky verschränkt provokativ die Vorderläufe vor seiner breiten Brust.

»Heißt das, es gibt noch mehr Munition?«, fragt Rufus leise.

»Keine Ahnung«, erwidert Rocky mit gedämpfter Stimme.

»In jedem Fall haben wir eine Verhandlungsposition«, mische ich mich ein.

62

Wir brauchen eine Woche, um unsere Savanne trockenzulegen und den Bach wieder in seinen Originalzustand zu versetzen – inklusive Wasserfall, versteht sich.

Das Bunkersystem, dem wir unsere Rettung zu verdanken haben, entpuppt sich nach der Trockenlegung als perfekte Basis für einen neuen Bau. Den größten Raum – Rufus vermutet, dass er mal als Vorratskeller genutzt wurde – machen wir zu unserem Versammlungsraum. Wieder meutern die Jüngsten, weil sie beim Freigraben alter Schächte helfen sollen, aber Rocky setzt sich auch diesmal durch. Immerhin besteht ja die begründete Hoffnung, dass sich die Mühe diesmal lohnt und wir in unserer neuen Heimat bleiben können.

Der Drache, der von uns inzwischen nahezu komplett freigelegt worden ist, sorgt noch immer für Erstaunen unter den Waldbewohnern. Alles tanzt nach unserer Pfeife, weil die Tiere denken, dass wir nicht allein Drachenbezwinger, sondern sogar Drachenbändiger sind.

Rufus sagt, dass wir uns im Kalten Krieg befinden. Zwar sind uns die Keiler körperlich haushoch überlegen, aber solange sie und alle anderen im Wald denken, dass wir über die besseren Waffen verfügen, können wir unbehelligt tun und lassen, was wir wollen. Die Sache hat allerdings einen Haken. Sollte durchsickern, dass unser Panzer leider nicht in der Lage ist, einen zweiten Schuss abzugeben, weil Colin unsere einzige Granate abgefeuert hat, dann wird sich Herrmann ruckzuck dafür rächen, dass wir ihn um seinen schönen Posten gebracht haben.

Offiziell ist er die längste Zeit der Führer des deutschen Waldes gewesen – der übrigens auch nicht mehr seinen Namen trägt, sondern von allen Bewohnern schlicht und schön nur noch »unser Wald« genannt wird. Aller Titel und Ämter enthoben, hat Herrmann sich mit seiner Rotte auf die Überbleibsel der Keilerschanze zurückgezogen, wo er schmollt und auf eine Gelegenheit wartet, sein Reich zurückzuerobern.

Bei seiner Abdankung konnte man sehen, dass die jüngsten Ereignisse nicht spurlos an ihm vorübergegangen sind. Der Keiler ist praktisch über Nacht ergraut. Sein Pelz trägt jetzt vom Schädel bis zur Quaste einen breiten silbernen Streifen.

Jedenfalls ist die Herrschaft der Wildschweine gebrochen. Die meisten Tiere behaupten, froh darüber zu sein, obwohl die wenigsten von ihnen zuvor das Maul aufgemacht haben, um Herrmann zu stoppen. Rufus sagt, das nennt man die schweigende Masse. Er würde gern demokratische Strukturen im Wald einführen, aber das gestaltet sich schwierig, weil die Tiere es gewohnt sind, nicht selbst zu denken und zu entscheiden, sondern einen Anführer entscheiden zu lassen.

Während Rufus sich bemüht, die Waldbewohner zu Eigenverantwortung und Zivilcourage zu erziehen, betrachten sie ihn als ihren neuen Anführer. Ständig muss er Streite schlichten und zwischen den verschiedenen Interessensgruppen vermitteln.

Nebenbei versucht unser Genie, den T-72 wieder flottzukriegen, weshalb er sein neues Headquarter im Inneren des

Panzers aufgeschlagen hat. Dadurch kann er auch verhindern, dass die Spielkinder aus dem Clan an verbotenen Knöpfen rumfummeln.

Wie ich festgestellt habe, interessieren sich die Problemfälle aus dem vierten und fünften Wurf ohnehin nicht für den Panzer, sondern vor allem für ihre Stechapfelplantagen. Archi rechnet fest damit, dass das *Acapulco* schon sehr bald Wiedereröffnung feiert. Und dann möchte er vorbereitet sein. Rufus scheint vergessen oder verdrängt zu haben, dass sein Sohn unbeirrt daran arbeitet, der größte Dealer des deutschen Waldes zu werden. Aber das müssen die beiden unter sich klären, ist nicht meine Baustelle.

Grete hat sich erneut von Emil getrennt und hofft nun auf eine neue Chance bei Rufus. Doch der bleibt reserviert. Er hat momentan ohnehin alle Hände voll zu tun, da braucht er nicht auch noch amouröse Verwicklungen. Ich würde meine Clublizenz darauf verwetten, dass er wieder schwach wird, aber mal sehen.

Apropos Clublizenz. Auch eine Erfindung von Rufus: Wer im Wald etwas aufziehen will, egal, ob es sich um einen Gesangsverein oder um eine kriminelle Vereinigung handelt, muss sich von Rufus zuvor eine Lizenz geben lassen. Bei mir ging es ganz fix, Jens Spanner hingegen wartet wohl noch eine Weile auf die Erlaubnis für einen Neubau. Rufus sagt, die bürokratischen Mühlen in einer Demokratie mahlen langsam, aber auch das müssten die Waldbewohner lernen. Immerhin halten sich praktisch alle Tiere an die neuen Regeln, lediglich Rufus' Sohn nimmt es mit der Anmeldung seiner diversen florierenden Unternehmen nicht so genau. Noch lässt Rufus das seinem Sprössling durchgehen. Aber Archi sollte es nicht übertreiben. Rufus kann sehr ungemütlich werden, wenn er das Gefühl hat, dass man versucht, ihn für dumm zu verkaufen, und – schlimmer noch – seine behördlichen Anordnungen missachtet.

Allen anderen im Clan geht es blendend. Rocky kann Roxane endlich wieder ein richtiges Heim bieten, was ihm ehelichen Frieden und regelmäßigen Sex beschert.

Pa macht neuerdings Führungen zum Baum seines Anschlags auf den gestürzten Führer. In leuchtenden Farben schildert er dort jedem, der es hören will, wie er dem Keiler um ein Haar den Garaus gemacht hätte.

Und ich lasse es gerade ruhig angehen. Bisschen chillen, am Wasserfall rumplanschen, hier und da eine Plauderei mit unseren Nachbarn, ab und zu ein Rendezvous mit Natalie, und schon bin ich zufrieden. Hab mich damit abgefunden, dass mein altes Leben verschwunden ist. Nichts erinnert mehr daran. Selbst Kongs zerbeulter Globus ist ein Opfer der Fluten geworden. Vermutlich liegt er irgendwo tief unter dem Wüstensand. Macht aber nichts, meine Erinnerung ist glücklicherweise ebenso lebendig wie meine Familie. Und das ist es, was wirklich zählt.

Klar juckt es mich in den Pfoten, das *Acapulco* wiederzueröffnen. Ich hab deshalb Ritter von Schleich beauftragt, nach unseren Freunden, den Waschbären, zu suchen, um ihnen zu sagen, dass ihrer Rückkehr nichts mehr im Wege steht. Aber Bernie, Freddie und die anderen sind wie vom Erdboden verschluckt.

Ritter von Schleich steht übrigens jetzt auch uns zu Diensten. Er hat gesagt, dass er zwar zunächst glühender Monarchist und dann glühender Nationalist war, jetzt aber gern glühender Demokrat werden würde. Rufus meint, die meisten Aristokraten hätten im Laufe der Geschichte gelernt, dass sie nicht wählerisch sein dürfen, was ihre Bündnispartner angeht. Also haben sie im Zweifel immer mit den Wölfen der herrschenden Klasse geheult. Und jetzt sind eben wir die herrschende Klasse.

Kurz gesagt: Alles ist in bester Ordnung, solange der Kalte Krieg anhält.

Während ich mit hinter dem Kopf verschränkten Vorderläufen auf dem Feldherrenhügel liege und die Nachmittagssonne genieße, segelt Ritter von Schleich heran und landet vor meinen Füßen. Es ist immer wieder ein erhabenes Gefühl, so einen stolzen Riesenvogel in Aktion zu sehen.

»Was gefunden, Schleichi?« Seinen Spitznamen mag er nicht, aber da ich keine Lust habe, Zeit mit langen Anreden zu verschwenden, muss er sich wohl dran gewöhnen.

»Von den Waschbären immer noch keine Spur. Ich würde es morgen erneut in nordöstlicher Richtung versuchen.«

»Bestens«, sage ich. »Danke.«

»Allerdings habe ich diese beiden Herrschaften unterwegs getroffen. Sie behaupten, Sie zu kennen, und haben darum gebeten, zu Ihnen gebracht zu werden.«

Schleichi zeigt mit der Flügelspitze zum Rand der Savanne, wo, ach du Kacke, Skipper und Ping stehen! Als sie sehen, dass ich in ihre Richtung schaue, winken sie.

Ich lasse mich vom neuen Feldherrnhügel rutschen und begrüße unsere Gäste. »Na, das ist ja eine Überraschung!«

Skipper und Ping nicken aufgeregt.

»Überraschung!«, ruft einer der beiden. Ich vermute, es ist Ping, sicher bin ich mir aber nicht. »Da sind wir!«

Wieder liege ich falsch. Skipper ist die Quasselstrippe, Ping der Schweigsame.

»Gratuliere«, sage ich. »Wo habt ihr euch denn niedergelassen? Irgendwo in der Nähe?«

Skipper wackelt verlegen mit dem Kopf. »Eigentlich hatten wir gedacht, du könntest uns helfen, was Passendes zu finden. Wo du doch schon immer so gut im Organisieren warst …«

Ich überschlage kurz, wie groß mein Wunsch ist, den Wohnungsmakler für Skipper und Ping zu machen, und komme auf null Komma null. »Na ja, ähm …«

Rufus eilt vorbei und hilft mir, das Thema zu wechseln, indem er sagt: »Wir haben ein Problem.« Das sagt er in letzter Zeit häufiger.

»Und wir haben Gäste«, füge ich hinzu.

Erst jetzt bemerkt Rufus die Pinguine. »Oh, hi, was macht ihr denn hier?«

»Lange Geschichte«, antwortet Skipper diplomatisch.

»Okay, könnt ihr mir ja später erzählen«, erwidert Rufus. Er will weiter, ich möchte das gern verhindern.

»Was ist das denn für ein Problem?«, heuchele ich Interesse.

»Erinnerst du dich noch an die Mandarinenten, die abgehauen sind, weil sie sich nicht länger von Herrmann schikanieren lassen wollten?«

»Allerdings.«

»Die haben ihr Gelege im Stich gelassen. Vier Eier, die abwechselnd von ein paar Stockenten bebrütet wurden. Aber die wollen nicht länger die Verantwortung übernehmen.«

Ich sehe, dass Skipper und Ping bei Rufus' Ausführungen nicht nur große Augen bekommen haben, sondern nun auch nervöse Blicke tauschen.

»Das ist in der Tat ein Problem«, sage ich. »Du bräuchtest also quasi Adoptiveltern für vier Eier, aus denen schon bald vier süße, unschuldige, superflauschige Entenbabys schlüpfen werden?«

Rufus, der offensichtlich einen Tunnelblick hat, weil ihm

sonst längst aufgefallen wäre, was sich hier für Möglichkeiten auftun, sieht mich an, als hätte ich nicht alle Tassen im Schrank. »Ja, Ray. Aber genau das habe ich doch gerade gesagt, oder?«

Ich schaue zu Skipper und Ping, die nervös auf der Stelle trippeln. »Lust darauf, ein paar Eier auszubrüten?«

Ping nickt energisch, Skipper beeilt sich zu sagen: »Absolut. Wir haben schon diverse Erfahrungen gesammelt und würden uns sehr gern als Adoptiveltern zur Verfügung stellen.«

»Wir könnten auch sofort anfangen«, fügt Ping schnell hinzu.

Jetzt fällt der Groschen endlich auch bei meinem oberschlauen Bruder. »Wäre einen Versuch wert«, meint er mit Blick zu mir.

Erwartungsvoll sehen Skipper und Ping mich an.

»Wie ist das, Rufus«, frage ich, »bräuchten die beiden so eine Art Adoptivelternlizenz?«

»Ja, aber den Papierkram können wir später erledigen. Wichtig ist jetzt erst mal, dass für das Gelege gesorgt wird.« Er wendet sich an die beiden künftigen Mandarinenten-Eltern. Die kleben ihm an den Lippen. »Das Nest ist unten am Bach. Immer der Nase nach. Falls ihr es nicht findet, fragt einfach die Stockenten und sagt denen, dass ich euch geschickt habe.«

»O…kay. D… D… D… Danke!«, sagt Skipper mit zittriger Stimme.

»Ja, danke vielmals«, fügt Ping hinzu und zieht Skipper mit sich.

»Lass uns schnell gehen«, höre ich ihn flüstern, während sie eilig davonwatscheln. »Bevor die es sich noch anders überlegen.«

Rufus und ich schauen den beiden Pinguinen nach, die glücklich und selig kichernd in Richtung Bach watscheln.

»Zwei schwule Pinguine mit Entennachwuchs«, fasst Rufus die Situation zusammen. »Ich bin sicher, das gibt Ärger.«

»Du meinst, der deutsche Wald ist noch nicht bereit für Regenbogenfamilien?«

Rufus winkt ab. »Was soll ich sagen, Ray? Der deutsche Wald ist für so vieles noch nicht bereit.« Er wirft einen skeptischen Blick Richtung Keilerschanze.

»Hey! Du darfst das nicht so pessimistisch sehen«, sage ich und klopfe ihm aufmunternd auf die Schulter. »Das wird bestimmt lustig.«

Sie kennen die Erdmännchen-Hörbücher noch nicht?

Genial gelesen, gegrunzt und
gelispelt von Christoph Maria Herbst?

Das sollten Sie ändern!

ISBN 978-3-8398-9481-1

ISBN 978-3-8398-9482-8

ISBN 978-3-8398-9483-5

ISBN 978-3-8398-9484-2

ISBN 978-3-8398-9485-9

ISBN 978-3-8398-1807-7

THIES DETLEFSEN
NORDFRIESLANDS BESTER
DORFSHERIFF

ALLE LIEFERBAREN TITEL, INFORMATIONEN UND SPECIALS
FINDEN SIE ONLINE

www.dtv.de dtv